Nikola Hollmann & Andrea Slavik

Halden, Himmel, Horizonte

Die Gipfel des Reviers

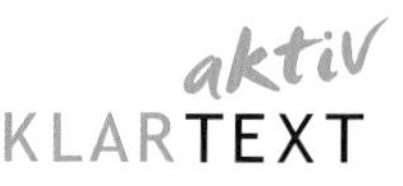

Bildnachweis

Adobe Stock: © Marcel R.: 4/5, © Noah: 125, © sehbaer_nrw: 156, 158; Funke Foto Service: Hans Blossey: 79, 167, 189, Kai Kitschenberg: 129, Tanja Pickartz: 37; Hans-Dieter Gotthardt: 57; www.halden.ruhr: 117, 153, 184; IMAGO: biky: 17, 93, blickwinkel: 8/9, 13, 14/15, 48, 149, Hans Blossey: 50, CHROMORANGE: 34/35, 104/105, CORD: 111, Olaf Döring: 123, Jochen Eckel: 20, Ralph Lueger: 46, 84, 86, Manngold: 73, Panthermedia: 3, Rupert Oberhäuser: 92, 146, Peter Schickert: 10; picture alliance: Scott Malcolm: 76; Jochen Tack: 49, 60/61, 69, 90, 94/95, 96, 99, 100, 103, 126, 134, 174, 176, 179; Wikipedia: Von Frank Vincentz – Eigenes Werk, CC BY SA 3.053: 53; Susanne Wingels: 43; Stefan Ziese: 24/25, 30, 33, 38, 40/41, 45, 58, 66, 88/89, 120, 125, 130, 132/133, 137, 142, 168, 171, 172, 183. Alle anderen Bilder stammen von den Autorinnen.

Bibliografische Information der Deutschen Nationalbibliothek
Die Deutsche Nationalbibliothek verzeichnet diese Publikation in der Deutschen Nationalbibliografie; detaillierte bibliografische Daten sind im Internet über portal.dnb.de abrufbar.

Impressum

1. Auflage September 2021
Satz und Gestaltung: Birgit Lonsdorfer
Druck und Bindung:
AALEXX Druck Produktion, Thönser Str. 5a, 30938 Burgwedel
Umschlaggestaltung: Guido Klütsch
Umschlagabbildung: Jochen Tack
Übersichtskarte Seite 6/7: © Regionalverband Ruhr
Kartenausschnitte/Halden: © Regionalverband Ruhr – Stadtplanwerk

ISBN 978-3-8375-2402-4

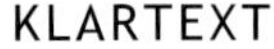

Jakob Funke Medien Beteiligungs GmbH & Co. KG
Jakob-Funke-Platz 1, 45127 Essen
info.klartext@funkemedien.de
www.klartext-verlag.de

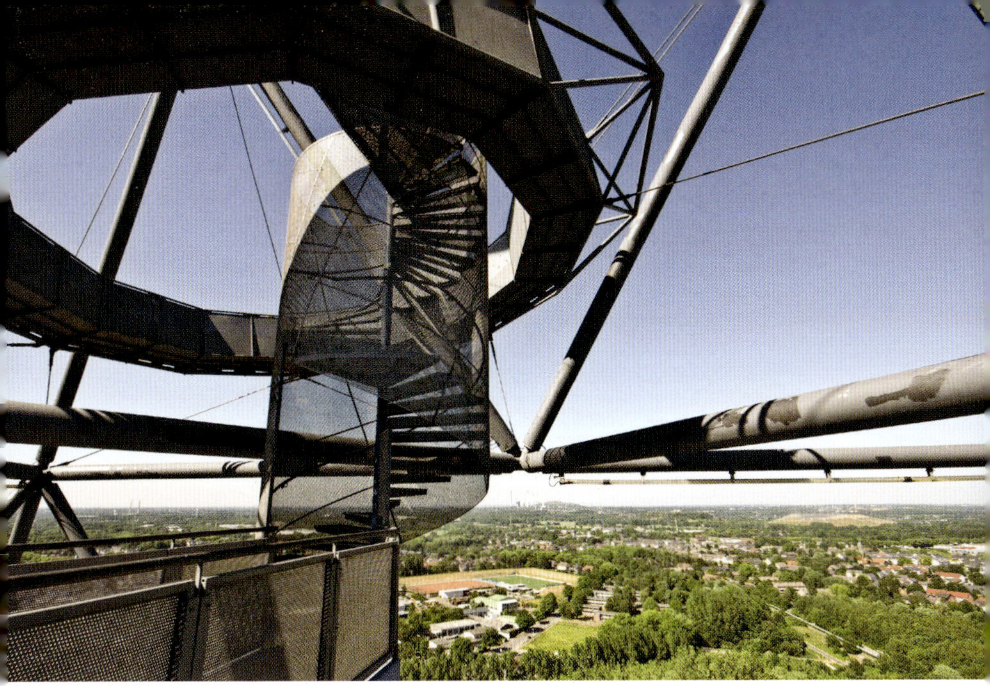

Beeindruckende Aussicht vom Tetraeder auf der Halde Beckstraße

Legende

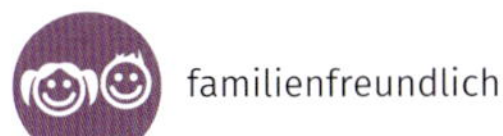
familienfreundlich

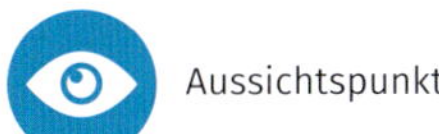
Aussichtspunkt

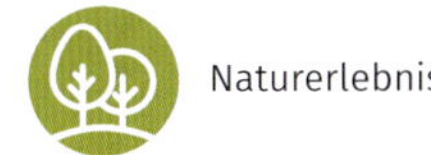
Naturerlebnis

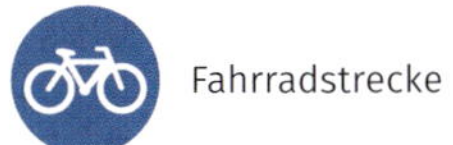
Fahrradstrecke

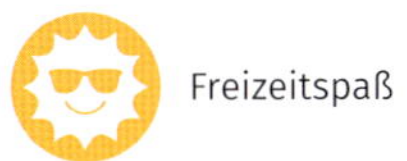
Freizeitspaß

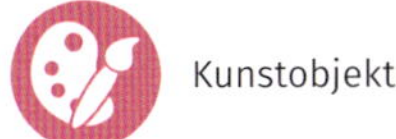
Kunstobjekt

Inhalt

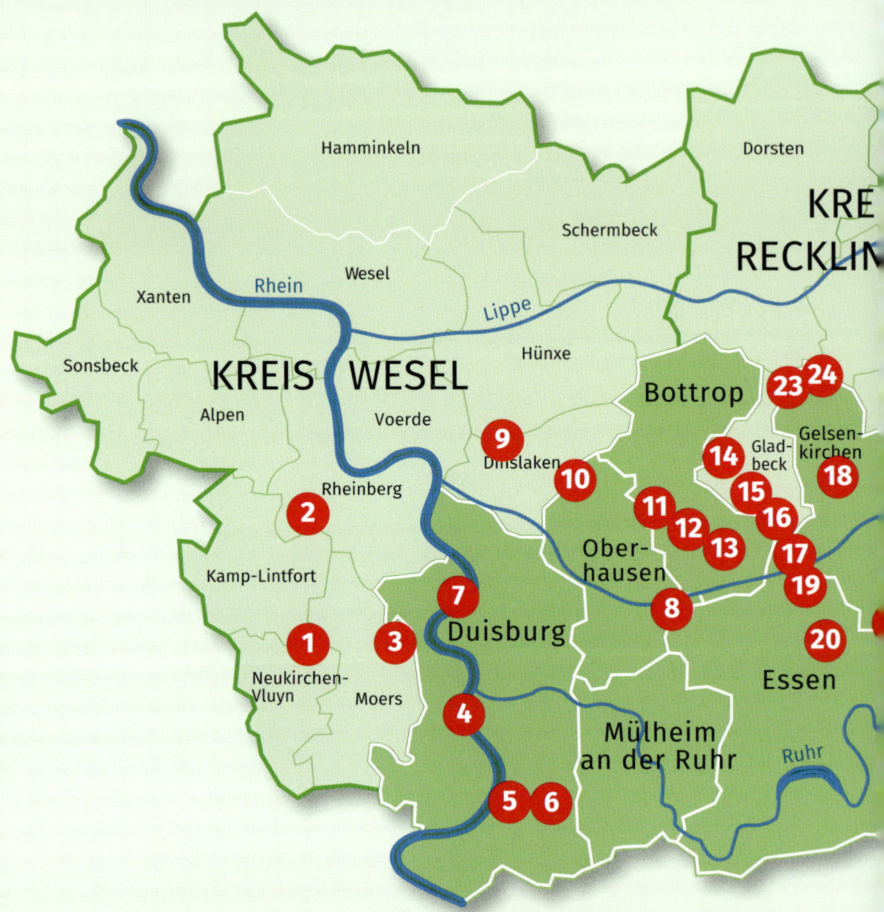

1 Halde Norddeutschland
2 Halde Pattberg
3 Halde Rheinpreußen
4 Rockelsberghalde
5 Heinrich-Hildebrand-Höhe
6 Wolfsberg
7 Alsumer Berg
8 Knappenhalde
9 Halde Lohberg-Nord
10 Karnickelberg
11 Halde Haniel
12 Halde Beckstraße
13 Halde Prosperstraße
14 Mottbruchhalde
15 Halde 22
16 Halde 19
17 Halde Mathias Stinnes/
Halde 7
18 Halde Rungenberg
19 Schurenbachhalde
20 Halde Zollverein XII
21 Halde Rheinelbe Süd
22 Halde Rheinelbe Nord
23 Halde Oberscholven
24 Halde Scholver Feld
25 Halde Brassert
26 General Blumenthal VIII
27 Halde Ewald Fortsetzung
28 Halde Hoheward
29 Halde Hoppenbruch
30 Halde Pluto
31 Tippelsberg

Die Halden in diesem Buch

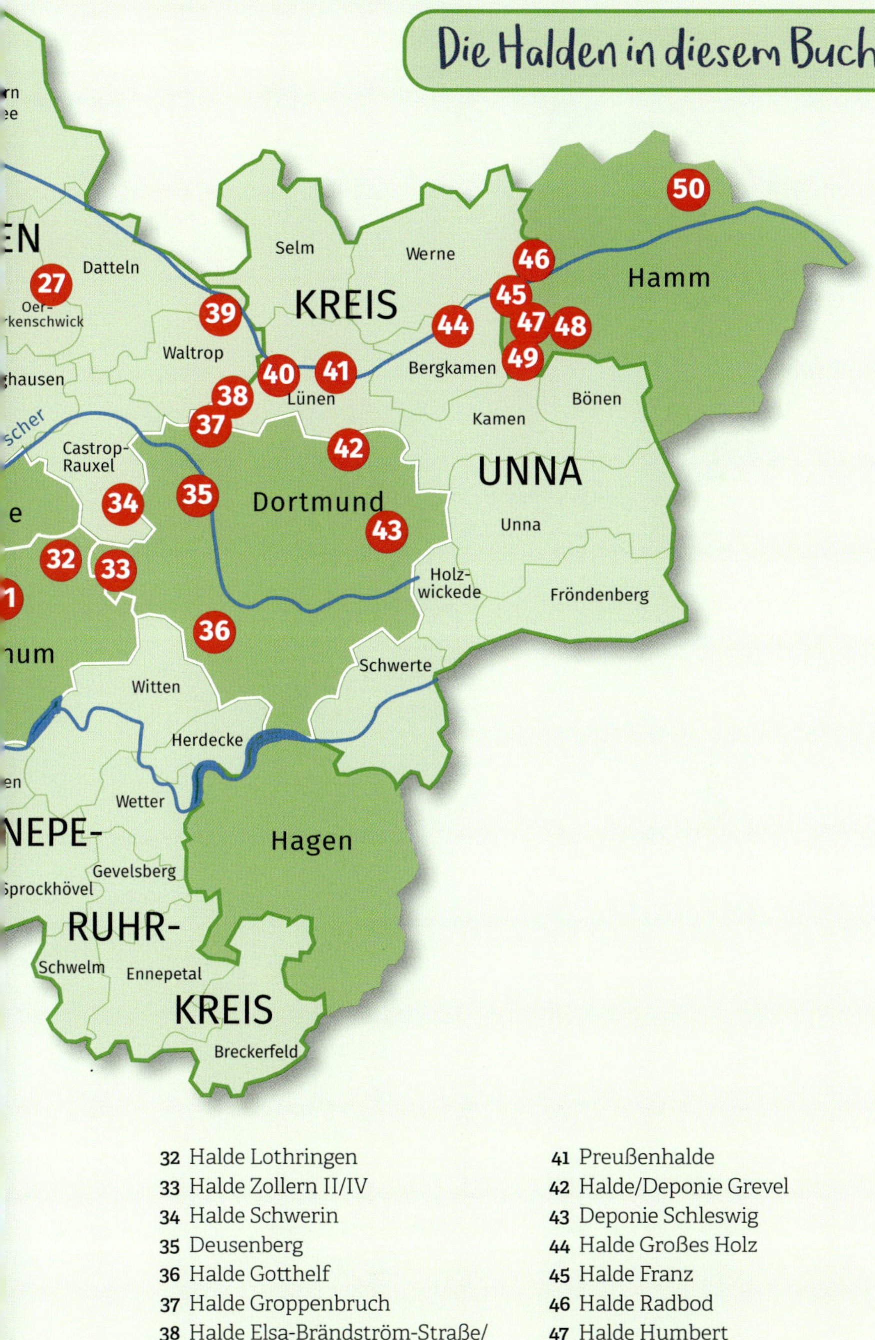

32 Halde Lothringen
33 Halde Zollern II/IV
34 Halde Schwerin
35 Deusenberg
36 Halde Gotthelf
37 Halde Groppenbruch
38 Halde Elsa-Brändström-Straße/ Minister Achenbach
39 Halde Brockenscheidt
40 Halde Victoria 3/4
41 Preußenhalde
42 Halde/Deponie Grevel
43 Deponie Schleswig
44 Halde Großes Holz
45 Halde Franz
46 Halde Radbod
47 Halde Humbert
48 Kissinger Höhe
49 Halde Sundern
50 Halde Sachsen

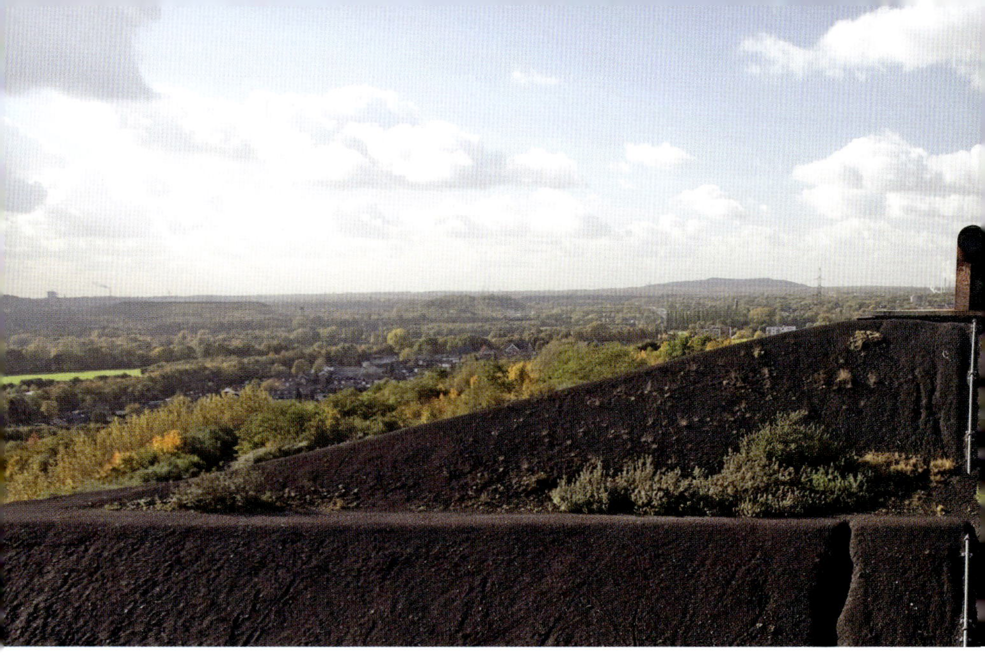

Vorwort

Zwischen Kamp-Lintfort im Westen und Hamm im Osten zieht sich über 100 Kilometer der eigenartigste Gebirgszug Europas: Gebaut überwiegend aus dem Aushub aus den zahlreichen Kohlezechen ragen bis zu 153 Meter hohe Erhebungen aus dem eigentlich platten Land. Als wäre ihr Name Programm, werden die Hügel Bergehalden genannt. Doch ihr Name hat nichts mit den natürlichen Bergen zu tun – „Berge" heißt das Gestein, das beim Abbau der Kohle mit ans Tageslicht gefördert wird.

Die Halden sind also Zeuginnen einer Zeit, als im Ruhrgebiet das Innere nach außen gekehrt wurde – und dort überwiegend verblieb: Wenn man die massiven Gebilde sieht – das flächenmäßig größte, die Halde Hoheward, hat eine Ausdehnung von 170 Hektar – dann kommt man kaum um die Vorstellung herum, dass der Untergrund löchrig sein muss wie ein Schweizer Käse. Womit man wieder bei den Bergen wäre.

Und um die geht es in diesem Führer – um die künstlichen Berge des Ruhrgebiets. 50 davon präsentieren sich hier. Sie entstanden aus der gefährlichen Maloche der Männer untertage und liegen oft direkt neben den Kolonien. Manche sind immer noch im Wachsen begriffen,

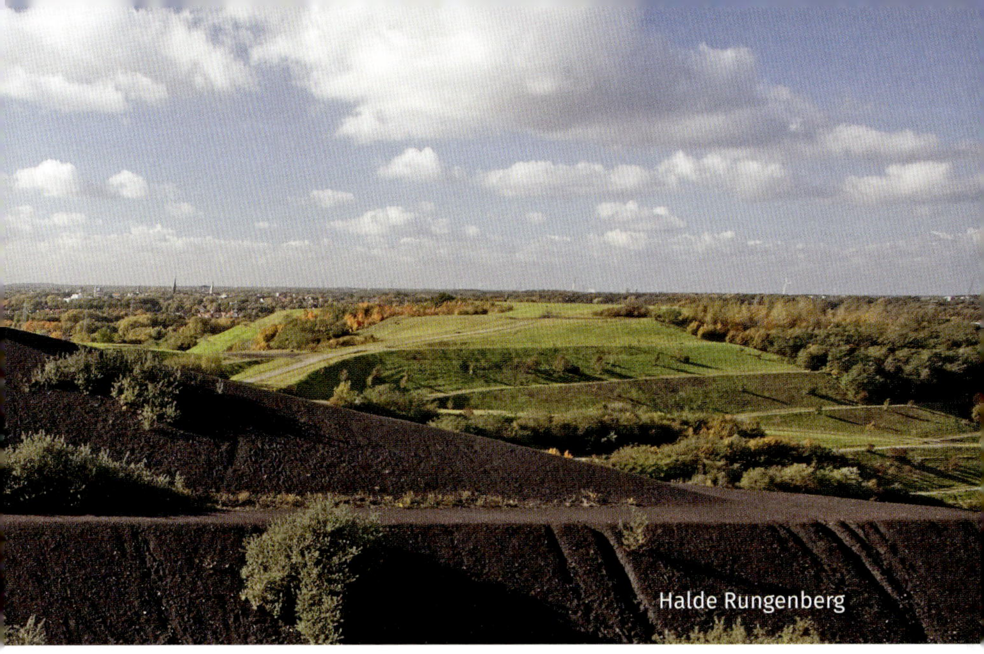

Halde Rungenberg

manche sind wieder verschwunden, manche geben sich naturnah, manche betonen eigens ihre Künstlichkeit, viele tragen Kunstwerke auf ihren Gipfeln, die meisten bieten spektakuläre Ausblicke, und fast alle sind beliebte Freizeit- und Ausflugsorte für Einheimische und Gäste.

Was hier an neuen Flächen für Mensch und Natur geschaffen wurde, ist absolut beeindruckend. Nicht nur, aber gerade auch für die, die sich noch erinnern können, wie die staubigen Kolosse vor noch gar nicht langer Zeit ausgesehen haben.

Machen Sie sich auf eine spannende Reise auf die „Berge“ des Ruhrgebiets! Glück auf!

Tipp

Lust auf mehr?

Wanderungen zu ausgewählten Halden finden Sie in unserem Band „Wanderbare Halden. Die schönsten Revier-Wandertouren mit Aus- und Weitblick“, ISBN 978-3-8375-2381-2 (siehe auch Seite 192)

Geschichte der Halden

Von Spitzkegeln, Tafelbergen und Landschaftsbauwerken

Es gibt Halden, die wie eine kleine hügelige Parklandschaft wirken – so naturnah gestaltet, dass man ihnen ihre Vergangenheit kaum noch ansieht. Die Halde Elsa-Brändström-Straße ist so ein Landschaftsbauwerk oder die Halde General Blumenthal. In den 1980er-Jahren war die Erkenntnis gereift, dass die meisten dieser künstlichen Berge für die Ewigkeit sein würden. Denn wo sollte man auch hin mit den Millionen an Kubikmetern Bergematerial? Und so wurden damals die Vorschriften geändert. Umweltschutz- und Sicherheitsauflagen wurden verschärft und die Idee einer späteren Nachnutzung nahm immer größere Bedeutung ein: Die Aufschüttung folgte von nun an einem vorher festgelegten Gestaltungsplan, mit dem sich die Halde möglichst geschmeidig in die – meist flache – Umgebung einfügen sollte.

Die jüngsten unter diesen Landschaftsbauwerken bekamen allerdings unerwartete Probleme: Mit der Schließung der Zechen riss der

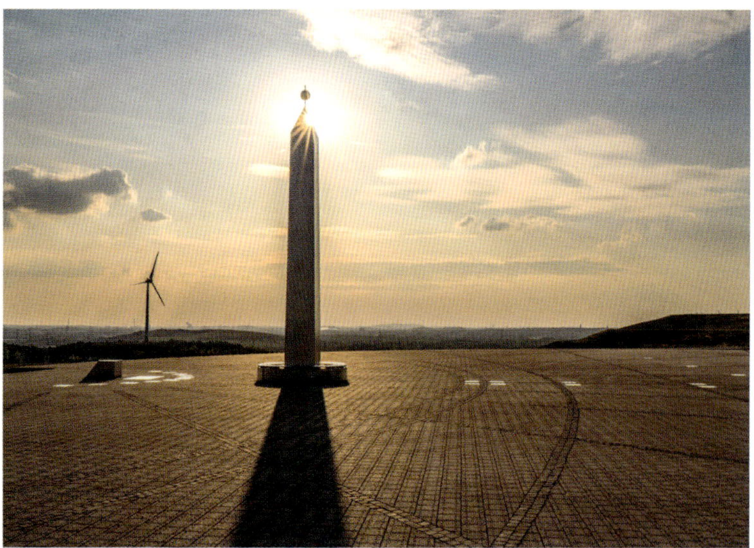

Der Obelisk der Sonnenuhr auf der Halde Hoheward

Nachschub an Bergematerial ab, die Planungen mussten angepasst und verändert werden. Inzwischen verfolgen die Verantwortlichen teilweise schon wieder neue Wege, so wie etwa auf der Halde Großes Holz in Bergkamen, die bei der Internationalen Gartenausstellung 2027 als „Haldenlandschaft am Kanal" ein wichtiger Schauplatz sein wird. Hier geht man bewusst wieder einen Schritt zurück – der eher ein Schritt in die Zukunft ist: Man will die Natur nicht nachmachen, sondern es soll ganz bewusst erkennbar sein, dass es sich bei den neuen Landschaften um „Natur aus zweiter Hand" handelt.

Den Landschaftsbauwerken gingen die wuchtigen Tafelberge voraus. Ebene für Ebene wurde hier aufeinandergesetzt wie bei einer Hochzeitstorte. Diese Schichtung hatte den Vorteil, dass man das Material besser verdichten konnte – so konnten die gefürchteten Schwelbrände eingedämmt werden, was freilich nur teilweise gelang. Beispiele für solche Tafelberge sind die Haldenriesen wie die Halde Haniel oder die Halde Hoheward. Die wuchtigen Berge konnten Terrasse für Terrasse gebildet, das Material mit Lkw gleichmäßig verteilt werden.

Das war vor der Verbreitung dieser Transportmittel anders. Damals wurde das Bergematerial mit Loren oder Förderbändern transportiert, es wurde von oben auf die immer gleiche Stelle gekippt. So entstanden zwangsläufig extrem steile, sehr hohe Kegel und das Material war so lose aufgehäuft, dass die verbliebene Restkohle durch die ungehinderte Luftzufuhr leicht Feuer fing. Heute gibt es nur mehr wenige Halden, die dieses Kegelprinzip noch gut erkennen lassen – so wie die Knappenhalde in Oberhausen oder die Halde Gotthelf in Dortmund. Aber auch diese beiden sind heute abgeflacht und verdichtet, um die Brandgefahr zu minimieren.

Und davor? Davor war der größte Teil des Ruhrgebiets plattes, landwirtschaftlich genutztes Land mit einigen wenigen niedrigen Endmoränen aus der letzten Eiszeit wie der Tippelsberg oder der Mechtenberg. Den einen hat eine Bauschutt-Deponie noch wachsen lassen, der andere wird heute von der jüngeren Konkurrenz, der Halde Rheinelbe, deutlich überragt: Das ehemals flache Ruhrgebiet zwischen Niederrhein und Hamm hat eine gestaltete Hügel- oder besser gesagt Berge(-Material-)Landschaft bekommen.

Lebensraum Industrienatur

Das Grün kehrt zurück

Wahrscheinlich hat sich kein anderes Gebiet in Deutschland in den letzten 250 Jahren so stark verändert wie das Ruhrgebiet. Die kleinbäuerliche Landwirtschaft mit Ackerflächen, Wiesen und Wäldern wurde durch den Bau der Zechen, Kokereien, Verkehrswege und Bergehalden zurückgedrängt. Dazu kamen die schnell steigenden Bevölkerungszahlen und die Entwicklung der großen Städte. Die natürlichen Flächen wurden zerstört und aus dem Gleichgewicht gebracht, Abwässer wurden ungereinigt in die Flüsse geleitet, die Luft durch ungefilterte Abgase verschmutzt. Und so litten Mensch und Natur unter der erheblichen Umweltverschmutzung, die die Industrialisierung der Region genauso mit sich brachte wie Wohlstand und Einkommen.

Bergwerke, Zechen, Schachtanlagen und Kokereien wurden aufgebaut und schließlich wieder geschlossen. Schon Anfang des 20. Jahrhunderts entstanden die ersten Industriebrachen. An der Zeche Zollverein wurde bereits 1895 die erste Bergehalde mit Robinien bepflanzt und so wieder begrünt.

Die auf den Brachen und Halden neu entstehenden Lebensräume stellen große Herausforderungen an die Natur und fordern Anpassungsfähigkeit von Tieren und Pflanzen. „Industrieböden" aus Schlacken, Schutt, Schlamm, Staub und Asche, die meist eine erhöhte Konzentration von Salzen und Schwermetallen aufweisen und stark verdichtet sind, bieten kaum Nährstoffe und Wasser.

Trotzdem zählen die Industriebrachen zu den artenreichsten Lebensräumen in Deutschland. Mit mehr als 500 Pflanzenarten auf wenigen Hektar haben sie mittlerweile eine große Bedeutung für die biologische Vielfalt. Diese Diversität beeindruckt und befindet sich in permanenter Veränderung: Die Pflanzen auf den Industriebrachen sind meist nur vorübergehend angesiedelt. Durch das heranwachsende Gehölz verschwinden niedrigere Pflanzen, und wenn der Mensch nicht eingreift, bildet sich ein Industriewald. So gibt es auf den Halden und Brachflächen immer noch unterschiedliche Sukzessionssta-

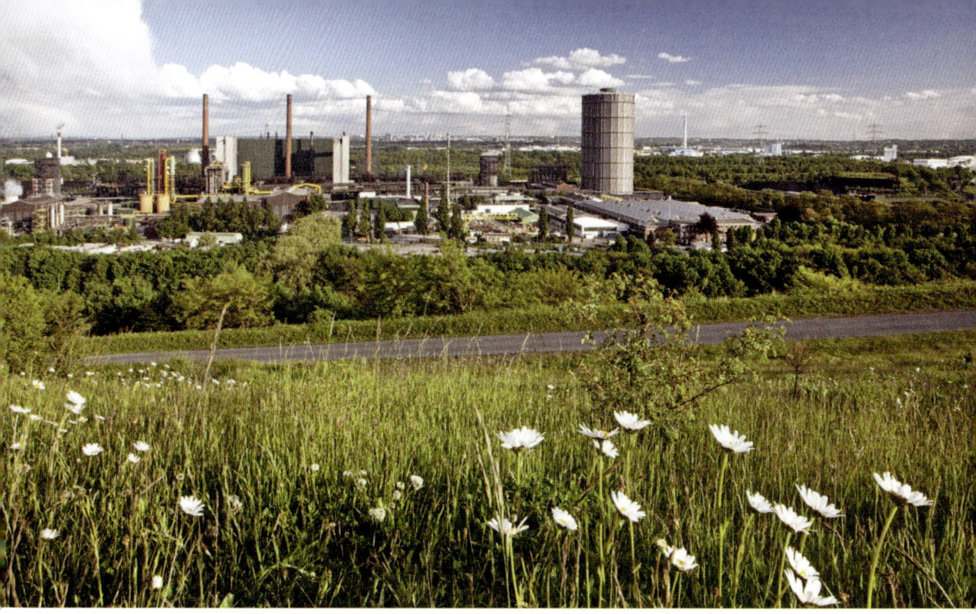

Im Ruhrgebiet liegen Industrie und Natur ganz nah beieinander.

dien – so nennt man die Rückeroberung und Wiederbesiedlung von schwierigen und zerstörten Bodenflächen durch Tiere und Pflanzen. Die ersten Pflanzen, die sich an solch schwierigen Orten ansiedeln, nennt man Pionierpflanzen. Diese können besonders gut mit den kargen Verhältnissen umgehen. Neben Moosen und Farnen zählt dazu die widerstandsfähige Birke.

Neophyten sind eigentlich nicht heimische Pflanzen, die durch den regen Warenverkehr nach Europa eingeschleppt wurden. Aus steppen- und wüstenartigen Regionen der Welt stammend, haben sich diese Pflanzen auf den Halden und Brachen heimisch gemacht. Manche von ihnen werden sogar als problematisch betrachtet, weil sie sich explosionsartig ausbreiten. Zu den Neophyten zählen u.a. die aus Nordamerika stammenden Robinien. Sie haben die Fähigkeit, die Bodenqualität auf den Halden zu verbessern. Auch der asiatische Götterbaum ist resistent gegenüber Salzen und Trockenheit.

Aber nicht nur die Neuankömmlinge können mit den Haldenbedingungen umgehen, auch heimische Heil- und Wildkräuter sind dort anzutreffen. Die großen Überlebenskünstler sind die weitverbreiteten Brombeersträucher, die zarten Wildrosen, die im Herbst leuchtend rote Hagebutten bilden, das gelb blühende Johanniskraut, Sanddorn, Beinwell und die majestätische Königskerze.

Aber auch Tiere finden in der Industrienatur Ersatzlebensraum: so wie der Flussregenpfeifer, eine bedrohte Vogelart, die ursprünglich an natürlichen Flussläufen mit Kiesbänken lebte und nun die steinigen Halden als Lebensraum nutzt. Sobald die Flächen der Halden allerdings begrünt sind, verschwindet dieser Vogel wieder. Auch der Kiebitz findet an den kleinen Gewässern der Bergehalden einen ungestörten Lebensraum. Die Feldlerche fühlt sich auf den Brachen und Halden wohl, und manchmal hört man einen Fasan aus dem Unterholz rufen.

Grünspecht und Eichelhäher sind an ihren markanten Schreien zu erkennen; das laute „Ti-ti-ti-ti" kommt vom Turmfalken, der sich in den hohen Türmen der ehemaligen Industrieanlagen angesiedelt hat. Auch Mäusebussarde und Wanderfalken kreisen über den Halden und Brachen. Von den heimischen Singvögeln leben hier unter anderen Zilpzalp, Rotkehlchen, Singdrossel und Gebirgsstelze.

Die meistverbreiteten heimischen Säugetiere auf den Halden sind Mäuse, Wildkaninchen und Eichhörnchen, aber auch Füchse und Rehe zeigen sich manchmal.

Die vom Aussterben bedrohte Kreuzkröte lebte früher an Pfützen und Tümpeln der Flussauen. Im Ruhrgebiet ist sie auf die Brachen und Halden ausgewichen. Die große, blau gefärbte Schallblase befähigt die Kröte, laute knarrende Rufe auszustoßen. In der Dämmerung

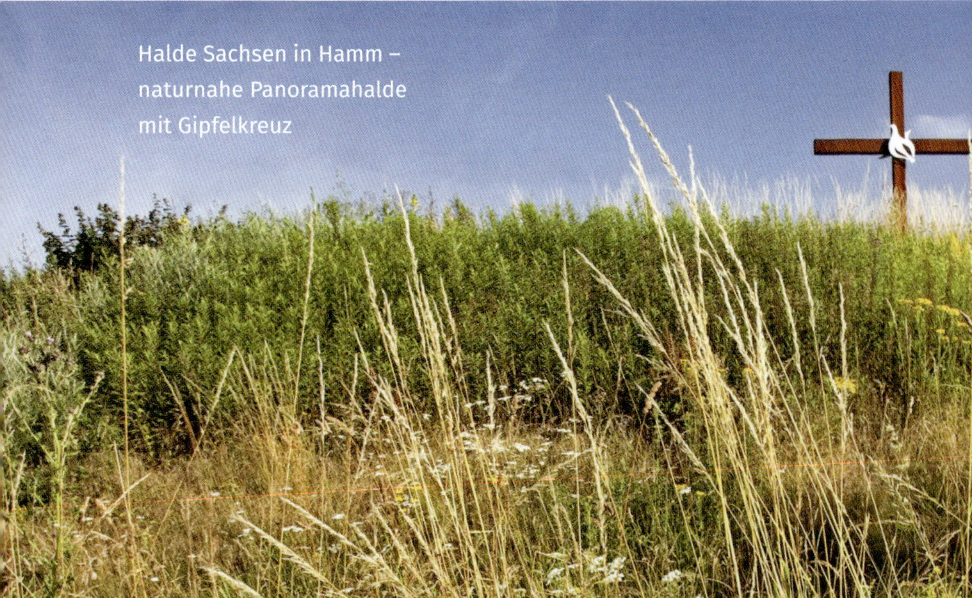

Halde Sachsen in Hamm – naturnahe Panoramahalde mit Gipfelkreuz

sind diese Paarungsschreie im April und Mai teils mehr als zwei Kilometer weit zu hören.
Schmetterlinge mögen die warmen Böden auf den Halden und finden hier genügend Futterpflanzen: Kohlweißling, Kleiner Fuchs, Tagpfauenauge, Admiral und Bläuling sind die, die sich am häufigsten auf den Halden tummeln. Heuschrecken und Grashüpfer beschallen die künstlichen Berge mit ihrem lauten Zirpen. Deshalb verbreitet sich auch die außergewöhnliche weiß-gelb-schwarz gestreifte Wespenspinne. Sie fängt Heuschrecken als ihre Hauptnahrung und bevorzugt sonnige und offene Flächen.
Die Artenvielfalt zeigt, dass es sich lohnt, mit der Natur auf den Halden in Kontakt zu kommen und genügend Zeit einzuplanen, um Pflanzen und Tiere zu erforschen und zu beobachten.

Tipp

Der Regionalverband Ruhr (RVR) hat eine eigene „Route Industrienatur" entwickelt. Zu den insgesamt 19 Standorten zählen auch einige Haldenlandschaften. Alle Informationen sind zusammengefasst auf der Internetseite des RVR unter: www.umweltportal.rvr.ruhr/naturerlebnisorte/route-industrienatur/

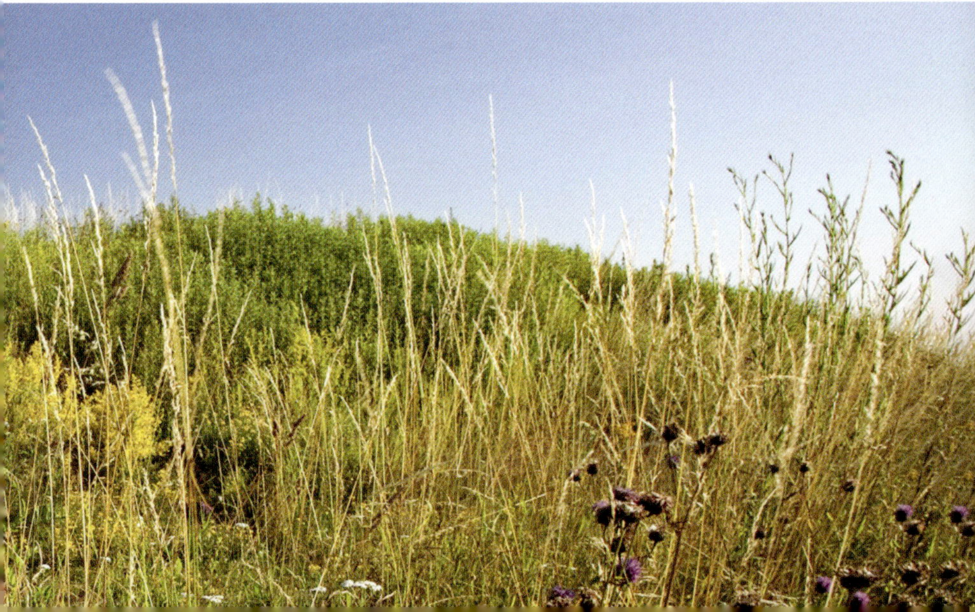

Brennende Halden

Die schwelende Kohle im Untergrund der Ruhrgebietsberge

Die künstlichen Berge des Ruhrgebietes sind deshalb heute ein so beliebtes Ausflugziel, weil man ihnen ihre Vergangenheit kaum noch ansieht. Die Natur kehrt mit Macht zurück und es scheint auf den ersten Blick, als würden eher die Kunstwerke wie die Bramme auf der Schurenbachhalde oder das Geleucht auf der Halde Rheinpreußen die Erinnerung an die Schwerindustrie wachhalten.
Dabei gehört es natürlich auch zur Wahrheit, dass unter den Schichten aus Mutterboden und Humus und dicken Abdeckungen aus Plastik manche Geheimnisse verborgen sind. Denn während bei den jüngeren Halden relativ genau nachvollziehbar ist, was dort abgelagert wurde, ist das bei den älteren kaum noch möglich, zumal manche Deponien in unterschiedlichen Zeiten für unterschiedliche Stoffe genutzt wurden.
Ein Problem, das allerdings alle Halden treffen kann, auf denen das Bergematerial aus den Schächten der Zechen gelagert wurde, stellen die Schwelbrände dar, die sogenannten Warmstellen. Das Bergematerial bestand vor allem in früheren Zeiten noch zu einem beträchtlichen Anteil aus Steinkohle. Und die hat die Eigenschaft, dass sie sich selbst entzünden kann, wenn sie mit Sauerstoff in Verbindung kommt. So entstehen im Untergrund dauerhafte Schwelbrände, die so gut wie nicht zu löschen sind. Selbst ein Abbau der Halde kommt häufig nicht in Frage, da durch die damit verbundene Sauerstoffzufuhr große Brände entstehen könnten. Dies würde eine erhebliche Gefahr auch für die Siedlungen mit sich bringen, die oft bis an den Fuß der Berge reichen. Bei der ländlich in Ahlen im Kreis Warendorf gelegenen Westhalde Westfalen 1/2 ist ein Abtragen geplant.
Weitere sechs Halden zählt die zuständige Bezirksregierung in Arnsberg aktuell, in denen es solche Schwelbrände gibt: Sie werden allesamt engmaschig über tiefreichende Messstellen, Infrarotflüge und andere Maßnahmen überwacht. Die Halden Norddeutschland, Rheinelbe, Rungenberg und Großes Holz sind so trotz solcher Warmstellen für Besucher frei und ungefährlich zugänglich. Dagegen ist der

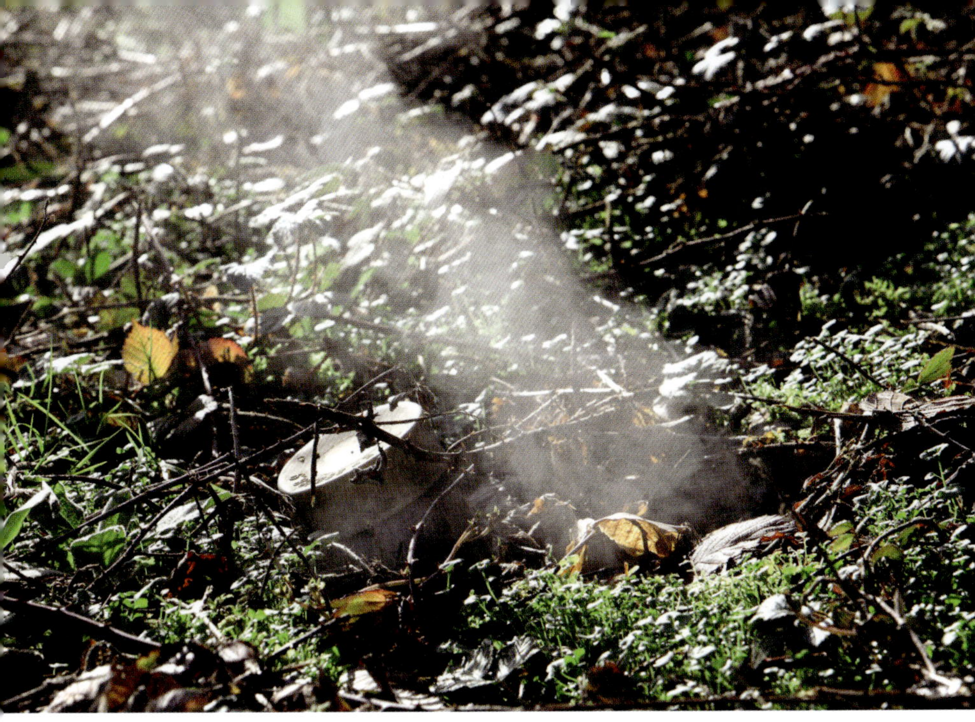

Bergehalden-Brand: Heißer Dampf steigt an Überwachungsbohrungen auf.

Zutritt zur in Gladbeck gelegenen Halde Graf Moltke 3/4 strengstens untersagt. Bis zu 350 Grad heiß ist es in ihrem Inneren, an ihrem Fuß mussten Menschen umgesiedelt werden, und alle Versuche, die Brände zu löschen – sei es durch Stickstoffzufuhr oder das Einpressen von Wasser – führten bisher nur zu Teilerfolgen. Zuletzt sollte versucht werden, den Zutritt von Sauerstoff zu unterbinden.

Auch die Halde Wehofen-West in Dinslaken ist für die Öffentlichkeit gesperrt. Wissenschaftler der Universität Aachen testeten hier erfolgreich, dass es möglich sein könnte, die Warmstellen geothermisch für die Energiegewinnung zu nutzen.

Eine Idee, die auf Mülldeponien schon zum Zuge kommt. Diese brennen zwar nicht, stoßen aber Methan aus. Auf der Deponie Grevel in Dortmund zum Beispiel wird das austretende Gas aufgefangen und in ein Kraftwerk geleitet. Der Alsumer Berg hingegen entlässt sein Methan einfach in die Atmosphäre. Was wieder zurückführt zu den brennenden Halden. Wie groß ihr Ausstoß des Klimagases CO_2 ist, ist übrigens nicht bekannt.

Halden im Wandel

Ausblick in die Zukunft

Inmitten des Niedergangs der Stahl- und Kohleindustrie im Ruhrgebiet markierte der Beginn der Internationalen Bauaustellung (IBA) Emscher Park 1989 einen entscheidenden Wendepunkt, ohne den es dieses Buch vermutlich nie gegeben hätte: Der Emscher Landschaftspark, der auf den alten Industriestandorten in der Kernzone des Ruhrgebietes entstand, integrierte die 150 Jahre Industriegeschichte und verschonte sie davon, unsichtbar zu werden. Im Gegenteil: Es entstand eine neue Parklandschaft, die das Alte sichtbar machte. So wurden nicht nur riesige Industriekomplexe, Zechen oder Hochöfen zu modernen Naherholungs-, Kultur-, Wissenschafts- oder Technologiestandorten. Die Brachen wurden zu Parks und die Halden zum Gebirge des zentralen Ruhrgebiets.

Und diese Entwicklung ist lange nicht zum Ende gekommen. Immer noch entstehen neue Flächen durch den Abbau alter Anlagen, immer noch gibt es Halden, die unter Bergaufsicht stehen.

Der Regionalverband Ruhr (RVR), ein Zusammenschluss der elf kreisfreien Städte und vier Kreise des Ruhrgebiets mit gut fünf Millionen

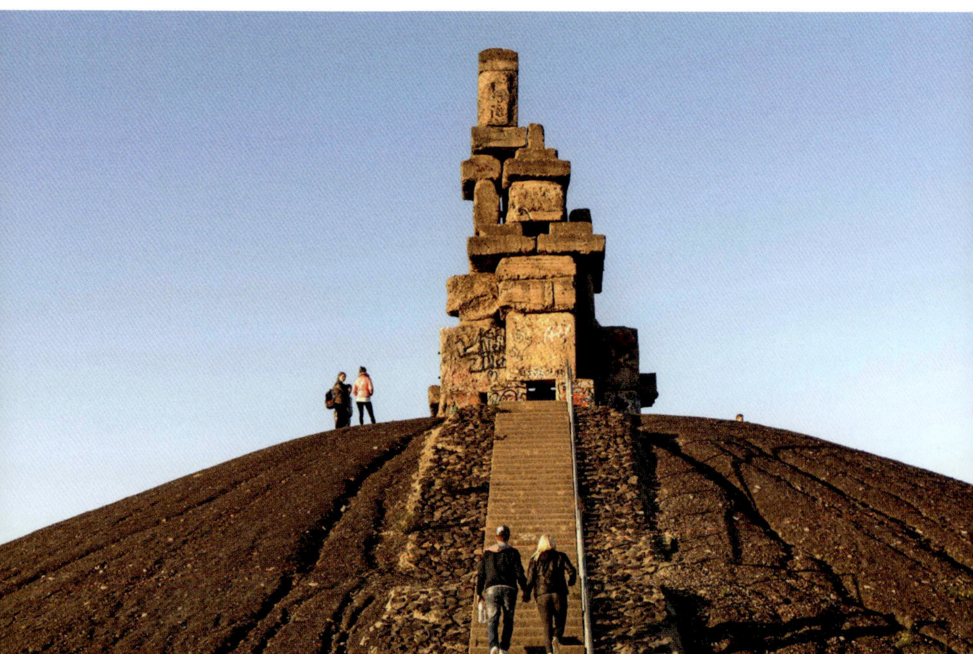

Einwohnern, hat die Aufgabe der Regionalplanung übernommen und ist Träger der Infrastrukturprojekte wie der Route Industriekultur oder des Emscher Landschaftsparks. So befinden sich – Stand 2021 – auch 46 Halden in seinem Besitz – und es werden immer noch mehr. Weitere Naherholungsgebiete, künstlerische Höhepunkte, Kultur- und Veranstaltungsorte warten also noch darauf, realisiert zu werden. Bei anderen Halden – wie etwa der Halde Brinkfortsheide Erweiterung in Marl oder Im Hürfeld in Dorsten – ist die Übernahme durch den RVR noch unsicher, da diese eventuell als Deponiestandorte dienen werden. Das entsprechende Planfeststellungsverfahren war bei Drucklegung noch nicht abgeschlossen. Andere, wie die Kohlenhuck-Halde in Moers oder Wehofen-Ost in Dinslaken stehen bis zur Erfüllung des Abschlussbetriebsplanverfahrens noch unter Bergaufsicht und gehen danach in den Besitz des RVR über.
Fast 40 Jahre nach dem Beginn der Internationalen Bauausstellung wartet 2027 der nächste Motor für diese Entwicklung: Die Internationale Gartenausstellung (IGA) wirft längst ihre Schatten voraus. Einige Großprojekte nehmen bereits Gestalt an – und schon jetzt ist klar, dass sich manche der in diesem Buch beschriebenen Haldenlandschaften bis dahin massiv verändern werden, wie beispielsweise die Halde Großes Holz, die dann in eine „Haldenlandschaft am Kanal" integriert sein wird.
„Halde im Wandel" heißt eine Installation auf der Gladbecker Halde 22. Und dieses Motto ist übertragbar auf das ganze Ruhrgebiet. Es bleibt also spannend in dieser sich immer wieder neu erfindenden Region im Wandel.

Die Himmelstreppe auf der Halde Rheinelbe Süd verbindet Vergangenheit und Zukunft.

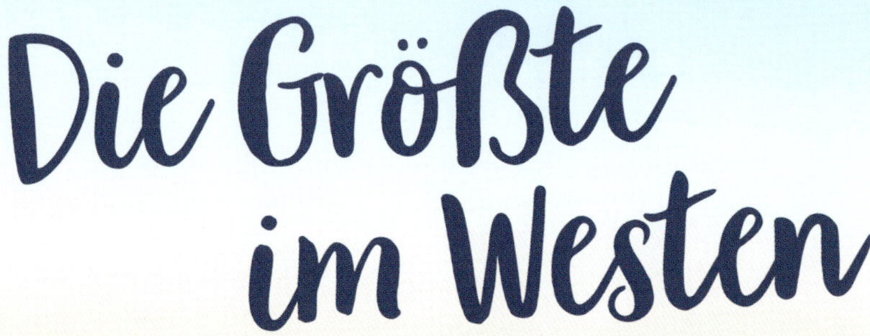

Halde Norddeutschland

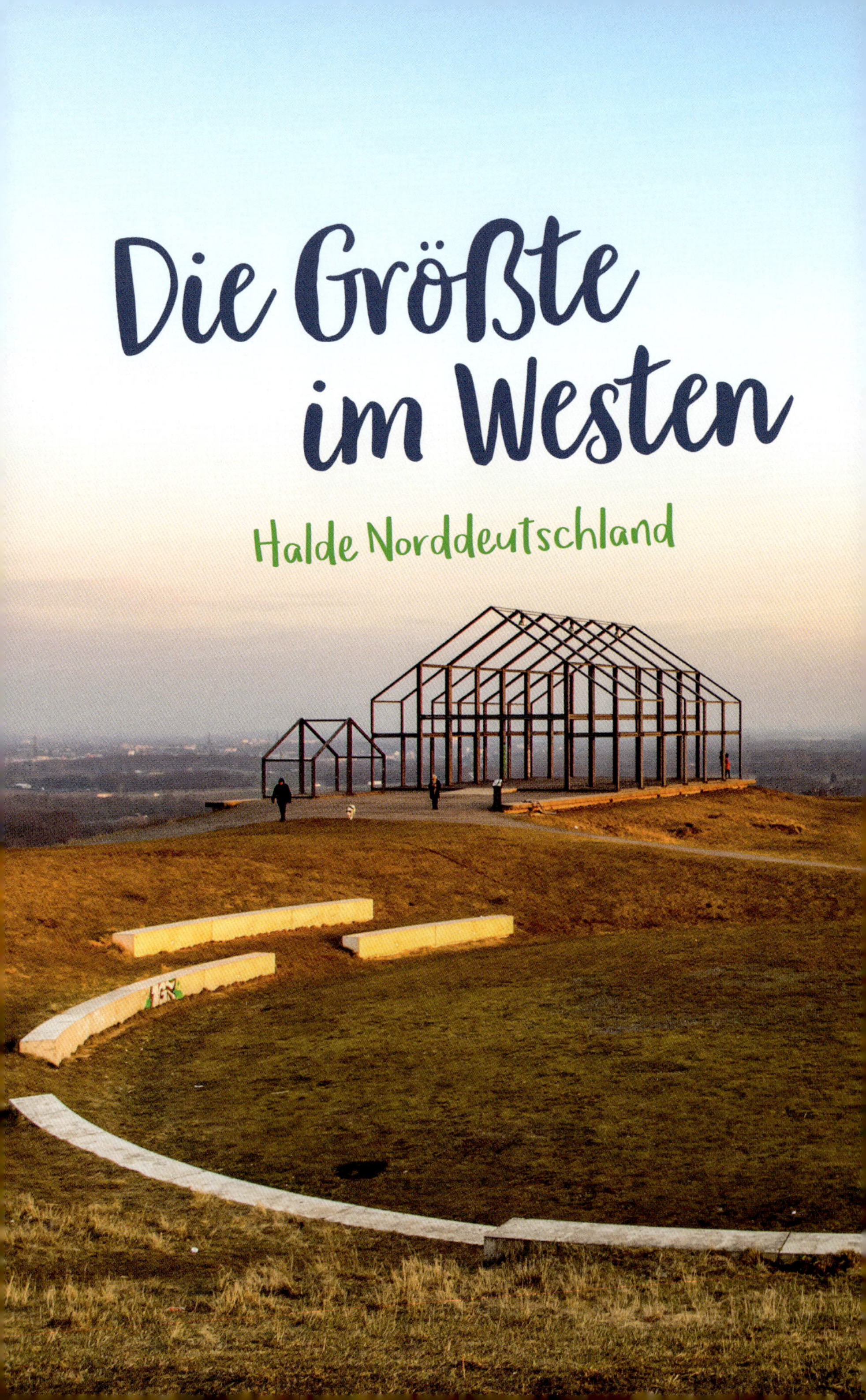

Ob sie eher ein Rückzugsort für Erholungssuchende oder ein Eldorado für sportbegeisterte Action-Fans ist, daran scheiden sich die Geister. Dabei ist die Lösung ganz einfach: Die Halde Norddeutschland ist beides. Und groß genug, jedem Bedürfnis gerecht zu werden.

Adresse:	47506 Neukirchen-Vluyn, Zur Himmelstreppe/Geldernsche Straße
ÖPNV:	Neukirchen-Vluyn, Haltestelle Gewerbegebiet Nord, 1,8 Kilometer Fußweg (Linie 929)
Höhe über NN:	102 Meter
Höhe der Aufschüttung:	74 Meter
Fläche:	81 Hektar
Material:	Bergehalde des Bergwerks Niederberg in Neukirchen-Vluyn
Art der Halde:	Tafelberg
Gestaltung:	Himmelstreppe, Thingplatz, Hallenhaus, Panoramaweg
Besonderheit:	höchste Bergehalde am Niederrhein

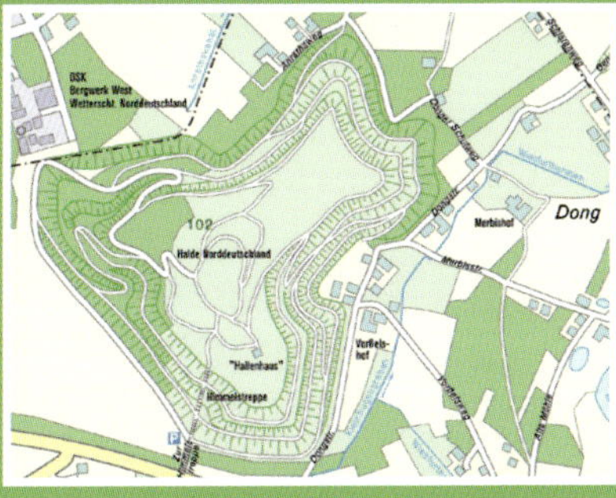

Geschichte: Woher hat die 2001 fertiggestellte Halde ihren Namen? Jedenfalls nicht von der Zeche, aus der das Bergematerial stammt, denn das war die Zeche Niederberg in Neukirchen-Vluyn. Gleich nebenan steht allerdings eine kleine Schachtanlage, die einmal Norddeutschland hieß, bevor sie in Schacht Friedrich Heinrich III umbenannt wurde. Manche nennen den mitten im platten Land entstandenen Hügel allerdings auch Dong-Berg nach dem angrenzenden Dorf gleichen Namens. Nach der Übernahme entwickelte der RVR im Rahmen eines internationalen Wettbewerbs ein außergewöhnliches Freizeit- und Erholungsareal. Zahlreiche Vereine aus der Region und die Stadt tragen dazu bei, ein breites Sportangebot für alle zu gewährleisten.

Kunst: Das Hallenhaus der Künstlergruppe „Observatorium" mit seiner offenen Stahlkonstruktion steht am östlichen Rand der Halde und erinnert an ein traditionelles Wohnstallhaus, wie es am Niederrhein in vorindustrieller Zeit üblich war. Die Landmarke ruft so ins Bewusstsein, dass die ganze Region einst ein landwirtschaftlich genutztes Gebiet war. Gleichzeitig lässt das Stahlgerippe eben alles offen: Die Zukunft nach der Schwerindustrie, der Strukturwandel wollen noch gestaltet und mit Inhalt gefüllt werden. Genug Überblick auf Vergangenheit und Gegenwart hat man von hier aus: Die Fernsicht ist überwältigend und reicht nach Osten bis weit in den Pott hinein und im Süden bis ins nächste Revier, nämlich zu den Halden und Kraftwerken des Rheinischen Braunkohlereviers südlich von Düsseldorf. Und umgekehrt: Das Hallenhaus ist von weit her zu sehen, vor

Tipp

Führungen

„Hoch hinaus"-Führungen, Dauer: ca. 1:30 Stunde, Preis: 5 Euro pro Person, Anmeldungen: Stadtmarketing der Stadt Neukirchen-Vluyn, 02845/391-230, stadtmarketing@neukirchen-vluyn.de

Tipp

Barrierefrei zugänglich

Um auch gehandicapten Menschen den Ausblick von der Halde anzubieten, gibt es die Möglichkeit, mit dem eigenen Pkw hinaufzufahren. Die Zufahrtsberechtigung sowie der Schlüssel für die Schranken sind erhältlich beim Stadtmarketing der Stadt Neukirchen-Vluyn: 02845/391-230, stadtmarketing@neukirchen-vluyn.de

allem, wenn es mit Einbruch der Dunkelheit bis 22 Uhr beleuchtet ist. Die Bergarena am Thingplatz lädt zum Rasten ein und erinnert eher an ein römisches Amphitheater als an einen germanischen Rats-Ort. Aber wie auch immer man den Platz wahrnimmt, dem man diesen alten Namen gegeben hat – ein Treffpunkt ist er allemal, ein Ort der Begegnung und der Kommunikation.

Freizeit: Der RVR sieht für die Halde einen Schwerpunkt auf der sportlichen Nutzung, und allein schon die Himmelstreppe mit ihren 359 Stufen, über die 52 Höhenmeter zu erklimmen sind, ist sportlich. Hinzu kommen 13 Kilometer Wanderwege, darunter ein Panoramaweg, und Walkingstrecken auf drei Routen zwischen 4,4 und 6,4 Kilometern, die vom Ausdauersportverein Neukirchen-Vluyn betreut werden. Selbstverständlich eignet sich die Halde auch für Radsport aller Art. Die SG Neukirchen-Vluyn unterhält eine MTB-Downhillstrecke im nordöstlichen Teil der Halde. Informationen unter: www.sg-neukirchen-vluyn.de

Eine Besonderheit auf der Halde Norddeutschland: Weit und breit bietet sie Gleitschirm- und Drachenfliegern die einzige Möglichkeit für einen Hangstart. Interessenten wenden sich an den Neusser Verein Skyteam, der das Gelände unter anderen nutzt: info@skyteam-neuss.de

Auch Skater kommen auf ihre Kosten, allerdings nicht auf der Halde, sondern auf einem zehn Kilometer langen Parcours um sie herum.

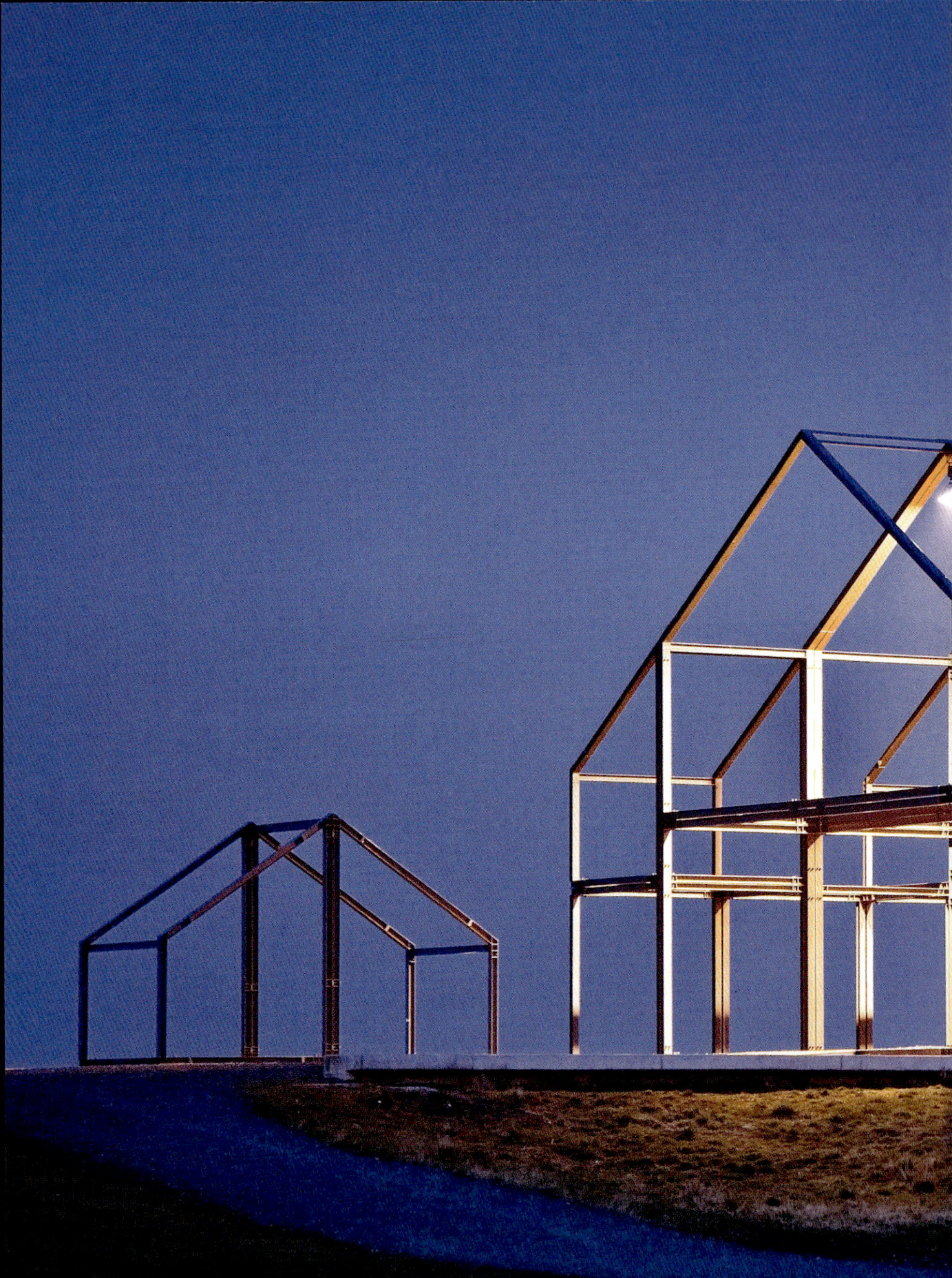

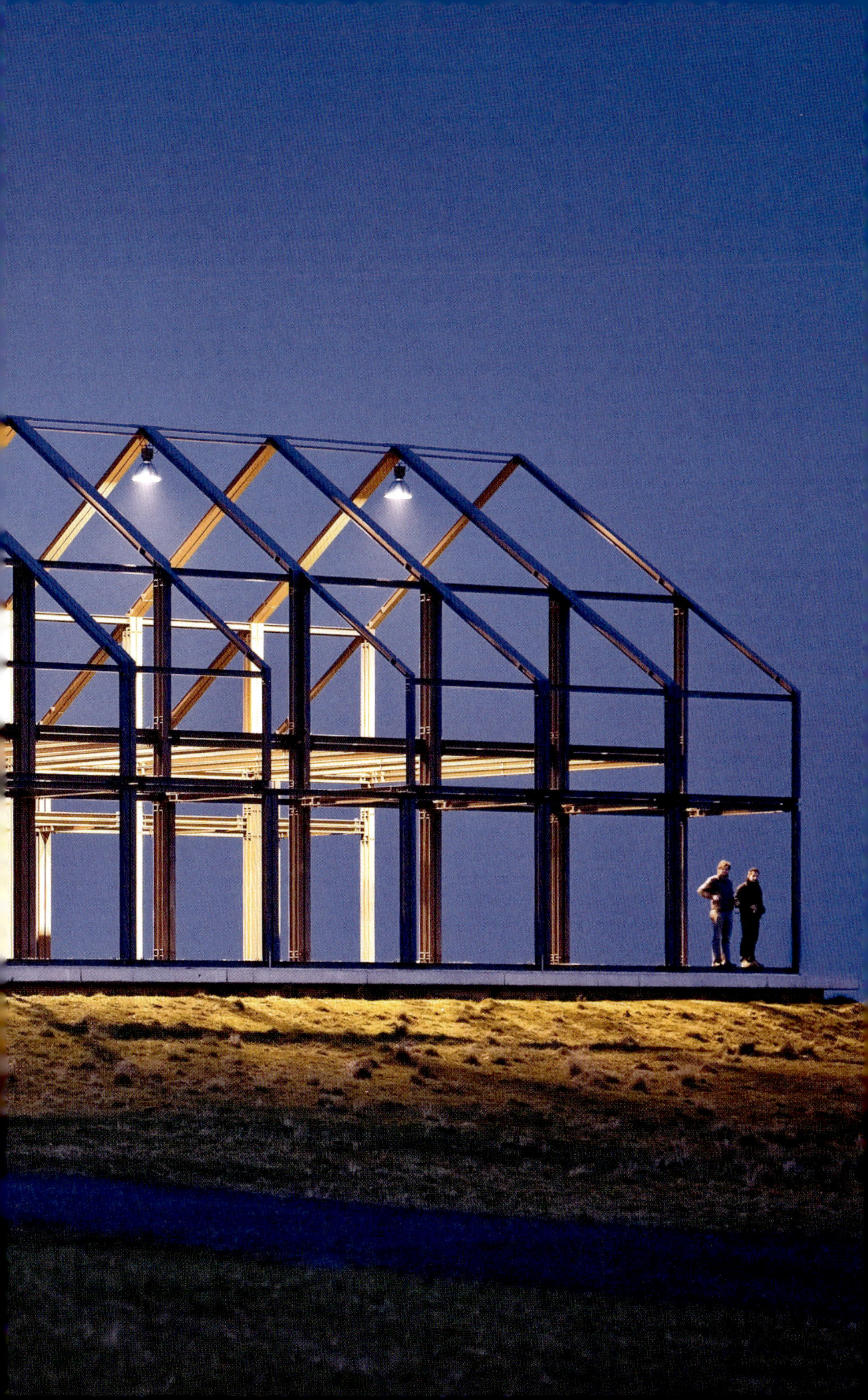

Der Aussichtsberg mit Hügel-Loft

Halde Pattberg

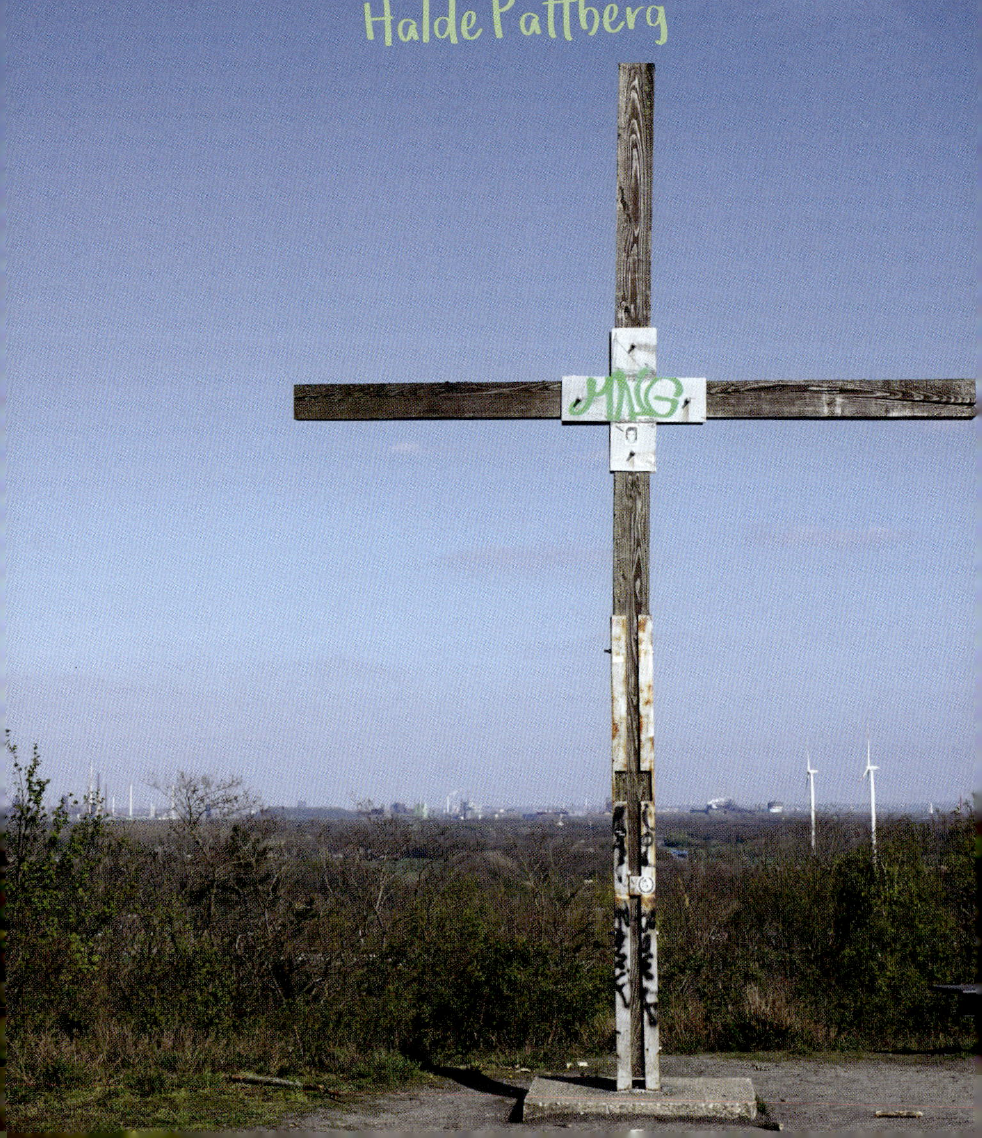

Die Halde Pattberg ist ein gelungenes Beispiel für eine Kombination aus Tafelberg und Landschaftsbauwerk. Wo andere Halden ein riesiges Plateau haben, hat die Pattberghalde so etwas wie ein Hügel-Loft: Auf ihr Dach ist eine kleine Landschaft aus Erhebungen und Senken gesetzt. Und vor allem auf dem südwestlichen Haldengipfel vergisst man völlig, dass man auf einem künstlichen Berg wandert.

2

Parkplatz:	47445 Moers, Pattbergstraße 77
ÖPNV:	Haltestelle Restaurant Voss (Linie 32)
Höhe über NN:	85 Meter
Höhe der Aufschüttung:	67 Meter
Fläche:	41 Hektar
Material:	Bergehalde der Zeche Rheinpreußen
Art der Halde:	Tafelberg mit drei Kuppen, Landschaftsbauwerk
Gestaltung:	Gipfelkreuz und Panoramatafeln

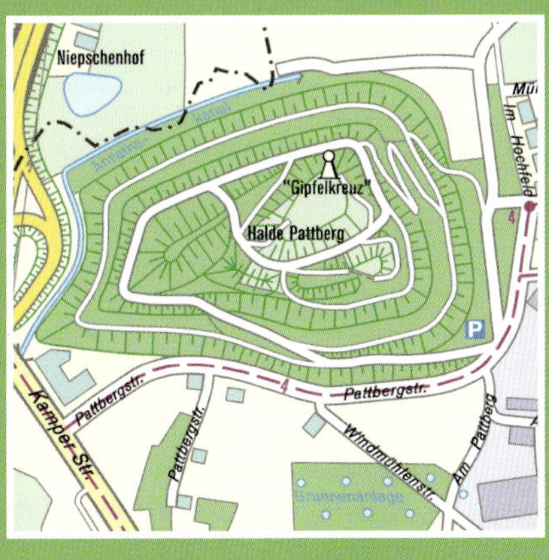

Geschichte: Die Halde Pattberg liegt am Autobahnkreuz Kamp-Lintfort an der A57 und A42. Sie ist als eine der eher jüngeren Halden aus der Zeche Rheinpreußen, Schachtanlage Pattberg, in den Jahren zwischen 1964 bis 1985 aufgeschüttet worden. Ursprünglich in Terrassen als Tafelberg angelegt, wurde sie bereits während ihrer Aufhaldung begrünt und anschließend als Landschaftsbauwerk modelliert und mit drei Gipfeln ausgestattet. Sie ist Teil des Landschaftsparks Niederrhein und bildet den Mittelpunkt der Niederrheinischen Baumkreisroute, eines 42 Kilometer langen Radwegs durch die niederrheinische Kendel- und Donkenlandschaft.

Freizeit: Die Halde ist in Terrassen angelegt und schön begrünt. Breite Wege führen vom Parkplatz im Südwesten nach oben auf die Haldenplateaus. Und auch oben finden sich gut gepflegte Wege um die unterschiedlichen Gipfel herum. Das macht die Halde bei Wanderern und Fahrradfahrern gleichermaßen beliebt, zumal die Aussicht in alle Richtungen wirklich überwältigend ist.

Der Hauptweg führt entlang der Sonnenseite der Halde nach oben. Beim Aufstieg kommt man an einem Unterstand, der aus Bauprofilen der Zeche gebaut ist, und mehreren mit Bänken versehenen Aussichtspunkten vorbei.

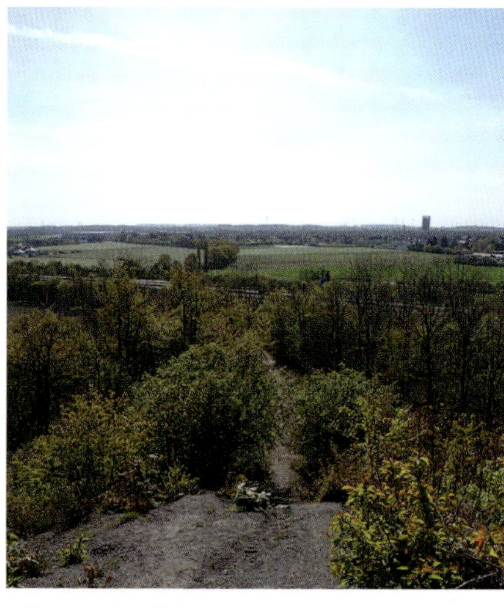

Blick nach Süden

Am Haldengipfel und am Gipfelkreuz angekommen gibt es die Möglichkeit auszuruhen, die Natur zu genießen und rundum den Blick in die Ferne schweifen zu lassen: Kamp-Lintfort und die Turmspitze des Klosters Kamp, der Rossenrayer See und der kubistische Förderturm der Zeche Rossenray sind zu sehen. Aber vor allem schweift der Blick zu den Nachbarhalden Norddeutschland und Rheinpreußen. Jenseits des Rheins

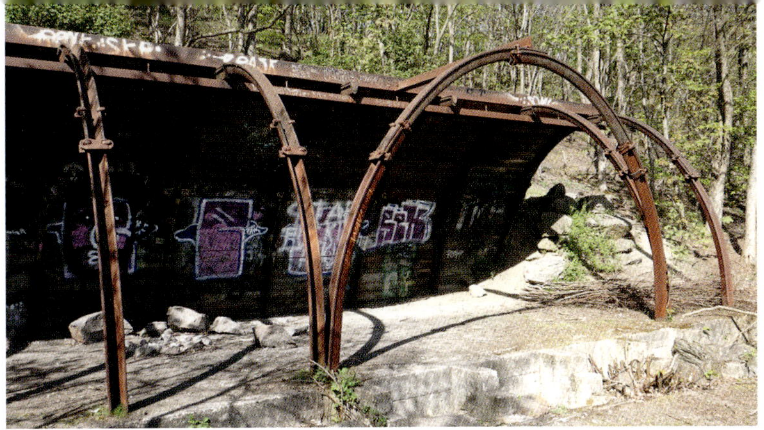

Unterstand aus Bauprofilen der Zeche

ist der Alsumer Berg im Norden Duisburgs zu sehen, an schönen Tagen kann man bis nach Wesel im Norden und Düsseldorf im Süden blicken. Vom südwestlichen Gipfel kann man wegen des Baumbewuchses zwar nicht mehr gut sehen, dafür ist der Weg zwischen den Pflanzen besonders schön und eine kleine Runde wert.

Besonders beliebt ist die Pattberghalde mit ihrem weit angelegten Plateau und den guten Windverhältnissen bei Drachen- und Modellfliegern, auch wenn das Drachenfestival schon seit vielen Jahren auf die Halde Rheinpreußen umgezogen ist. Es gab Überlegungen, die Halde zu einem Drachenberg zu gestalten mit thematischen Freizeitmöglichkeiten für Familien: Picknickplätze, ein Drachenweg und ein Krach-Matsch-Land waren angedacht.

Info

Halde Kohlenhuck

Laut neuesten Plänen des RVR soll die Pattberghalde mit der Halde Kohlenhuck zu einer großen Erholungslandschaft verbunden werden. Diese wurde wie die benachbarten Halden aus der Zeche Rheinpreußen aus dem Schacht Pattberg aufgeschüttet. Die Straße ist bereits zurückgebaut, die zwischen der Schachtanlage und der Halde verlief, um das Material anzuliefern. Im Anschluss daran soll mit 4400 Bäumen ein Wald aufgeforstet und die Halde renaturiert werden. Auf der Kohlenhuckhalde befinden sich vier Windenergieanlagen, die im Jahr 32.000 Megawattstunden Strom produzieren.

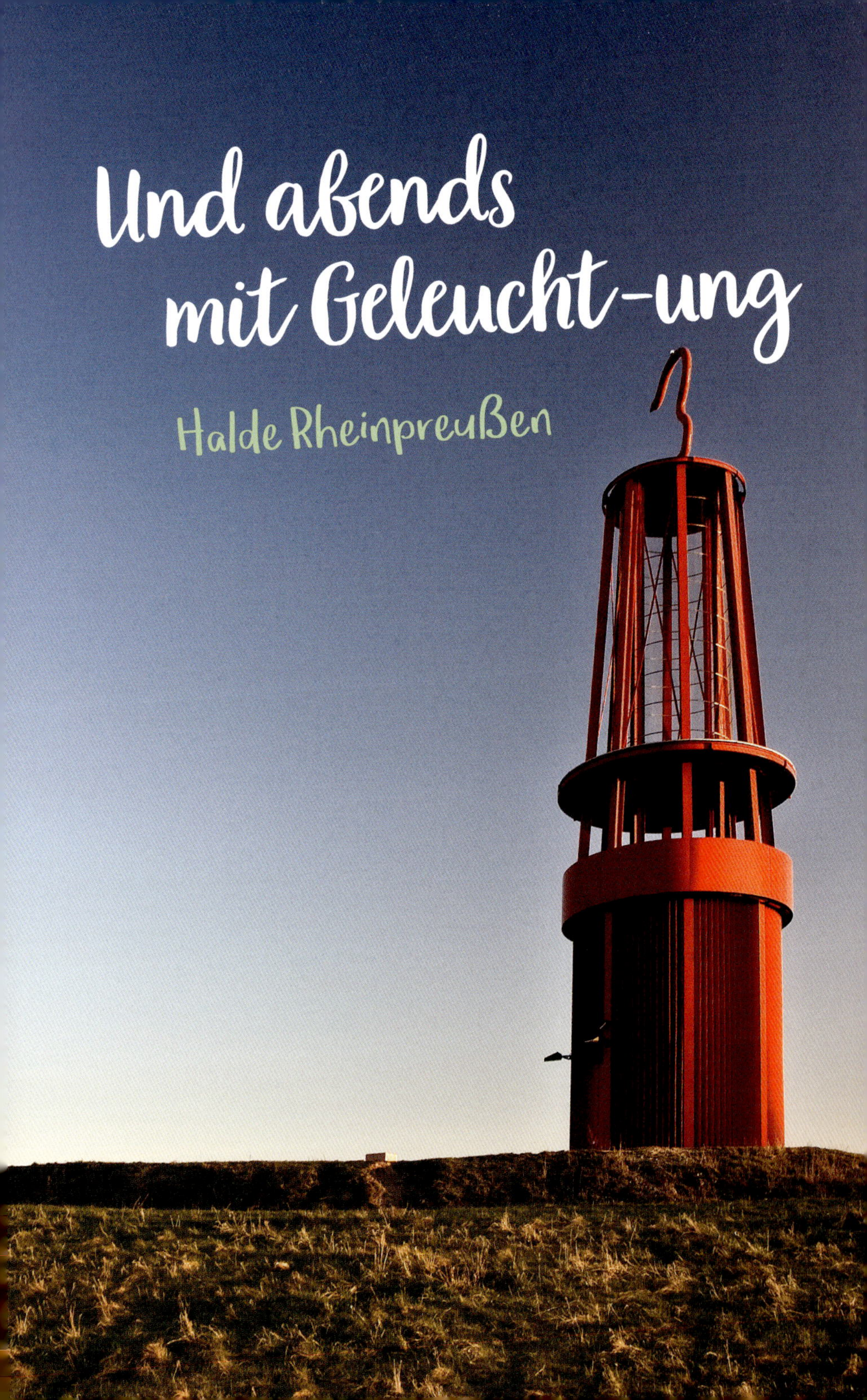
Und abends
mit Geleucht-ung
Halde Rheinpreußen

Der Bergmann und seine Grubenlampe – Licht, Sicherheit, Warnsystem: Die Bedeutung, die das Geleucht für die Arbeiter untertage hatte, kann gar nicht hoch genug eingeschätzt werden. Und so ist das gleichnamige Kunstwerk vielleicht dasjenige unter allen Landmarken, das am meisten die arbeitenden Menschen in den Schächten in den Mittelpunkt stellt. Die Halde – direkt am linken Ufer des Rheins gelegen – bietet viel Raum für Sport und Spiel. Und sie bietet Licht und Heimat.

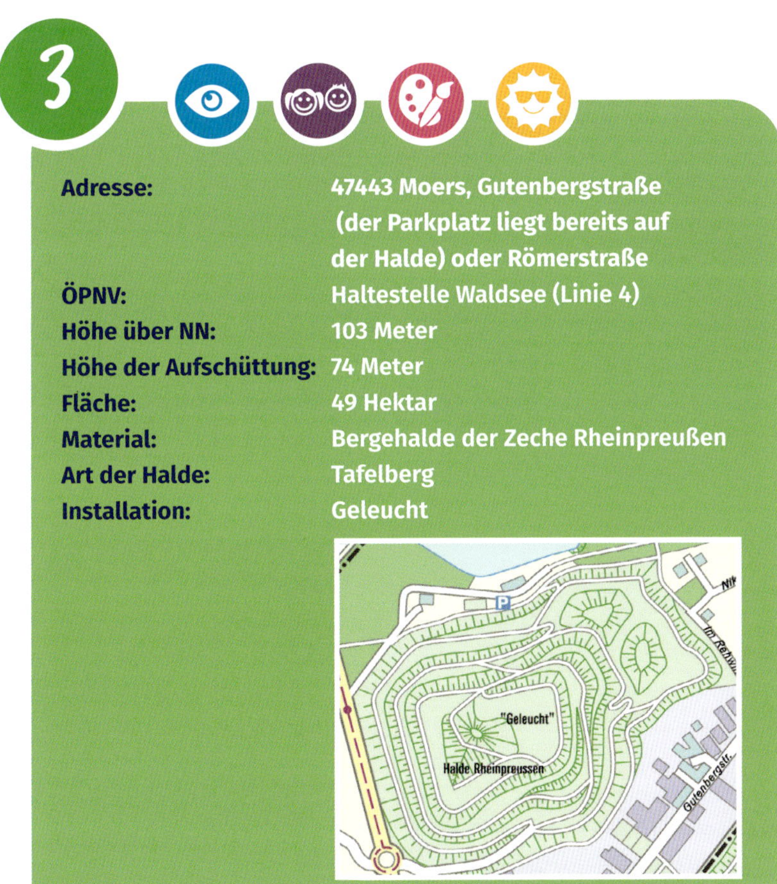

Geschichte: Die Zeche Rheinpreußen in Moers förderte von 1876 bis 1990 Steinkohle. Die gleichnamige Halde begann man 1963 aufzuschütten. Damals war unter der heutigen Erhebung noch ein Baggersee, dessen Rest, der Waldsee, heute noch existiert. Noch bis 1990, bis zur Stilllegung der Zeche, wuchs die Halde. Und trotz des späten Endes der Schüttung war sie eine der ersten, die begrünt und zugänglich gemacht wurde.

Kunst: Als größtes Montankunstwerk der Welt bezeichnet die haldeneigene Website die 2007 aufgestellte überdimensionale Grubenlampe auf der Halde Rheinpreußen, das „Geleucht". Allerdings muss man schon die 103 Meter Höhe der Halde dazu rechnen, um auf die darauf genannte Höhe von 122,60 Metern zu kommen. Die riesige, 30 Meter hohe und 90 Tonnen schwere Lampe des Künstlers Otto Piene ist imposant und weckt überraschende Gefühle von Geborgenheit und Heimat, ist das Geleucht doch der klassischen Davy-Grubenlampe der Bergleute nachempfunden, die seit 1830 verwendet und weiterentwickelt wurde. Beleuchtet wird außer der Lampe ein 8000 Quadratmeter großer Bereich der Halde – der Berg ist dann ganz in rotes Licht gehüllt und von weither zu sehen. Wie ein Strom aus glühendem Eisen sieht das aus und erinnert an die Kohle- und Stahlindustrie der Region. In Licht getaucht wird das „Geleucht" bei einbrechender Dunkelheit. Von April bis Oktober ist das Kunstwerk bis 23 Uhr und in den Wintermonaten bis 21 Uhr beleuchtet.

Tipp

Aussichtsplattform

Von der Aussichtsplattform der Landmarke auf zehn Metern Höhe eröffnet sich eine beeindruckende Sicht nach Norden und Osten auf das sich jenseits des Rheins erstreckende Ruhrgebiet. Informationstafeln erklären die Kraftwerke und Schachtanlagen, die von hier aus zu sehen sind. Die Plattform ist geöffnet von April bis Oktober mittwochs, donnerstags, samstags und sonntags von 14 bis 18 Uhr, von November bis März: samstags und sonntags von 13 bis 16 Uhr.

Tipp

Vollmondwanderungen

Vollmondwanderungen werden über die Stadtinformation Moers angeboten: Telefon 02841/882260, www.moers.de. Dort gibt es auch Informationen über andere geplante Großveranstaltungen wie Drachenfeste.

Freizeit: Der „Förderkreis Landmarke Geleucht", der auch die Website betreut, bietet geführte Wanderungen an, auch abends und bei Dunkelheit. Selbst Sonderöffnungszeiten sind auf Anfrage möglich, genauso wie besondere Führungen für Menschen mit Handicap oder im Rollstuhl. Alle Kontaktinformationen finden sich unter: www.dasgeleucht.de

Die weitläufige Halde bietet sich aber auch für Individualsport an. Die gut ausgebauten Wege eignen sich für Radfahrer genauso wie für Wanderer. Der Hauptweg ist glatt und eben und er führt bei moderater Steigung in großem Bogen nach oben. Eines ist sicher: Am Geleucht ist man nie allein, zu jeder Tageszeit ziehen die Menschen hinauf, lassen sich vor der Landmarke auf einem der Sitzplätze oder auf der Wiese nieder und genießen die großartige Aussicht über den Rhein. Dafür braucht es noch nicht einmal den Aufstieg ins „Geleucht".

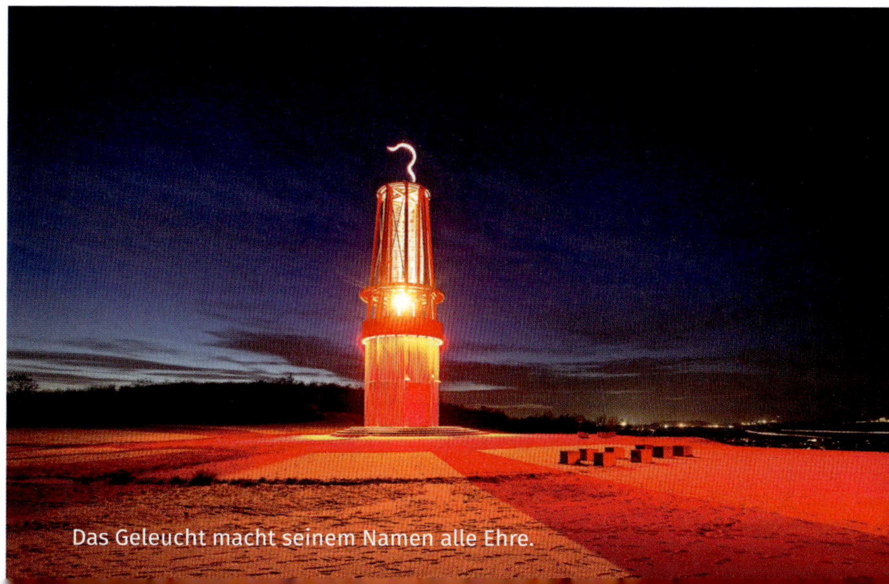

Das Geleucht macht seinem Namen alle Ehre.

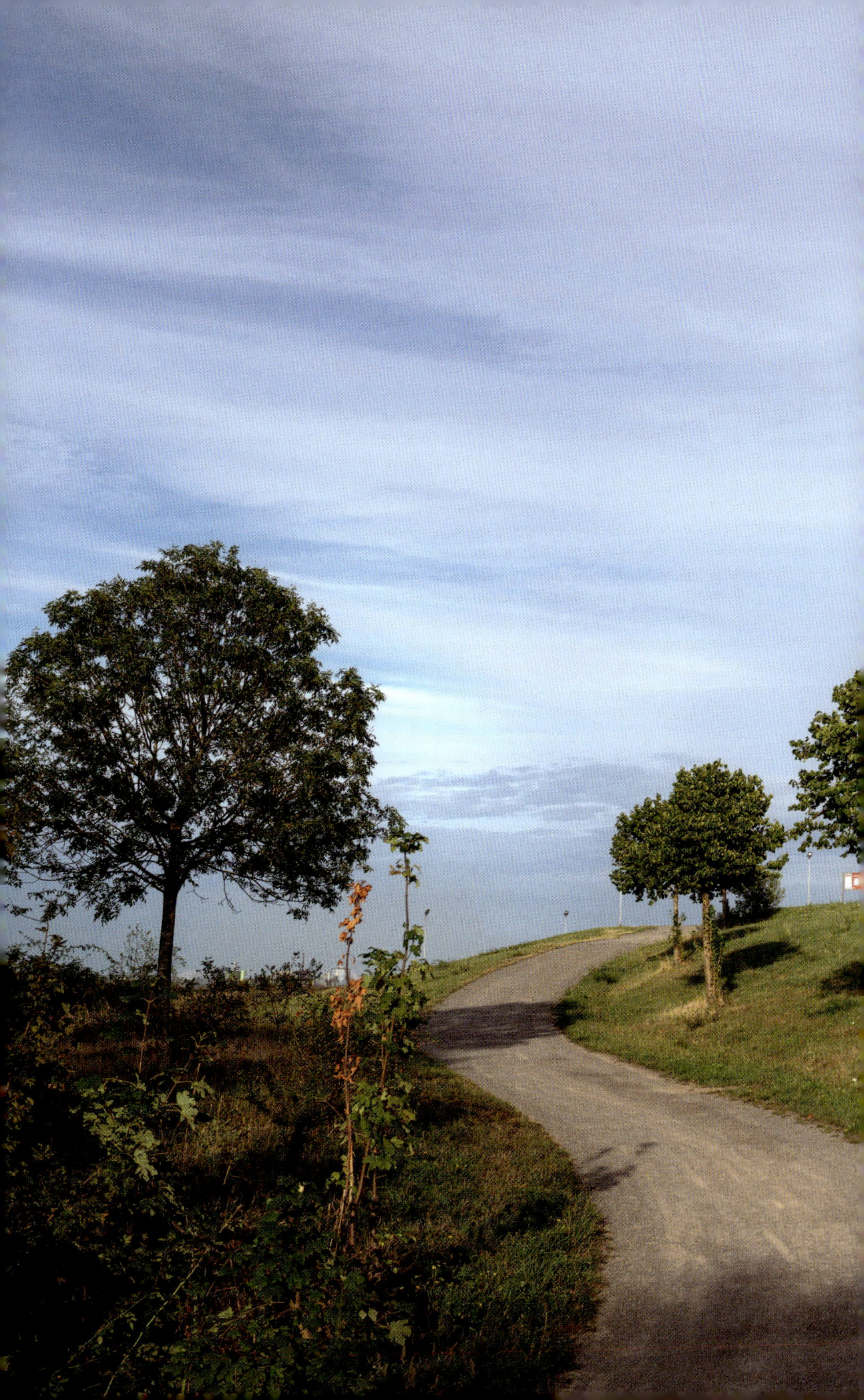

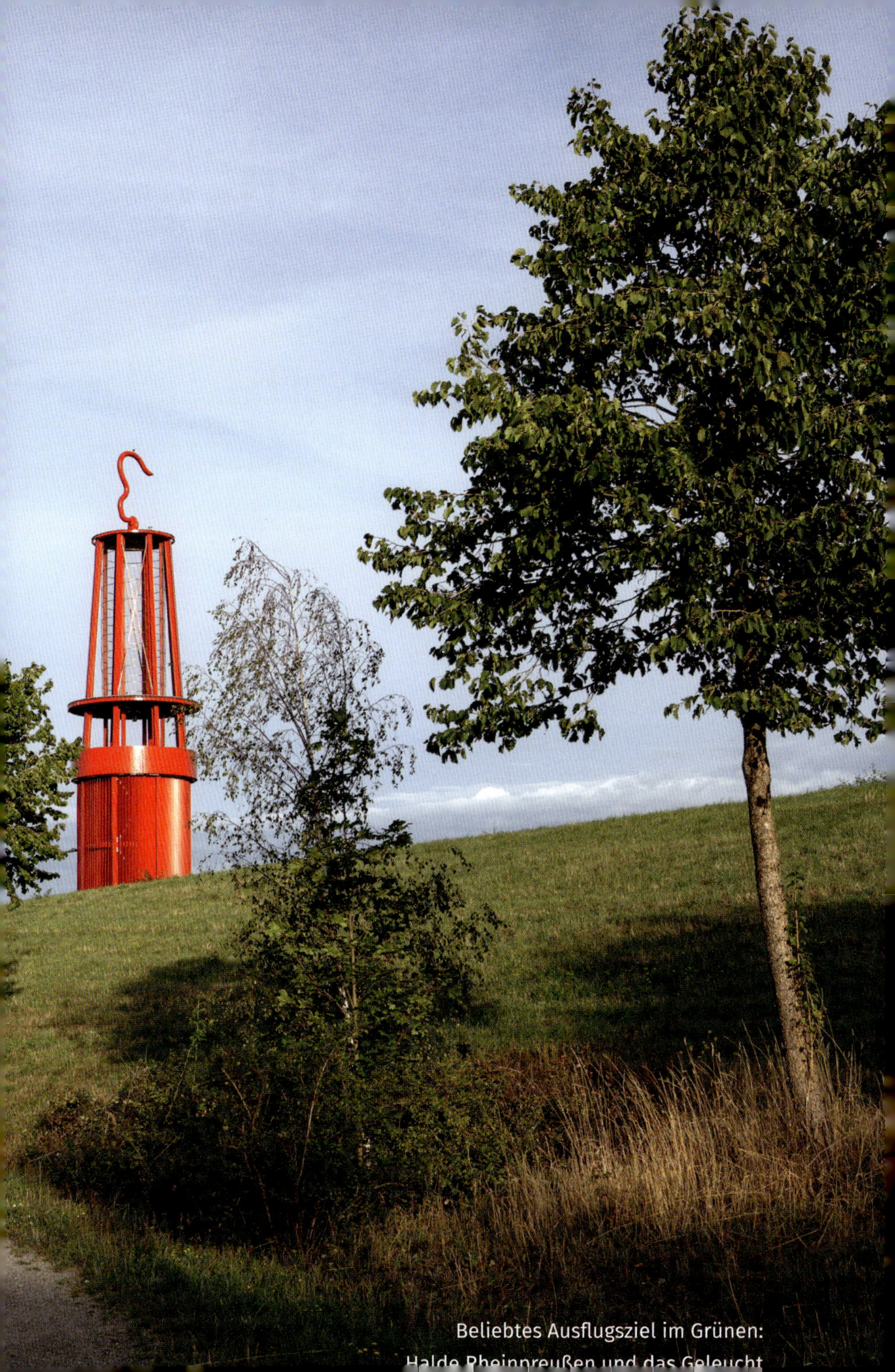

Beliebtes Ausflugsziel im Grünen:
Halde Rheinpreußen und das Geleucht

Warum ist es am Rhein so schön ...?

Rockelsberghalde

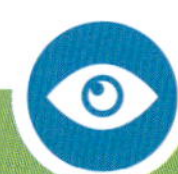

Adresse:	47228 Duisburg-Hochemmerich (Rheinhausen), Rheingasse/ Deichstraße oder Homberger Straße
ÖPNV:	Haltestelle „Einkaufszentrum“, Duisburg-Rheinhausen (Linien 912, 922, 923)
Höhe über NN:	70 Meter
Höhe der Aufschüttung:	43 Meter
Fläche:	14 Hektar
Material:	Schlacken, Filterstäube, Schlämme, Hausmüll
Art der Halde:	Landschaftsbauwerk
Gestaltung:	Gabionen

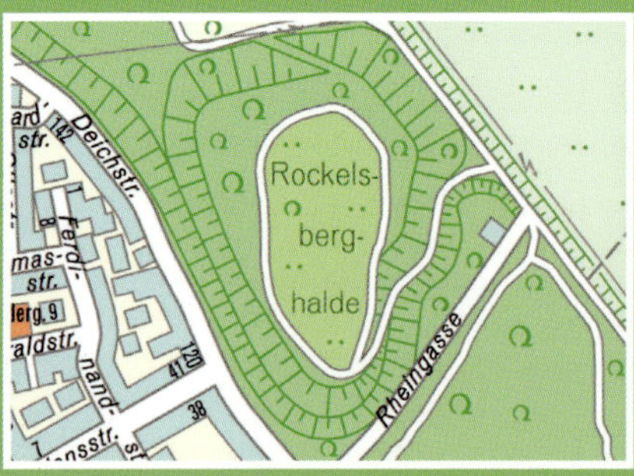

Heute fällt es schwer, sich vorzustellen, dass sich die Deponien der Krupp-Hütte über zweieinhalb Kilometer am Rheinhausener Ufer entlang zogen. Nah an die Siedlungen gebaut, waren diese Halden den Anwohnern in ihren schmucken Häuschen verständlicherweise ein Dorn im Auge – der auch nicht kleiner wurde, als statt der Industrieabfälle Hausmüll deponiert wurde. Inzwischen werden sich die Menschen damit versöhnt haben, gewannen sie doch ein neues Naherholungsgebiet direkt vor der Tür.

Ihren Namen haben die beiden Halden von dem Unternehmen Rockelsberg, das für die Aufschüttung der Schlacke aus der Rheinhausener Krupp-Hütte zuständig war.

Nur der südliche der beiden renaturierten Hügel ist begehbar, er ist komplett von einem guten Gehweg umrundet, sein Gipfel wird sogar von einer kleinen mit Gabionen bestückten Plattform geschmückt. Der Rheinradweg führt übrigens direkt an den Halden vorbei, und der Zugang hinauf erfolgt von der Rheinseite aus.

Wirklich interessant ist die Rockelsberghalde, weil sie direkt am Rhein eine imposante Aussicht auf den Fluss, auf das gegenüberliegende Duisburg mit der Salvatorkirche und dem größten Binnenhafen Europas bietet. Aber damit nicht genug: Rheinaufwärts ist „Tiger & Turtle“ im Angerpark zu entdecken, im Westen die Halde Norddeutschland, im Norden reicht der Blick bis zum Gasometer in Oberhausen.

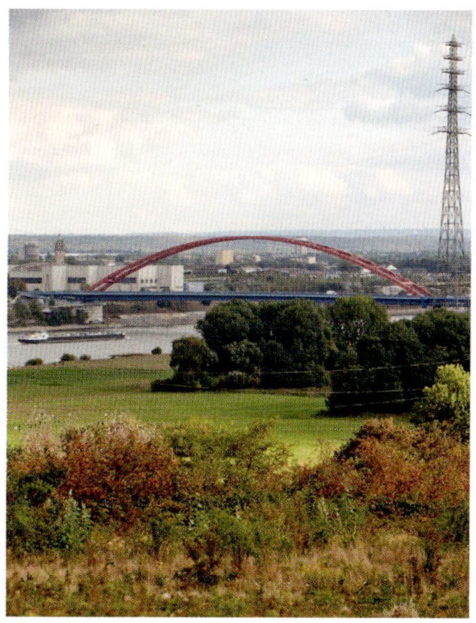

Die Rockelsberghalde bietet einen Ausblick auf den Rhein und die „Brücke der Solidarität“ in Rheinhausen.

Tiger & Turtle – Tiger und Schildkröte

Heinrich-Hildebrand-Höhe

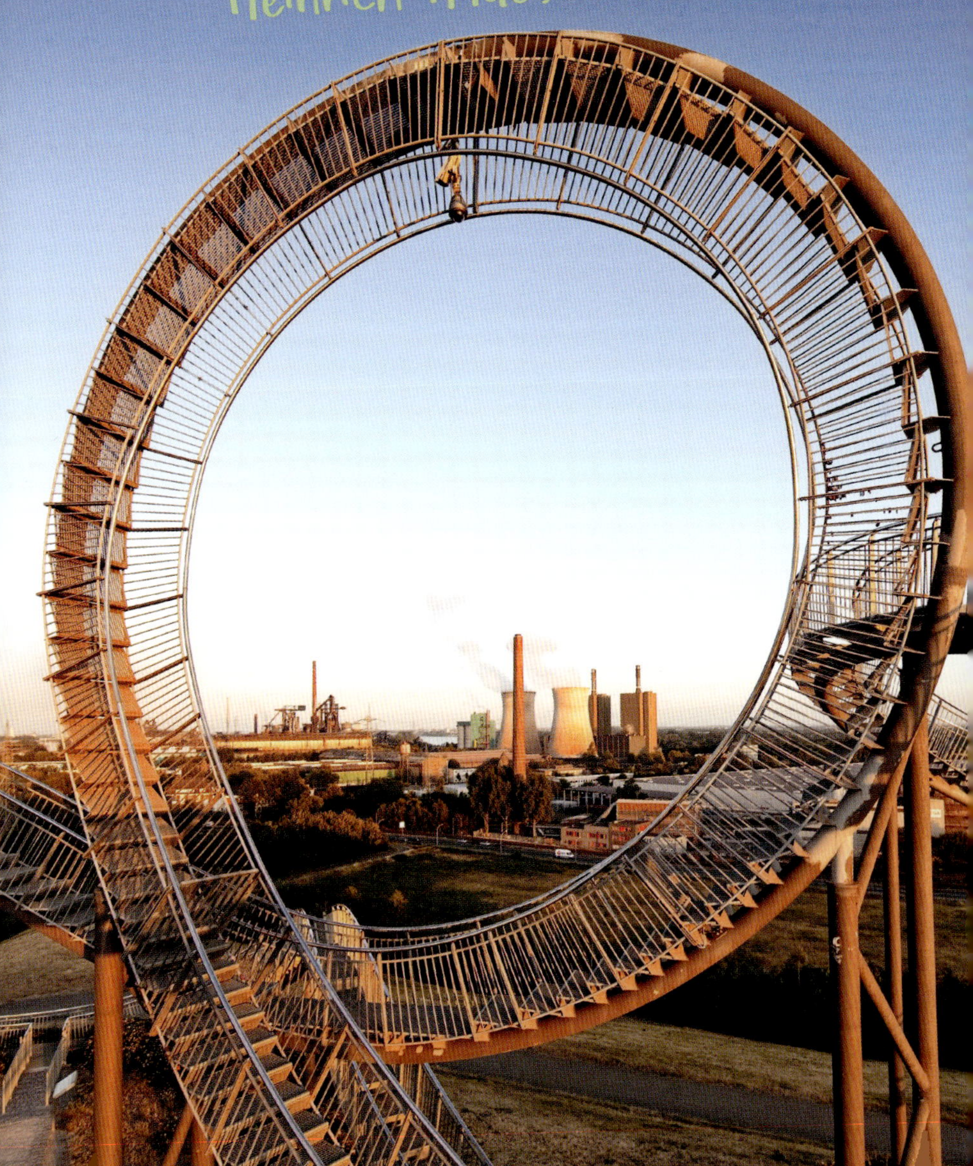

Sich in die Tiefe stürzen und in rasender Geschwindigkeit kopfüber durch den Looping jagen ... Die Bilder lassen sich nicht steuern und kommen ganz von selbst, ein bisschen Herzrasen inklusive. Und dann steht man auf „Tiger & Turtle – Magic Mountain“ und geht Schritt für Schritt die Bögen entlang und kommt sich vor wie eine Schildkröte. Das Kunstwerk spielt genau damit: mit einem durch visuelle Reize bewirkten Vorwegnehmen einer Geschwindigkeit, die sich als Schnecken-, Verzeihung: Schildkrötentempo entpuppt. Ist es deswegen weniger berauschend? Nein: Es ist magisch!

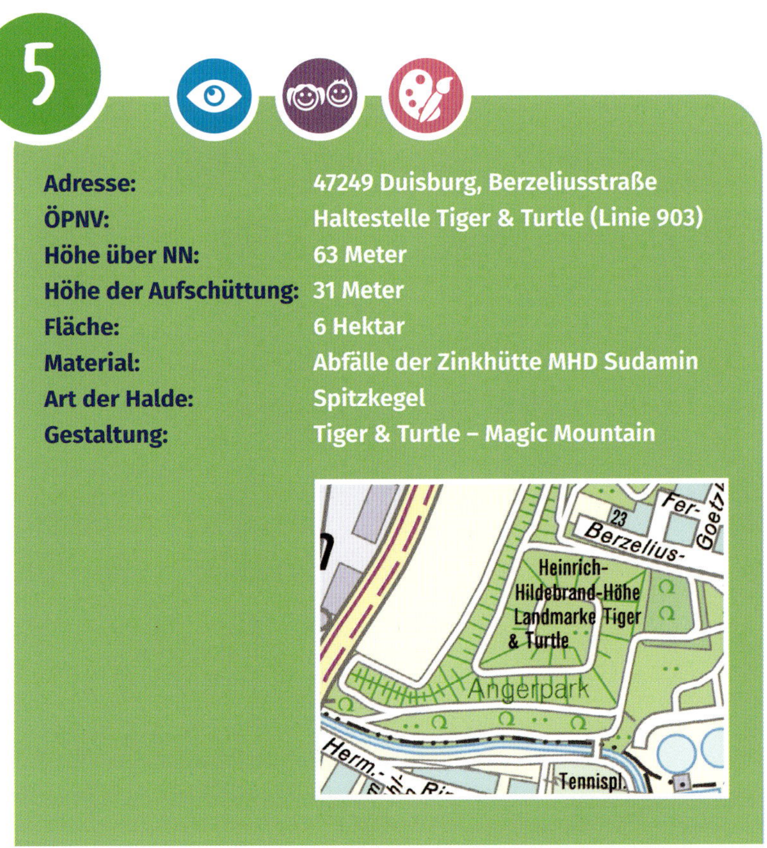

Adresse:	47249 Duisburg, Berzeliusstraße
ÖPNV:	Haltestelle Tiger & Turtle (Linie 903)
Höhe über NN:	63 Meter
Höhe der Aufschüttung:	31 Meter
Fläche:	6 Hektar
Material:	Abfälle der Zinkhütte MHD Sudamin
Art der Halde:	Spitzkegel
Gestaltung:	Tiger & Turtle – Magic Mountain

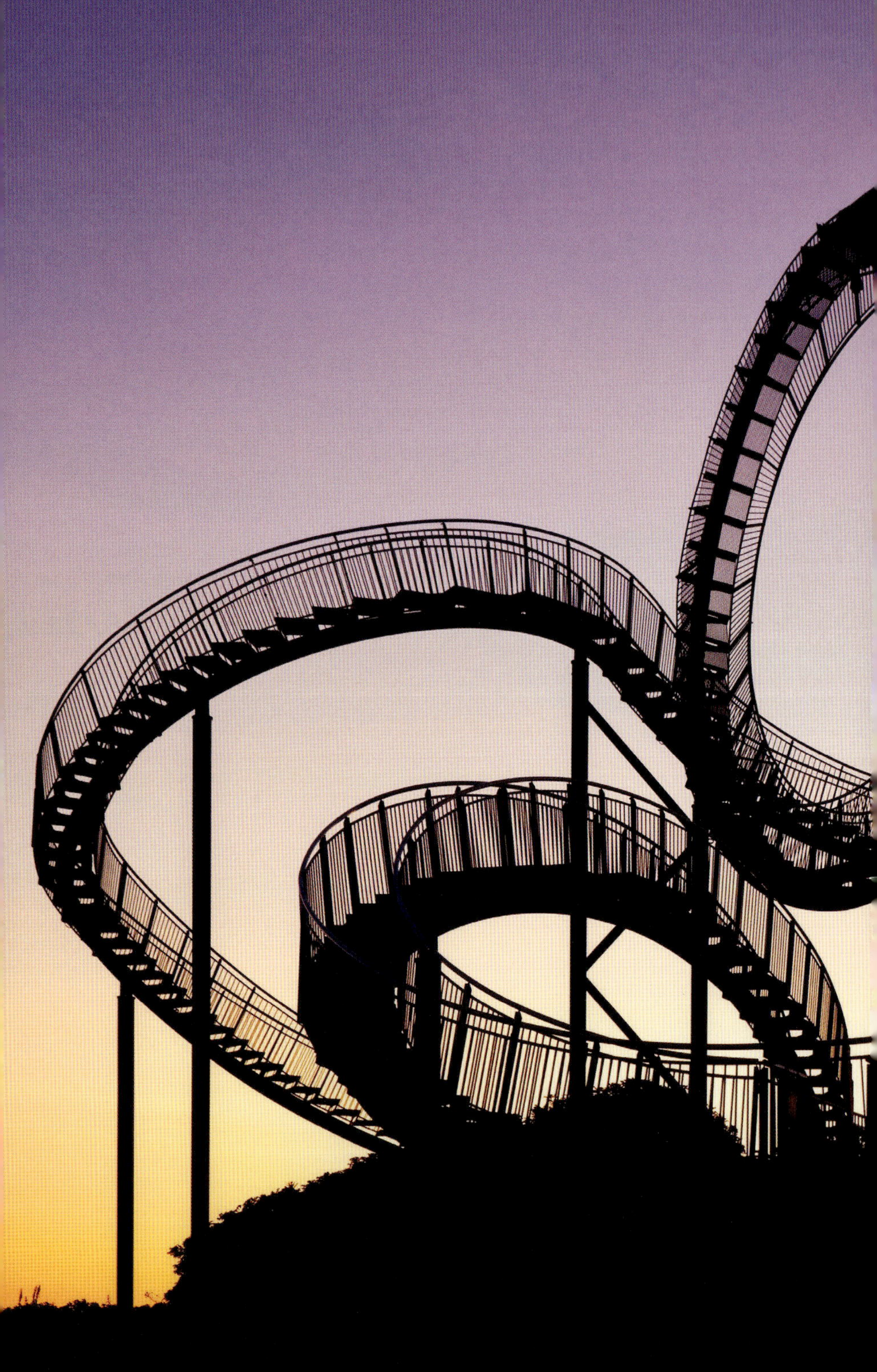

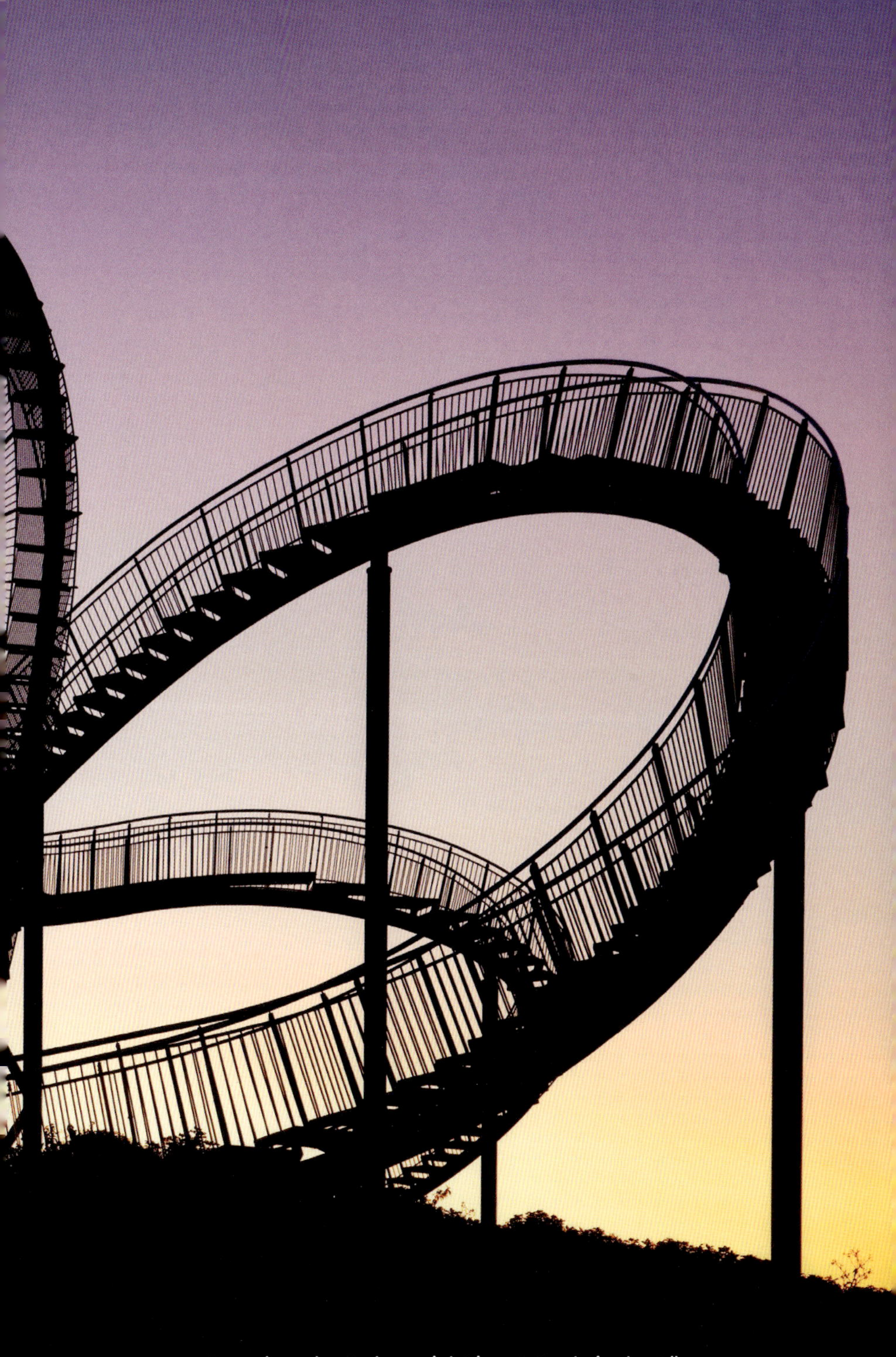

Bezauberndes Farbenspiel: Tiger & Turtle in der Dämmerung

Geschichte: In vielerlei Hinsicht ist diese Halde etwas Besonderes. Angefangen beim Namen: Heinrich Hildebrand (1927–2004) war keine Größe der Ruhrgebietsindustrie, sondern ein Wanheim-Angerhausener Heimatforscher, dem der Heimat- und Bürgerverein ein Denkmal gesetzt hat. Außerdem liegt unter dem grünen Hügel kein Abraum einer Zeche, sondern hier stand einst die 2005 insolvent gegangene Zinkhütte MHD Sudamin. Die Umweltbelastung, die diese hinterließ, erforderte sofortiges Handeln. Die Stadt Duisburg siedelte hier also einen riesigen Logistikstandort an und schuf mit dem Angerpark einen öffentlichen Raum für die Bürger. Bereits 2008 wurde er freigegeben. Unter dem Hügel, der von einem knapp drei Kilometer langen Wegesystem erschlossen wird, befindet sich unter dichten Kunststoffbahnen zur Abdichtung Erd- und Abbruchmaterialien der ehemaligen Zinkhütte.

Kunst: Der Werkstoff Zink ist auch in der beeindruckenden 18 Meter hohen begehbaren Landmarke verbaut, geplant von Heike Mutter und Ulrich Genth, die den 2009 ausgeschriebenen internationalen Wettbewerb für sich entscheiden konnten. Seit November 2011 ist die Skulptur eröffnet und auf 200 Metern und 249 Stufen erlebbar, die restlichen 20 Meter befinden sich im Looping. Wenn man das Kunstwerk aus der Ferne oder von unten sieht, dann spürt man förmlich den Geschwindigkeitsrausch einer Achterbahn, doch wenn man sich Stufe für Stufe auf den unterschiedlich steilen Treppen in dem Gerüst bewegt, erinnert man sich selbst doch eher an eine Schildkröte. So ist der Name entstanden: Als Tiger gesprungen, als Schildkröte ge-

Tipp

Abendführung

Die Stadt Duisburg bietet Abendführungen mit Taschenlampe an. Dauer ca. 1 Stunde; weitere Informationen und Termine unter: www.duisburg.de/tourismus/stadt_erleben/fuehrungen_und_rundfahrten/tiger-turtle-magic-mountain.php#/

landet – Tiger & Turtle. Aber wie auch immer, von dem 20 Meter hohen magischen Berg, dem magic mountain, hat man weite Sicht über Duisburg und zum Rhein. Nachts beeindruckt das beleuchtete Kunstwerk auf eine besondere Weise.

Freizeit: Der Angerpark rund um den „Magic Mountain" ist eine kleine Grünfläche zwischen dem Flüsschen Anger und der ehemaligen Zinkdeponie. Von hier aus führt ein 2,7 Kilometer langer asphaltierter Weg bis hinauf zu der wie eine Achterbahn geformten Landmarke. Wer Lust hat auf einen kleinen Spaziergang, folgt der Anger bis zum Rhein. Dort ist neben dem Logistikzentrum des Duisburger Hafens eine kleine Aussichtsplattform angelegt. Von diesem Platz über dem Fluss ist das rege Treiben rund um Europas größten Binnenhafen gut zu beobachten.

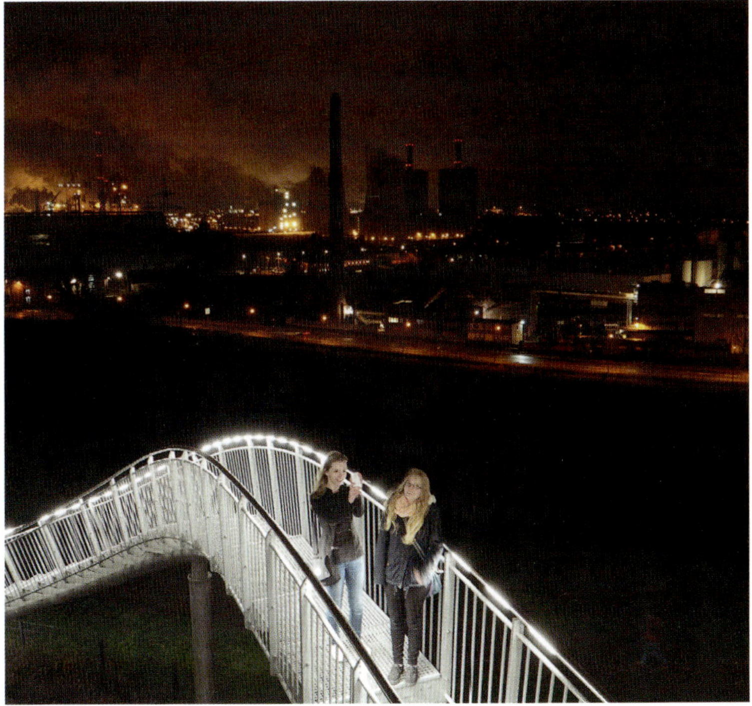

Auch und gerade bei Nacht ist Tiger & Turtle ein beliebtes Fotomotiv.

Halde inmitten der Natur

Wolfsberg

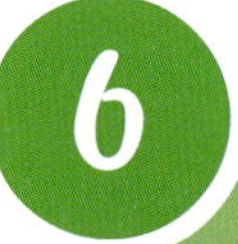

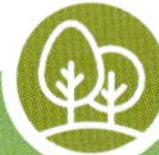

Adresse:	47269 Duisburg, Masurenallee
ÖPNV:	Haltestelle Wolfssee (Linien 934, 941)
Höhe über NN:	63 Meter
Höhe der Aufschüttung:	27 Meter
Fläche:	6 Hektar
Material:	Industrieabfall, Müll, Weltkriegstrümmer über einer alten Artillerieanlage
Art der Halde:	Spitzkegelhalde
Gestaltung:	22 Meter hoher Aussichtsturm
Besonderheit:	im Erholungsgebiet Sechs-Seen-Platte gelegen

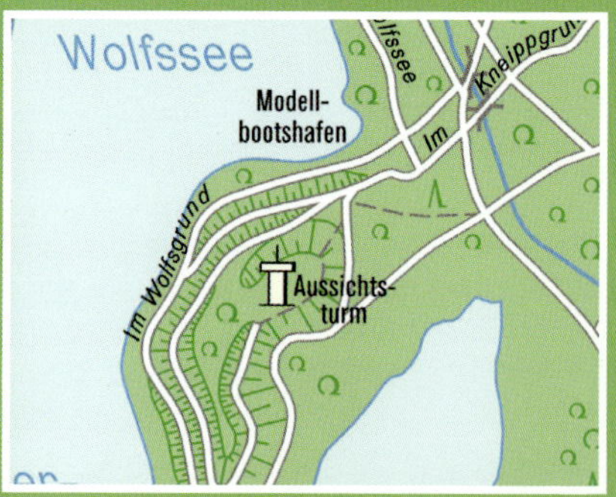

Definitiv hat ein Ausflug zum Wolfsberg einen sehr hohen Freizeitwert. Das liegt aber nicht so sehr an dem kleinen Hügel und seinem Turm als viel mehr an seinem Standort inmitten der Sechs-Seen-Platte. Auf alten Karten ist zu sehen, dass das Gebiet im Süden Duisburgs noch bis zum Krieg von einem großen Wald bedeckt war. Die Huckinger Mark war reich an Sand und Kies und das Material wurde dringend gebraucht.

Dort, wo sich heute der Wolfsberg erhebt, stand im Zweiten Weltkrieg eine Artillerieanlage. Nach dem Krieg häufte man auf, was in der Gegend so anfiel: Trümmerschutt, Müll und auch Industrieabfälle. Schon 1975 wurde der neue Hügel abgedeckt und als Aussichtsberg gestaltet. Der Bürgerverein Wedau/Bissingheim machte es möglich, dass auf seinem höchsten Punkt ein Turm errichtet wurde. Nachdem der hölzerne erste Bau einer Brandstiftung zum Opfer fiel, steht hier seit 1994 ein 22 Meter hoher Stahlturm, von dessen Plattform aus man von Düsseldorf bis Oberhausen alles im Blick hat – vor allem aber die Sechs-Seen-Platte aus der Vogelperspektive genießen kann.

Rund um den Wolfsberg sind heute Messstellen eingerichtet, denn inmitten der wunderschönen Landschaft der Sechs-Seen-Platte liegt unter dem künstlichen Hügel eben doch möglicherweise auch so manches, was eventuell Auswirkungen auf das Grundwasser haben könnte und besser kontrolliert werden sollte. So bleibt die Wasserqualität natürlich auch in den nahen Baggerseen gewährleistet. Heute freuen sich das ganze Jahr über wahre Menschenmassen an den entstandenen Seen: Wassersport aller Art im Westen des Wolfsbergs, ein Naturschutzgebiet am Haubachsee im Osten – dazu ein riesiges Netz an Fahrrad- und Wanderwegen machen die Sechs-Seen-Platte zu einem der beliebtesten und meist besuchten Ausflugsziele Duisburgs.

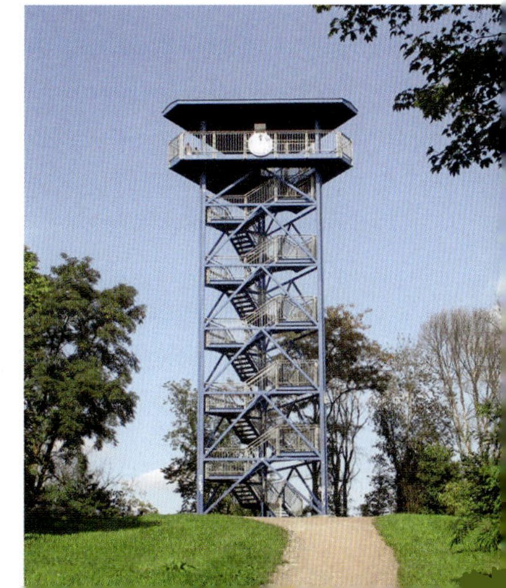

Der Turm auf dem Wolfsberg: der höchste öffentliche Punkt Duisburgs

Zwischen den Welten

Alsumer Berg

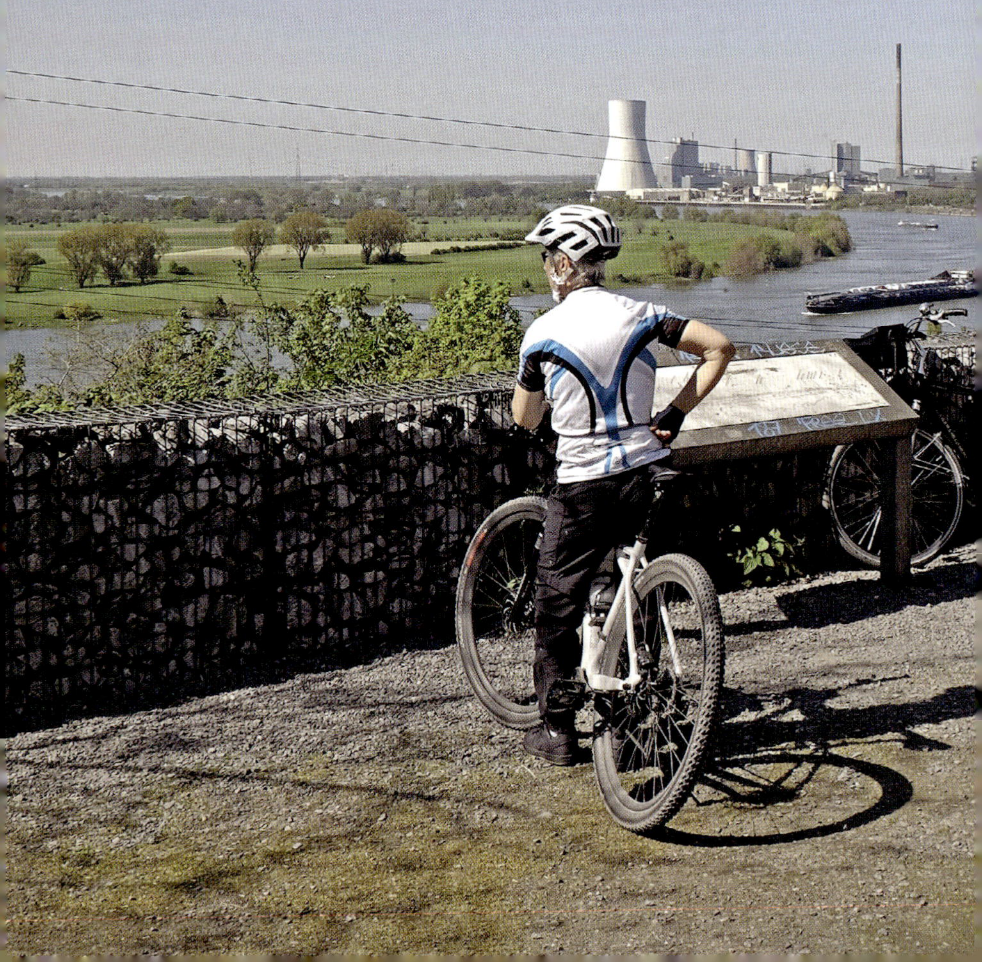

Wer sich dem Alsumer Berg nähert, wird sich mehr als einmal fragen: Will ich da wirklich hin? Die Straße führt mitten hindurch durch das Industriegebiet, die Schlote speien Wolken in die neblige Luft, die Fabriken wirken wie die Kulisse eines futuristischen Films – oder wäre es doch eher ein Film über die Vergangenheit? Und trotzdem sollte man den auch „Beecker Halde“ genannten Berg gesehen haben!

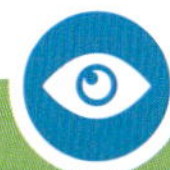

Adresse:	**47166 Duisburg-Bruckhausen, Alsumer Steig**
ÖPNV:	**Haltestelle Matenastraße (1,6 Kiloeter, Linie 901)**
Höhe über NN:	**77 Meter**
Höhe der Aufschüttung:	**48 Meter**
Fläche:	**16 Hektar**
Material:	**Schutt und Trümmer**
Art der Halde:	**Spitzkegelhalde**
Gestaltung:	**drei Aussichtsplateaus mit Panoramatafeln, Kreuz**

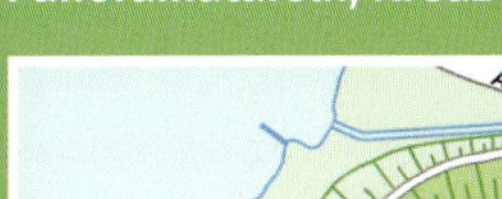

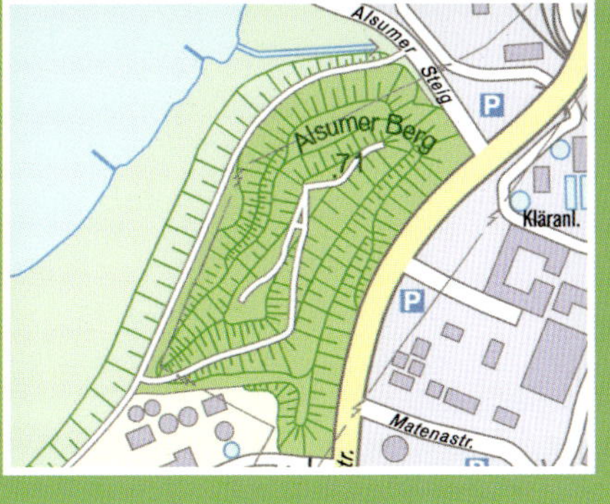

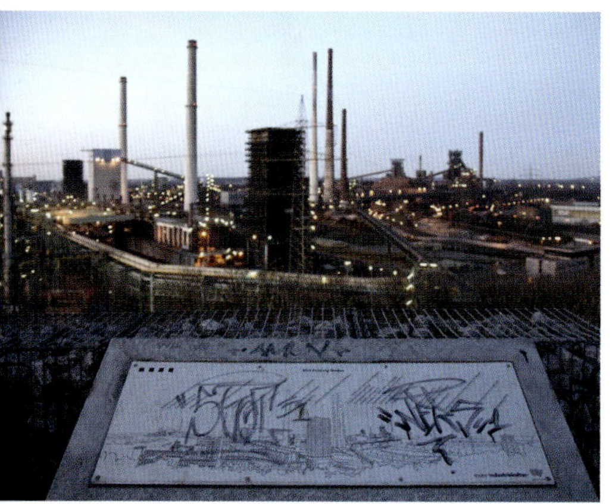

Vom Alsumer Berg hat man Aussicht auf die Industrieanlagen.

Geschichte: Genau unter der Halde befand sich einmal ein kleiner Fischerort an der Mündung der Emscher in den Rhein: Alsum. Inzwischen umgeben von Schwerindustrie, fiel der Duisburger Stadtteil den Luftangriffen im Zweiten Weltkrieg zum Opfer. Aber damit nicht genug: Nach dem Krieg führten Bergsenkungen in Folge des Kohleabbaus dazu, dass der Ort immer mehr versank, woraufhin die Stadt Duisburg 1954 beschloss, die Einwohner in benachbarte Viertel umzusiedeln. Bis 1965 hatte auch der letzte Anwohner das Dorf verlassen, das nun mit Schutt verfüllt wurde, aus dem der Alsumer Berg entstand. Bis 1980 wurde auch Haus- und Gartenmüll deponiert, was dazu führt, dass der Halde an manchen Stellen bis heute Methan entweicht: Aus diesem Grund ist es nicht nur verboten, sondern auch dringend abgeraten, die Wege zu verlassen.

Freizeit: Dort, wo heute der nördliche Aussichtspunkt ist, steht ein Kreuz, das an das einstige Leben in Alsum erinnert. Dieser Platz hat eine besondere Atmosphäre – trotz des Industrielärms, der zu keiner Tageszeit zu überhören ist. Dies drückt sich auch darin aus, dass der ganze Berg sehr gepflegt wirkt. Insgesamt drei Aussichtspunkte mit entsprechenden Informationstafeln eröffnen den Blick in die in unmittelbarer Nähe befindliche Schwerindustrie – aber auch auf den Rhein, der im Westen direkt unter der Halde entlangfließt, und an dessen anderem Ufer sich der ländliche Niederrhein bis an den Horizont ausdehnt. Der Kontrast zwischen den Welten ist überwältigend. Ein besonderes Erlebnis ist es übrigens, bei Nacht auf den Alsumer Berg zu kommen, wenn die Industrieanlagen beleuchtet sind. Der Zugang befindet sich am südlichen Ende der Halde auf der Rheinseite – dort, wo der Rhein-Radweg entlangführt.

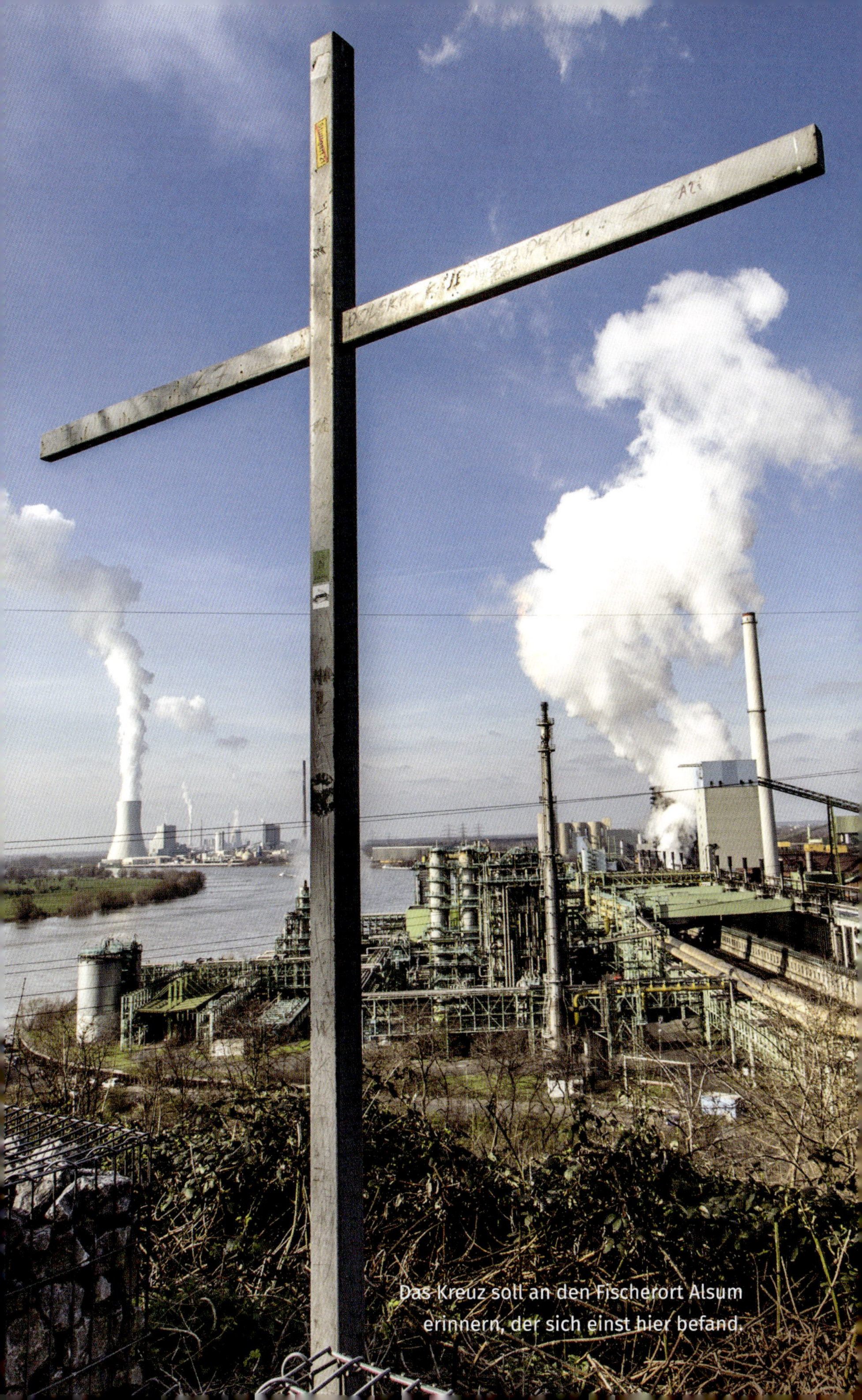

Das Kreuz soll an den Fischerort Alsum erinnern, der sich einst hier befand.

Früh begrünte Halde der ersten Generation

Knappenhalde

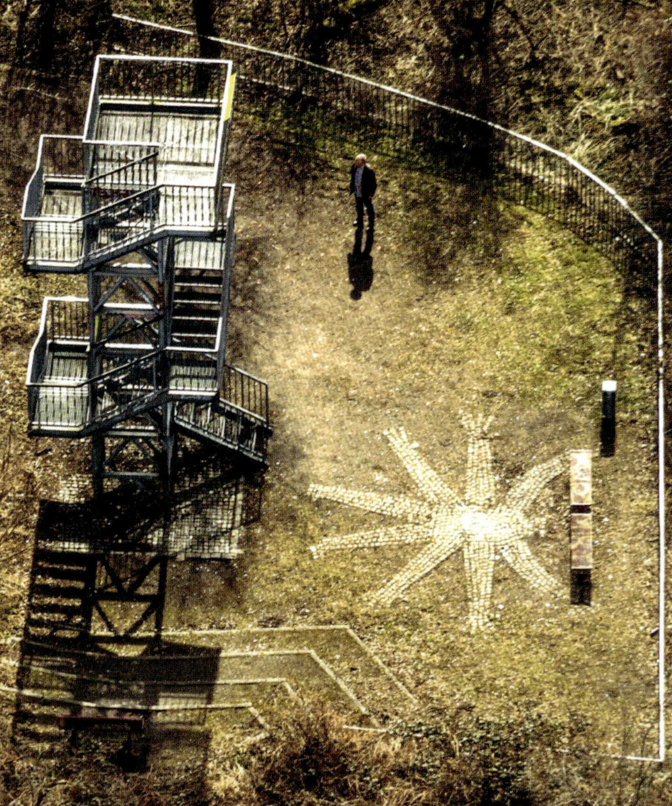

Die Knappenhalde war schon Anfang der 1950er-Jahre fertig geschüttet, also zu einer Zeit, als andere Halden noch nicht einmal geplant waren. Noch bevor die Stadt Oberhausen die Halde vom Thyssen-Konzern erwarb, wurde in Handarbeit Mutterboden auf die Aufschüttungen verbracht und die ersten Bäume wurden gepflanzt: Ein grüner Hügel entstand. Bereits 1980 wurde die Halde ebenfalls als eine der ersten öffentlich zugänglich. Ein Stück Haldengeschichte, das einen Besuch lohnt.

Adresse:	46047 Oberhausen, Lipperstraße/Knappenstraße
ÖPNV:	Haltestelle Zeche Oberhausen (Linie 185)
Höhe über NN:	96 Meter
Höhe der Aufschüttung:	54 Meter
Fläche:	8 Hektar
Material:	Bergematerial, Schlacke, Kriegs-Trümmer
Art der Halde:	Spitzkegel
Gestaltung:	Aussichtsturm, verschiedene Objekte
Besonderheit:	500 Meter Bunkerstollen

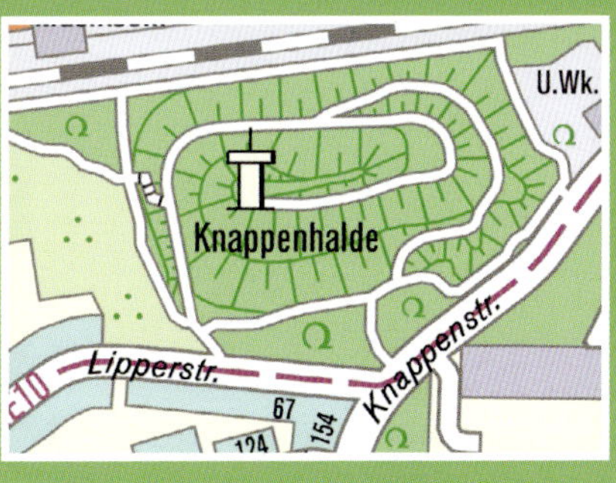

Geschichte: Das erste Material, das auf den ehemaligen Acker gehäuft wurde, war seit 1856 das Bergematerial der direkt nebenan gelegenen Zeche Oberhausen. Darüber kam Hochofenschlacke der benachbarten Eisenhütte Gutehoffnung, darüber Trümmer aus den Zerstörungen des Zweiten Weltkriegs. Unter der Halde verbirgt sich ein weitverzweigtes System aus Bunkern, in denen die Bevölkerung Schutz vor den Luftangriffen suchte. Der nach dem Knappenviertel benannte Hügel ist eine der ersten Halden, die der Bevölkerung zugänglich gemacht wurden. Anfang der 1950er-Jahre war die höchste Erhebung im Oberhausener Stadtgebiet ein grauer, trister, spitzkegeliger Schlackeberg. Die Aufschüttung war beendet und bereits 1953 hatte jemand die Idee, sie zu begrünen. Seit 1980 ist die Halde für die Öffentlichkeit zugänglich. Die Bäume waren zu diesem Zeitpunkt schon so groß gewachsen, dass man einen Aussichtsturm aufstellte, dessen 15 Meter Höhe allerdings schon nicht mehr ausreichen, um nach Osten über die inzwischen noch höher gewachsenen Bäume zu sehen, nach Westen und Norden aber eine weite Aussicht bieten.
Die Knappenhalde ist also eine Halde der ersten Generation, bei der das Material in der Form eines Spitzkegels aufgehäuft wurde, ohne Rücksicht darauf, ob irgendwann einmal Spaziergänger auf den Berg würden steigen wollen – was man heute noch an den recht steilen Wegen hinauf erkennen kann.
Auf der spitzen Halde sorgen die Bäume für mehr Stabilität. Deswegen wird der Bestand regelmäßig alle fünf bis zehn Jahre aufgeforstet. Erlen, Berg-Ahorn, Robinien sowie Holunder-, Weißdorn- und Haselnusssträucher gedeihen gut auf dem nährstoffarmen Boden. Zahlreiche Vögel fühlen sich in dem Mischwald sicht- und hörbar sehr wohl.

Kunst: Der Hauptweg ist mit gepflasterten Kunstwerken des Oberhausener Künstlers Werner Philipp Klunk geschmückt: Der „Berg der Arbeit“ heißt die Werkreihe.
Am westlichen Fuß der Halde findet sich eine Arbeit des Künstlers Kuno Lange: „Durchblick“ nannte er die 4 Meter hohe und 6 Meter breite Stahlskulptur, die 1993 aufgestellt wurde im Rahmen eines Versuchs, das Wohnumfeld zu verbessern.

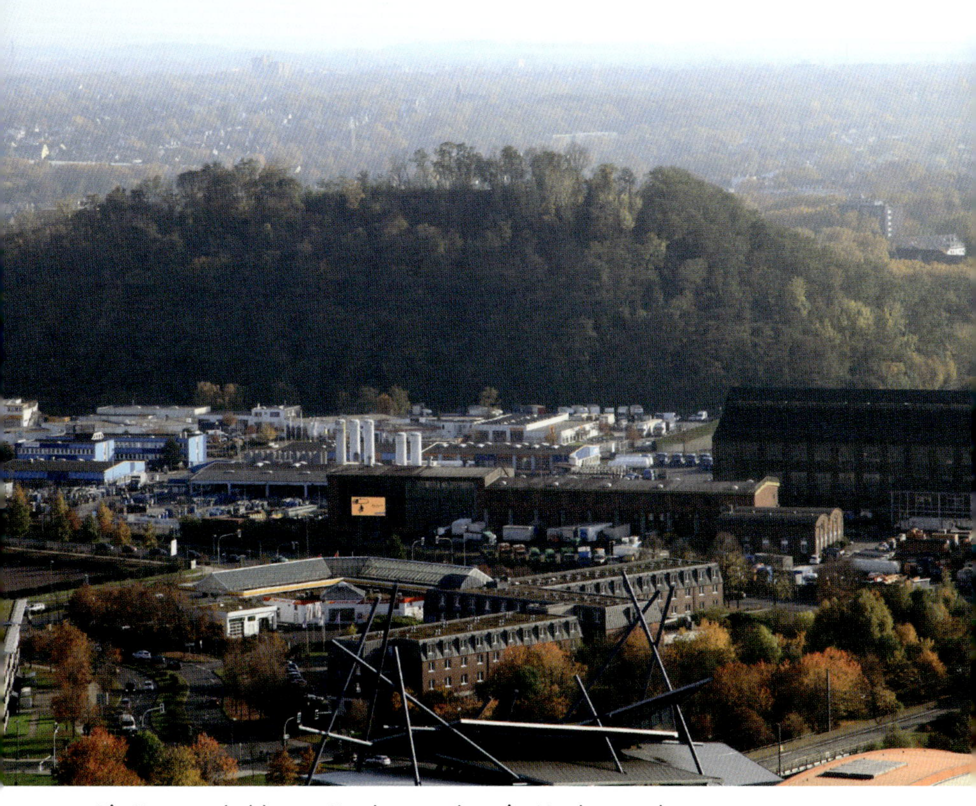

Die Knappenhalde von Norden gesehen, im Vordergrund die Haltestelle Neue Mitte Oberhausen

1994 errichtete Hannes Forster die „Industrietempel" an der Ostseite der Halde. Dafür nutzte der Künstler eine alte Lorenbahntrasse und errichtete im neugotischen Stil Backsteinbauten, die an Grabmale erinnern – schließlich liege hier die Arbeit des Menschen begraben. An der Nordseite zu guter Letzt verbirgt sich das mehrteilige am Boden liegende Werk „Eisenschaffende Industrie" von Ernst Baumeister und Adolf Franken, das unter anderem die Menschen zeigt, die untertage arbeiten.

Das grüne Tor zum Ruhrgebiet?

Halde Lohberg-Nord

Adresse:	**46539 Dinslaken, Grünes Tor, Parkplatz am Bergpark**
ÖPNV:	**Haltestelle Steigerstraße (Linie 19)**
Höhe über NN:	**112 Meter**
Höhe der Aufschüttung:	**85 Meter**
Fläche:	**73 Hektar**
Material:	**Bergehalde der Zeche Lohberg**
Art der Halde:	**Tafelberg**
Gestaltung:	**Windkraftanlage**
Besonderheit:	**Haldenlandschaft mit Lohberg-Nord-Erweiterung und Halde Gärtnerbecken**

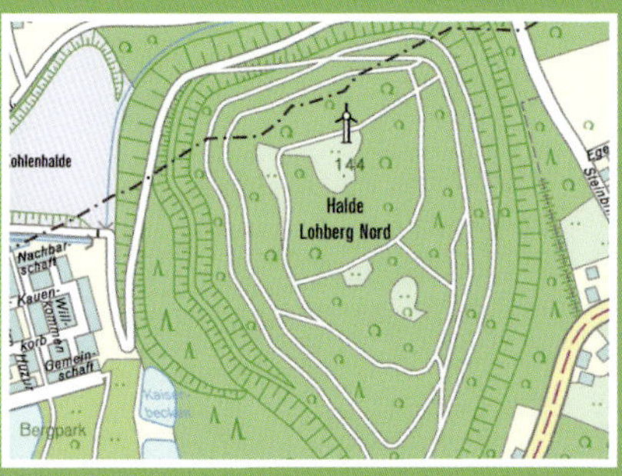

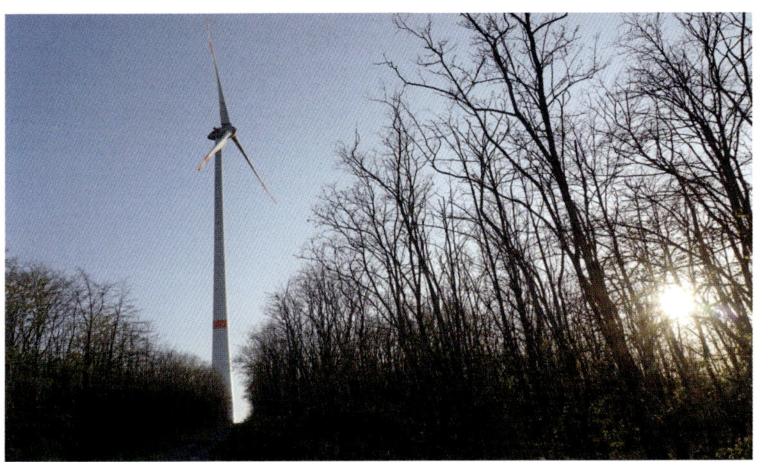

Vielleicht wird die Halde Lohberg-Nord schon bald umgestaltet.

Sie sind die nordwestlichsten ihrer Art: die Halden Gärtnerbecken und Lohberg-Nord auf Dinslakener und die Halde Lohberg-Nord-Erweiterung auf Hünxer Stadtgebiet. Sie alle wurden aus dem Bergematerial der erst 2005 geschlossenen Zeche Lohberg geschüttet. Anfang 2021 übernahm der RVR die Halde Lohberg-Nord. Eines kann man mit Sicherheit sagen: Die Stadt Dinslaken und der RVR sind sich darin einig, dass die Halde eine große Zukunft vor sich hat und ein gewichtiger touristischer und zur Naherholung dienender Standort werden soll. Dafür spricht schon allein ihre Nähe zum Bergpark Lohberg, einem der Standorte des Emscher Landschaftsparks. Die Position und der weite Blick in den Lipperaum, zum Niederrhein und in das zentrale Ruhrgebiet lassen die Verantwortlichen auch über eine Beteiligung an der Internationalen Gartenausstellung 2027 nachdenken. Es gibt längst ein Konzept, das die Stadt hat erarbeiten lassen. Dieses sieht vor, die Halde zum „Tor zum Ruhrgebiet" zu gestalten, eine entsprechende Landmarke inklusive. Die bereits vorhandene Windkraftanlage soll integriert werden und so die fossile und die nachhaltige Form von Energiegewinnung gegenüberstellen. Man darf gespannt sein!
Aber auch jetzt schon ist es ein besonderes Erlebnis zum Sonnenuntergang oben auf der Halde zu sitzen und die orange beleuchtete niederrheinische Landschaft zu genießen.

Die Panoramahalde in der Hühnerheide

Karnickelberg

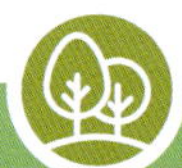

Adresse:	46147 Oberhausen-Schmachtendorf, Hühnerstraße/Genter Straße
ÖPNV:	Haltestelle Lindenplatz (Linie 954), Bahnhof Oberhausen-Holten
Höhe über NN:	72 Meter
Höhe der Aufschüttung:	35 Meter
Fläche:	20 Hektar
Material:	mineralische Abfälle
Art der Halde:	Landschaftsbauwerk

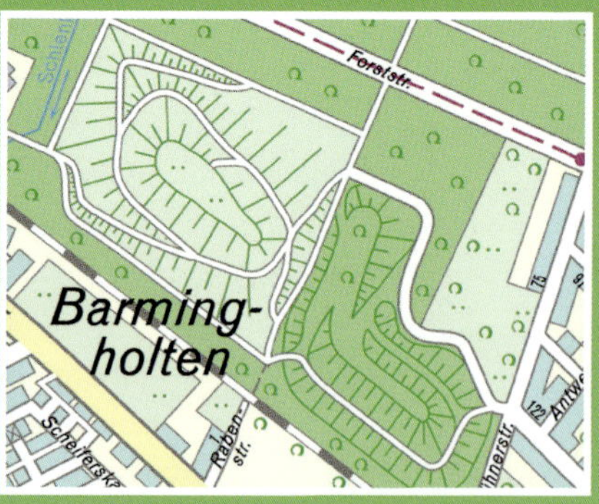

Die Hühnerheide: Das sind 130 Hektar Wald und am südlichen Rand eine kleine Haldenlandschaft, von deren höchstem Punkt man eine außergewöhnliche Rundumsicht genießen kann. Sowohl die Aussicht auf die Industrielandschaft um Duisburg und Oberhausen ist beeindruckend als auch der Blick über die weiten Wälder der Kirchheller- und der Hühnerheide. Nichts erinnert mehr daran, dass man auf einer Mülldeponie steht. „Karnickelberg" nennen die Anwohner ihren neugewonnenen Hügel.
Mineralische Abfälle wurden hier aufgehäuft, Bauschutt, festgebundenes Asbest und Filterstäube aus einer Müllverbrennungsanlage. Alles wurde nach der Stilllegung 2012 mit einer dicken Tonschicht abgedeckt, und die Stadt Oberhausen kontrolliert bis mindestens 2022, ob unter dem aufgeschütteten Mutterboden alles dicht bleibt. Eins ist sicher: Die Menschen rund um die ehemalige Deponie lieben ihren Karnickelberg mit den bequemen Wegen und Aussichtsplätzen. Sie haben Bänke aufgestellt, Schilder und sogar eine sehr geräumige Schutzhütte, die fast ein bisschen wirkt wie ein kleines Wohnzimmer, Informationen zur Flora und Fauna inklusive.

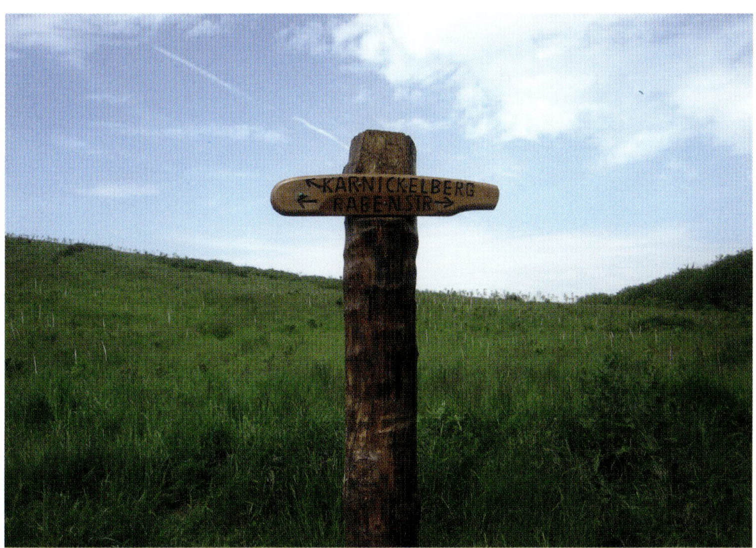

Nicht zu verfehlen: der naturnahe Karnickelberg in Oberhausen

Der Götterberg im Ruhrgebiet

Halde Haniel

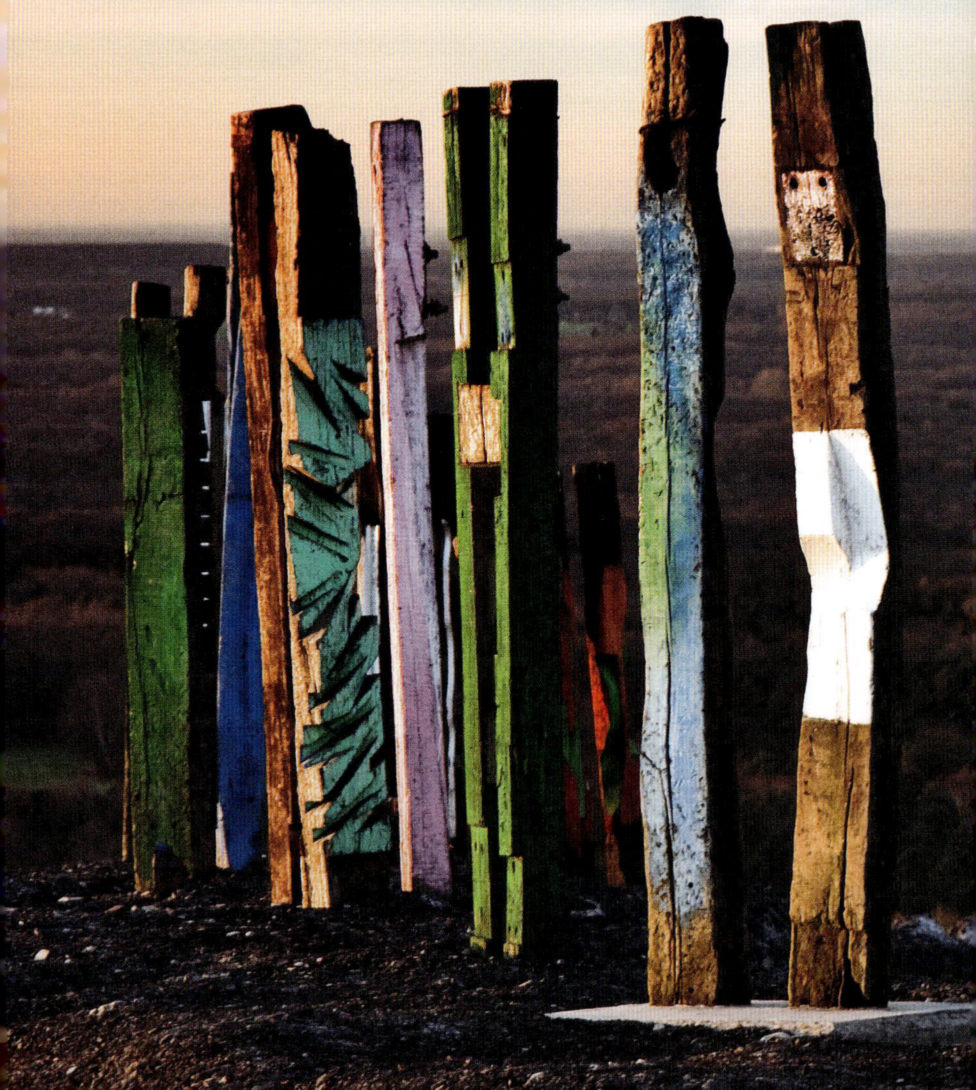

Die Halde Haniel ist die beeindruckendste unter den Halden des Ruhrgebiets. Nicht nur, weil sie mit 185 Metern die zweithöchste ist und einen überwältigenden Rundumblick bietet, sondern weil sie durch ihre Kunstwerke besticht. Hier will sich nicht nur die wiederangesiedelte Natur in den Vordergrund drängen, sondern vor allem die philosophischen und kulturellen Inhalte möchten gesehen und besucht werden. Kein Wunder also, dass die Halde Haniel zu jeder Jahreszeit ein Besuchermagnet ist.

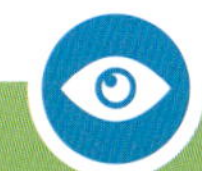

Parkplatz:	46145 Oberhausen, Kirchhellener Straße oder Birkhahnstraße 29
ÖPNV:	Haltestelle Kleekamp, Linie 962
Höhe über NN:	185 Meter
Höhe der Aufschüttung:	120 Meter
Fläche:	114 Hektar
Material:	Bergematerial aus der Zeche Prosper-Haniel
Art der Halde:	Landschaftsbauwerk
Gestaltung:	Kreuzweg, Spurlattenkreuz, Bergarena, Totems
Besonderheit:	höchste ständig zugängliche Halde

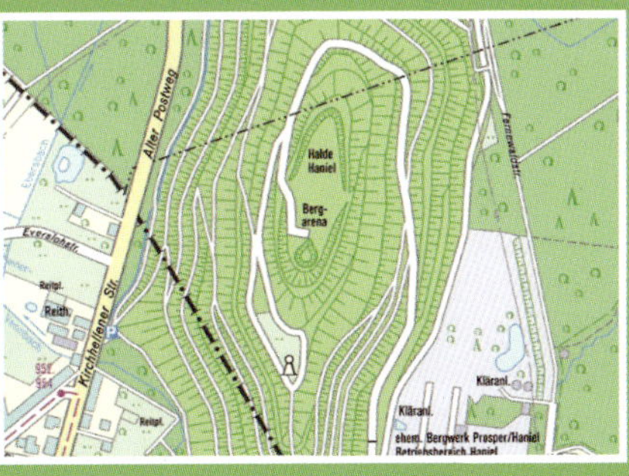

Geschichte: Die Halde Haniel entstand aus dem Bergematerial der Zeche Prosper-Haniel, ebenso wie ihre Schwesterhalde Schöttelheide (weitere Informationen zur Geschichte der Haldenlandschaft Haniel und Schöttelheide siehe Seite 65/66)

Freizeit: Nur die Halde Oberscholven ist höher als sie, und so ist die Halde Haniel die höchste ständig begehbare Halde im Ruhrgebiet. Flächenmäßig ist sie die drittgrößte nach der Halde Hoheward und der Halde Großes Holz. Und so wundert es nicht, dass es viele Wege gibt, die auf diesen weitläufigen künstlichen Berg führen. Der bequemste von ihnen windet sich auf der Südseite der Halde nach oben: Entlang des Kreuzwegs führt er bis zum Kreuz aus Spurlatten unterhalb des Haldengipfels. Ein weiterer kommt aus der entgegengesetzten Richtung und führt aussichtsreich über die westliche Flanke.
Natürlich könnte man auch die direkteren Wege über die steilen Böschungen der Halde nehmen, für die Sportlichen sicher auch eine

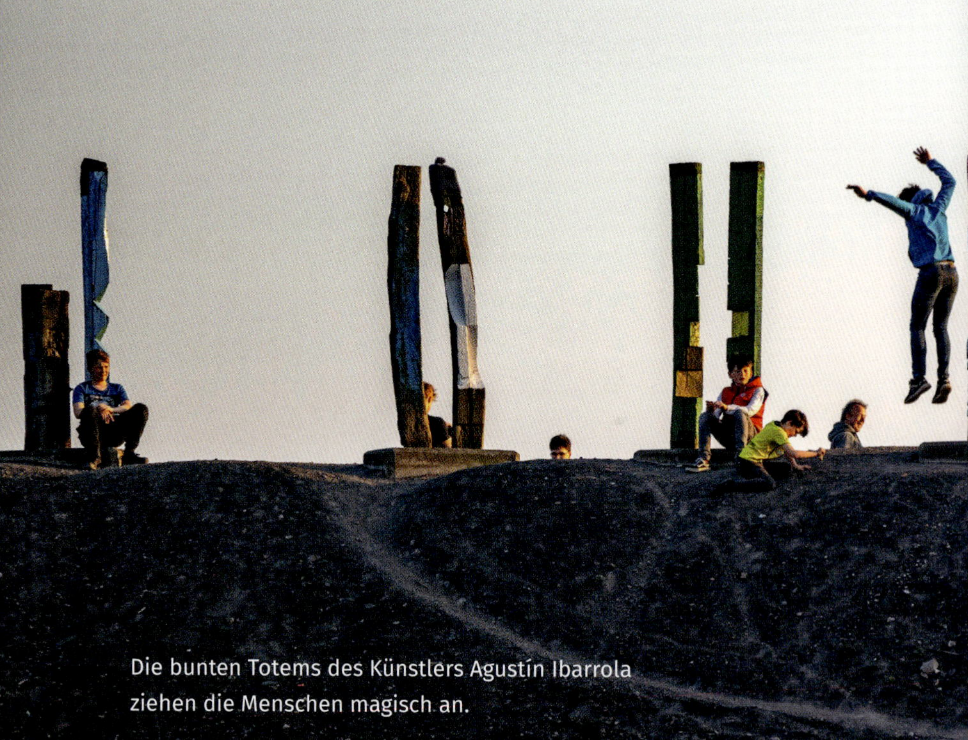

Die bunten Totems des Künstlers Agustín Ibarrola ziehen die Menschen magisch an.

Möglichkeit, auf den Gipfel zu gelangen. Egal welchen Weg man wählt, man sollte gutes Schuhwerk tragen, da die Pfade teilweise etwas ausgewaschen und löchrig sind. Wer die Halde mit dem Rad befahren möchte, sollte gute Reifen haben. Fahrradfahrer und Wanderer teilen sich die Halde, und so ist es wichtig, dass man aufeinander Rücksicht nimmt.

Der untere Teil der Halde ist dicht bewachsen und bietet vielen unterschiedlichen Pflanzen Raum. Der Gipfel ist frei von Bäumen und ermöglicht so einen wunderbaren Ausblick weit ins westliche Ruhrgebiet, zum nahen Niederrhein und über das ausgedehnte Waldgebiet der Kirchheller Heide zur Hohen Mark. Im Osten sind die anderen Halden gut zu erkennen: der Tetraeder auf der Halde Beckstraße, die Pyramide auf der Halde Rungenberg sowie die Bramme auf der Schurenbachhalde, die Knappenhalde an der Neuen Mitte und natürlich die noch höhere Halde Oberscholven.

Und so bietet Haniel ein weitläufiges Areal, mit vielen unterschiedlichen Wegen, viel Fauna und Flora, um Naturerfahrungen zu machen,

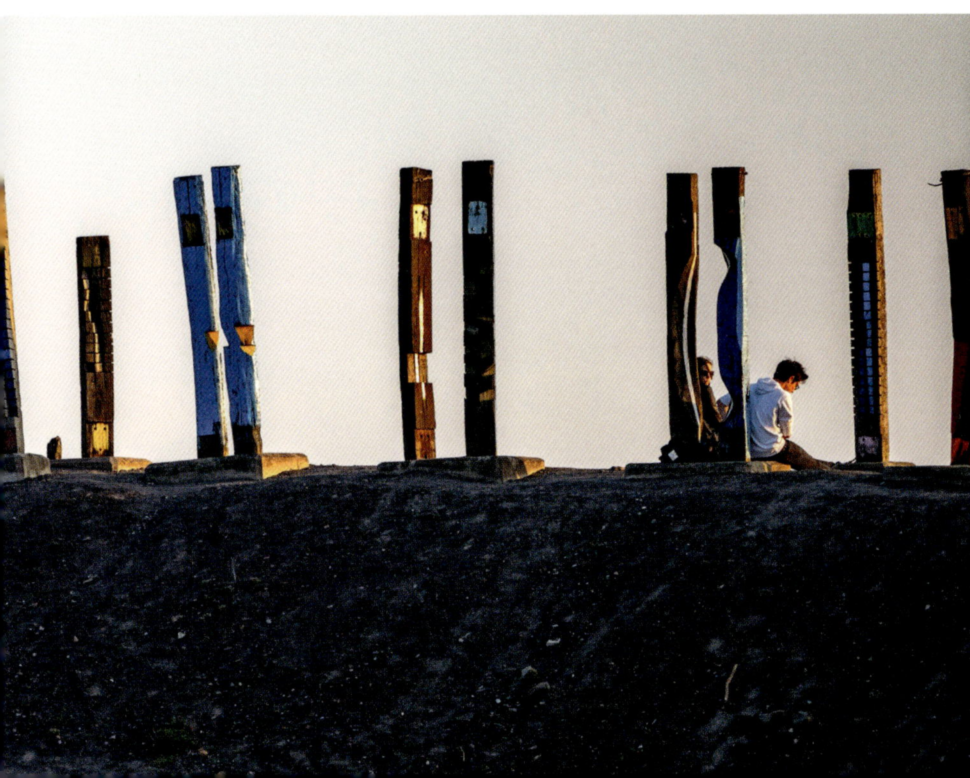

viel Platz, um sich auszutoben und sportlich zu betätigen: Drachensteigen, Segelfliegen, Wandern, Mountainbiken, Walken, Joggen. Hier ist Raum für Bewegung und Auspowern, aber auch für Entspannung, Kunstgenuss und spirituelle Erfahrungen: Der Kreuzweg, die Bergarena und vor allem die Totems auf dem Haldengipfel wollen uns sagen, dass es mehr gibt als das, was wir sehen können. Für die Bergleute war diese Überzeugung existenziell und für viele wurzelte ihr Vertrauen in ihrem Glauben an dieses Mehr. Und auf der Halde findet jeder eine Antwort, wenn er sich auf die unterschiedlichen Orte einlässt: Natur, Industrie, Weiterentwicklung, Religion, Mut und Kraft – alles auf einer Halde.

Kunst: Der moderateste, aber auch schönste Weg auf den Gipfel der Halde führt entlang des Kreuzwegs: Die Künstlerin Tisa von der Schulenburg stellt den Leidensweg Christi in Form von in Kupferplatten geätzten, filigranen Federzeichnungen dar. Begleitet werden ihre Bilder von Bergbaugeräten aus der Zeche Prosper-Haniel und so vermischt sich das Religiöse mit dem Industriellen, das Spirituelle mit dem Nützlichen – und dies gipfelt am Kreuz aus Spurlatten auf 156 Metern Höhe, das 1987 für den Besuch von Papst Johannes Paul II. in der Zeche Prosper Haniel gefertigt wurde. Und dieses Kreuz steht

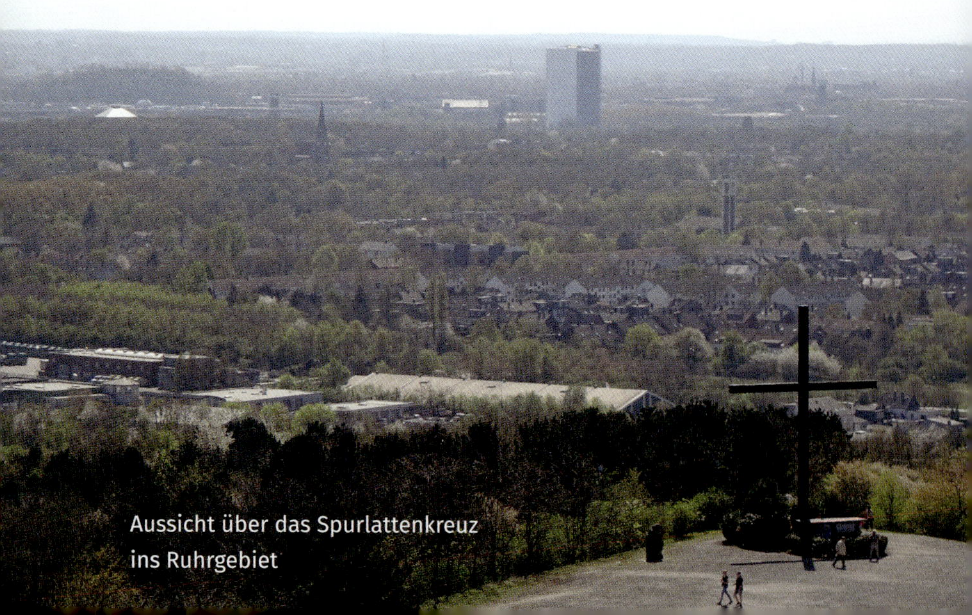

Aussicht über das Spurlattenkreuz ins Ruhrgebiet

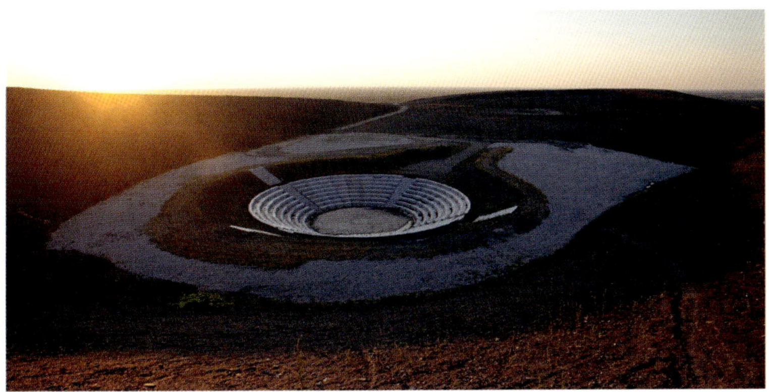

Die Bergarena – ein besonderer Ort auf der Halde Haniel

nebst Altar nicht am Gipfel, sondern etwa 20 Meter unterhalb auf einem Zwischenplateau. Ein besonderes Ereignis ist die am Karfreitag begangene Kreuzwegandacht, für die jedes Jahr zahlreiche Menschen zur Halde Haniel kommen.

Die Bergarena, das Amphitheater unterhalb der Totems, ist eine besondere Spielstätte: Geschützt durch die ovalen Aufschüttungen liegt sie fast wie in einem Vulkankrater und bietet rund 800 Besuchern Platz: Theater- und Opernaufführungen finden hier statt, und das Erlebnis Halde wird um das kulturelle und musikalische Element erweitert. Aber auch ohne Aufführung ist die Arena ein magischer Ort, an dem sich Menschen treffen und inspirieren lassen.

Der baskische Künstler Agustín Ibarrola hat dem höchsten Punkt der Halde Haniel ein ganz eigenes Gesicht gegeben. 2002 wurden auf dem aufgeschütteten Haldenbogen oberhalb der Arena seine 105 Totems aufgestellt. Der Künstler hat dafür Eisenbahnschwellen aus der Zeche verwendet und sie gestaltet und bemalt. Bei den Schamanen standen Totems für die Verbindung zwischen den lebenden Menschen und ihren Ahnen und dienten als Schutzsymbole für die Clans. Hier auf der Halde Haniel wollte der Künstler wohl eine Brücke schlagen von Technologie und Industrialisierung hin zu Glaube und Hoffnung. Und die vielen Besucher, die sich an den Wochenenden um die Totems versammeln, geben ihm Recht: Seine Kunst kommt bei den Menschen an.

An der Grenze zwischen Wald und Schwerindustrie

Haldenlandschaft Haniel und Schöttelheide

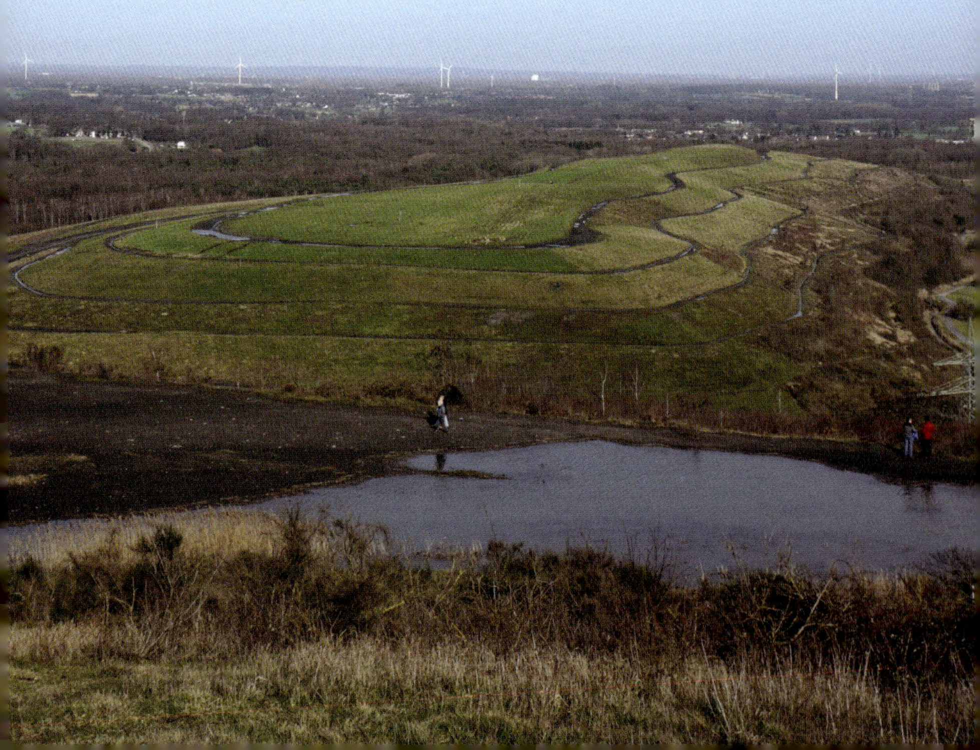

Im Norden der Halden Haniel und Schöttelheide endet die Industrielandschaft und das Waldgebiet der Kirchheller Heide ist in seiner ganzen Ausdehnung zu erkennen. Neben den beiden Halden schließt sich das Naturschutzgebiet Köllnischer Wald an. Und hier, mitten im Grünen, entstand 1856 eines der bedeutendsten Bergwerke des Ruhrgebiets: die Zeche Prosper-Haniel.

Aus ihrem Bergematerial entstanden über einen Zeitraum von 150 Jahren unter anderem die beiden Halden Haniel und Schöttelheide. Zusammen kommen sie auf eine Fläche von etwa 170 Hektar und bilden gemeinsam die drittgrößte Haldenlandschaft im Ruhrgebiet, übertroffen nur vom Landschaftspark Hoheward in Herten und der Halde Großes Holz in Bergkamen. Am 21. Dezember 2018 wurde in der Zeche Prosper-Haniel in einem feierlichen Akt die letzte Steinkohle Deutschlands gefördert. Und so sind und bleiben die Zeche Prosper-Haniel und die dazugehörigen Halden eine Besonderheit.

Die Halde Schöttelheide befindet sich bereits im Besitz des RVR, wurde aber bei Drucklegung des Buchs noch durch die RAG geschüttet und endgestaltet.
In den letzten Jahren wurde viel unternommen, um beide Halden zu renaturieren und zu einem naturnahen Erholungsraum für die Bevölkerung zu machen. Die Halde Haniel ist eines der gelungensten Beispiele dafür.
Auch die 66 Hektar große und 55 Meter hohe Halde Schöttelheide wurde schon 1999 als Landschaftsbauwerk geplant und für ihre spätere Nutzung als Naherholungsraum angelegt. 2001 begann man mit der Schüttung und seit 2012 wurde die Stufenhalde modelliert und erste Renaturierungen wurden vorgenommen. Obwohl schon begrünt und mit verschiedenen Bäumen und Sträuchern versehen, war sie bei Drucklegung dieses Buches noch nicht zugänglich. An ihrem Fuß sind allerdings schon Rad- und Wanderwege angelegt und eine etwa fünf Kilometer lange Runde führt um sie herum.

Tetraeder – Haldenereignis Emscherbruch

Halde Beckstraße

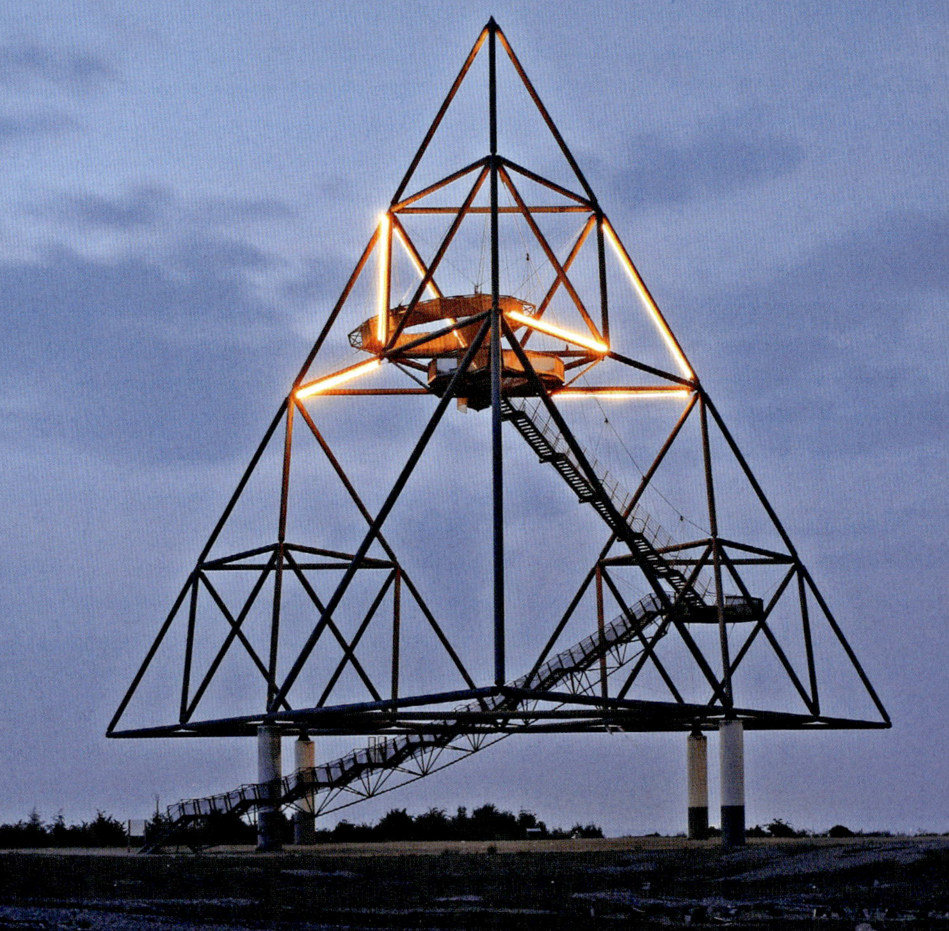

Heute gehören die Landmarken auf den Halden zum Ruhrgebiet wie die Emscher und der Ruhrschnellweg. Eine der markantesten und am weitesten sichtbaren: der Tetraeder, das Wahrzeichen Bottrops. „Haldenereignis Emscherblick" heißt das Gerüst offiziell – und auch wenn das reichlich gestelzt klingt, so ist es doch wahr: Der Tetraeder ist jedes Mal und immer wieder ein Ereignis!

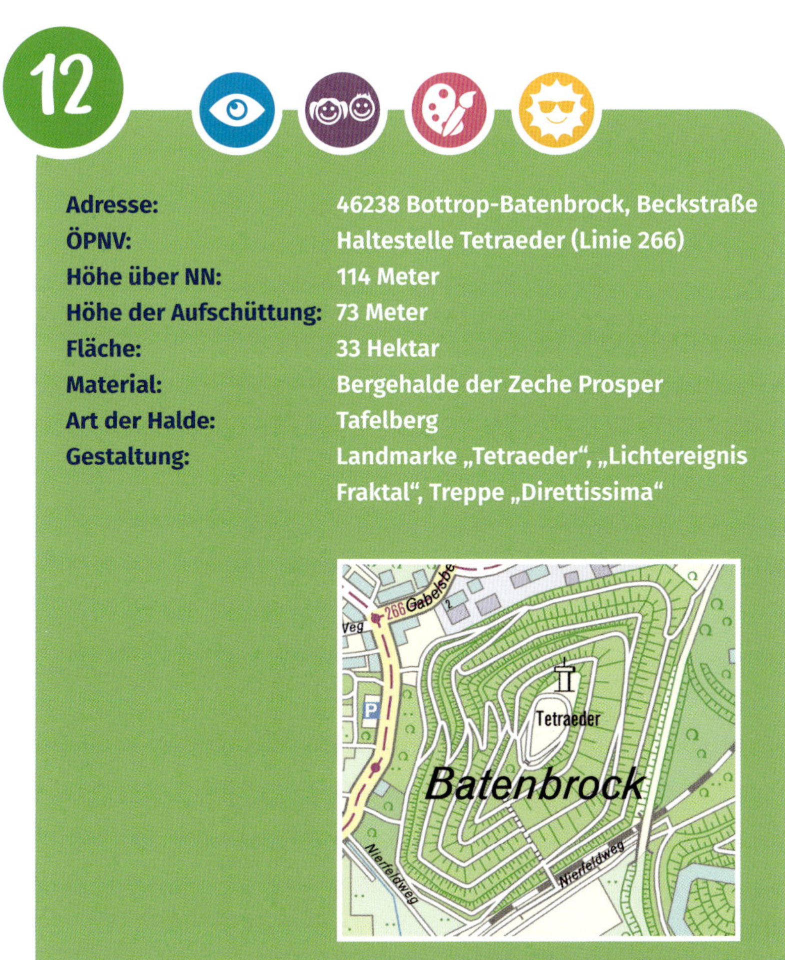

Adresse:	**46238 Bottrop-Batenbrock, Beckstraße**
ÖPNV:	**Haltestelle Tetraeder (Linie 266)**
Höhe über NN:	**114 Meter**
Höhe der Aufschüttung:	**73 Meter**
Fläche:	**33 Hektar**
Material:	**Bergehalde der Zeche Prosper**
Art der Halde:	**Tafelberg**
Gestaltung:	**Landmarke „Tetraeder", „Lichtereignis Fraktal", Treppe „Direttissima"**

Geschichte: Die Halde Beckstraße war 1995 eine der ersten, die ein Kunstwerk auf ihrem Gipfel erhielt; danach setze sich die Idee durch, überall Landmarken auf die einer Freizeitnutzung zugeführten Halden zu installieren. Wenn heute die Halden ein so beliebtes Ausflugsziel und Orte von Kultur und Kunst, von Freizeit und Natur geworden sind, dann hat das hier seinen Anfang gefunden! Der Tetraeder wurde gebaut nur ein Jahr, nachdem die Schüttungen aus der nahen Zeche Prosper nach 24 Jahren beendet waren. Ihren Namen hat die Halde, die manchmal auch „Halde an der Beckstraße" heißt, von eben dieser Straße, die westlich des künstlichen Berges verläuft. Meistens wird sie allerdings inzwischen ohnehin nur noch „Tetraeder-Halde" genannt.

Kunst: Ein weithin sichtbares Zeichen des Wandels im Ruhrgebiet ist der Tetraeder. Frei geformte Treppen- und Aussichtsplattformen machen die Skulptur begehbar und mit ihren 50 Metern Höhe zum Wahrzeichen von Bottrop. Das „Haldenereignis Emscherblick", wie der Tetraeder offiziell auch heißt, ist auf der 114 Meter hohen Halde Beckstraße entstanden als Projekt der Internationalen Bauausstellung Emscher Park, der Ruhr-AG, des Kommunalverbands Ruhrgebiet und der Stadt Bottrop. Von Wolfgang Christ entworfen und aus 210 Tonnen Stahl gefertigt, bietet das Kunstwerk einen imposanten Blick über die Emscherregion und das zentrale Ruhrgebiet. Die Aussichtsplattformen auf 18, 32 und 38 Metern Höhe sind über leicht schwingende Treppen erreichbar. Metallene Knotenpunkte und Stahlseile vermitteln eine Illusion der Schwerelosigkeit, so als würde der Tetraeder über dem Boden schweben. Bei Dunkelheit wird das Haldenereignis zum Lichtereignis: Dank der Lichtinstallation „Fraktal" des Künstlers Jürgen LIT Fischer wird die Spitze der Stahlpyramide zu einer auch bei Nacht sichtbaren – und begehbaren – Landmarke für Bottrop.

Es braucht durchaus ein bisschen Wagemut,
um auf den Tetraeder zu steigen.

Freizeit: Selbst für Menschen ohne Höhenangst ist der Tetraeder eine Überwindung, zumindest, wenn sie sich auf die oberste der Aussichtsplattformen wagen möchten. Nicht nur, dass die an Stahlseilen aufgehängten Treppen schwingen, dazu kommt, dass die Plattform um immerhin 8 Grad geneigt ist, was in dieser Höhe und bei einem Untergrund, der nur aus durchlässigen Gittern besteht, wirklich eine Herausforderung ist. Also: Der Ausflug hinauf wird mit grandioser Aussicht belohnt, ist aber wirklich nur für schwindelfreie Wagemutige geeignet. Zum Trost sei gesagt, dass der Tetraeder aus jeder Perspektive ein Erlebnis ist. Und auch der Blick von dem bewusst karg gehaltenen Haldentop ist schon ohne zusätzliche Höhenmeter beeindruckend.
Hinauf führt ein breiter asphaltierter Weg, auf dem Fußgänger immer gefasst sein sollten, dass ihnen ein Rad entgegengerast kommt. Wer es also etwas ruhiger mag, findet auch auf den schmaleren Pfaden den Weg nach oben. Besonders Sportliche wählen ohnehin den direktesten Weg: Die „Direttissima", die „Direkteste" führt vom Südosten in 387 Stufen in gerader Linie steil hinauf.

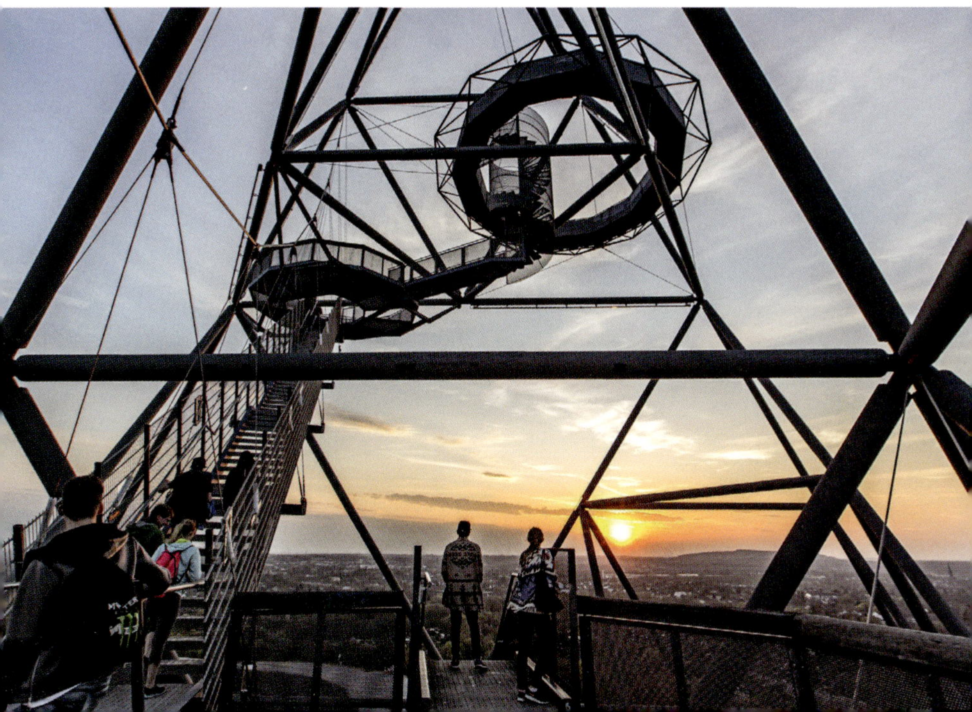

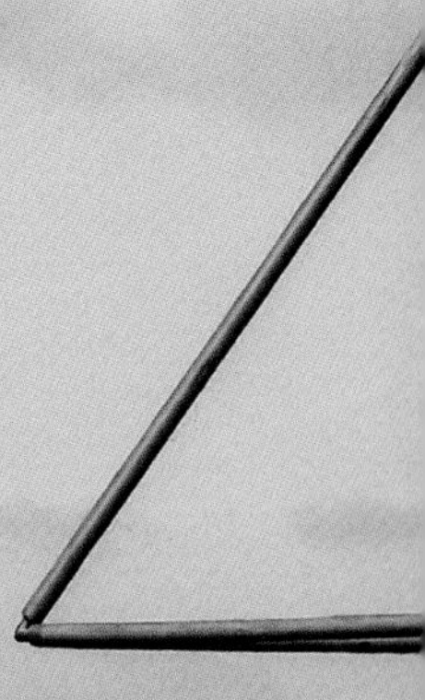

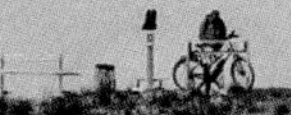

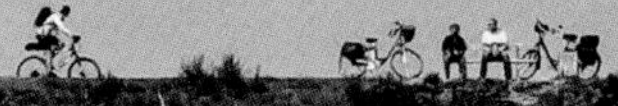

Der Tetraeder ist weithin sichtbar und ein Wahrzeichen der Stadt Bottrop und des Ruhrgebiets.

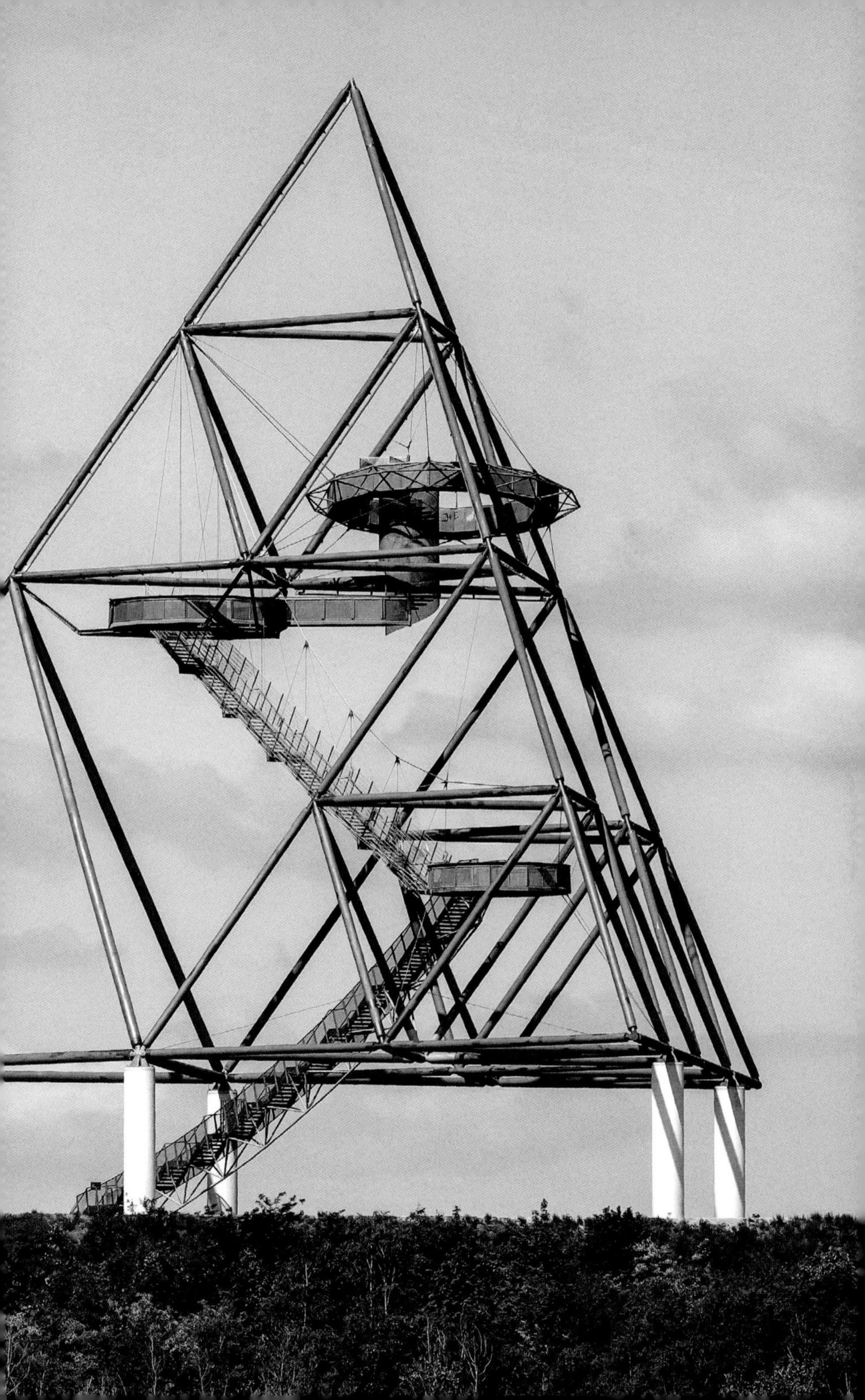

Der Ski-Berg im Ruhrgebiet

Halde Prosperstraße

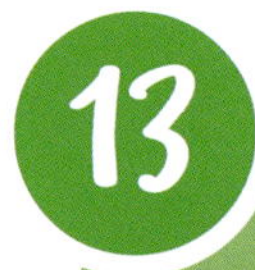

Adresse:	46238 Bottrop-Batenbrock, Prosperstraße 301
ÖPNV:	Haltestelle Alpincenter (Linie 263)
Höhe über NN:	94 Meter
Höhe der Aufschüttung:	57 Meter
Fläche:	29 Hektar
Material:	Bergehalde der Zeche Prosper
Art der Halde:	Landschaftsbauwerk
Gestaltung:	Skihalle, Sommerrodelbahn
Informationen:	www.alpincenter.com

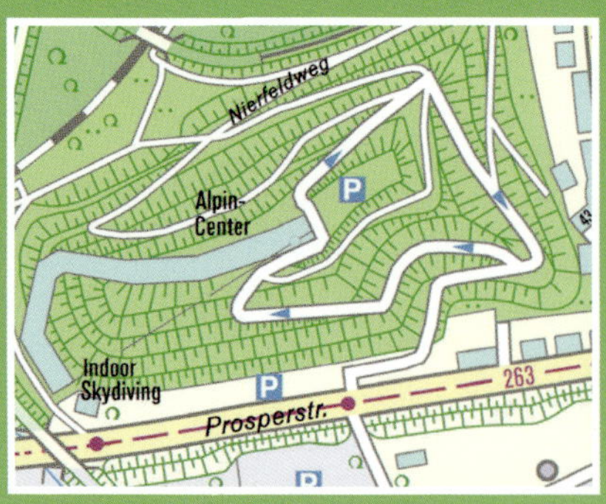

Die Halde, die der Tetraeder-Halde direkt gegenüberliegt, nimmt eine Sonderstellung ein: Sie ist die einzige Halde in Privatbesitz und die einzige, die komplett verbaut ist. Eine Schönheit hat die langgezogene grün-graue Bebauung nicht aus ihr gemacht – und trotzdem ist sie ein Besuchermagnet ersten Ranges. Was da los ist? Alles, was das Action-Herz begehrt: Es gibt eine Skihalle, eine Sommerrodelbahn, einen Biergarten und sogar eine Straße und einen Parkplatz auf dem Haldentop.
Wie die Halde Beckstraße ist auch diese Halde nach der vorbeiführenden Straße benannt. Die wiederum ist allerdings nach der Zeche benannt, aus deren Bergematerial die beiden Schwesterhalden zwischen 1969 und 1993 aufgeschüttet wurden: Zeche Prosper. Getrennt sind die beiden durch die Bahnlinie von Essen nach Dorsten, über eine Brücke bleiben sie aber dennoch verbunden.
Wie ein gigantischer Wurm zieht sich die Halle den Hang hinunter: Mit 640 Metern Pistenlänge steht auf der Halde Prosperstraße die längste Indoor-Skipiste der Welt. Komplett bedeckt ist das Dach der 30 Meter breiten Halle mit einer Photovoltaikanlage – die Piste ganzjährig auf minus 2 Grad zu kühlen, braucht sehr viel Energie. Eröffnet wurde die Halle 2001, damals von dem für Luxemburg startenden österreichischen Weltklasse-Skifahrer Marc Girardelli. Seit 2004 gehört das ganze Ensemble der niederländischen Familie Van der Valk, die eine Hotel-Kette und andere touristische Attraktionen in Deutschland und weltweit betreibt. Die neuen Besitzer haben eine Sommerrodelbahn, eine Skydiving-Anlage, in der ein Fallschirmsprung wie in einem Windkanal simuliert wird, und einen Biergarten errichtet.

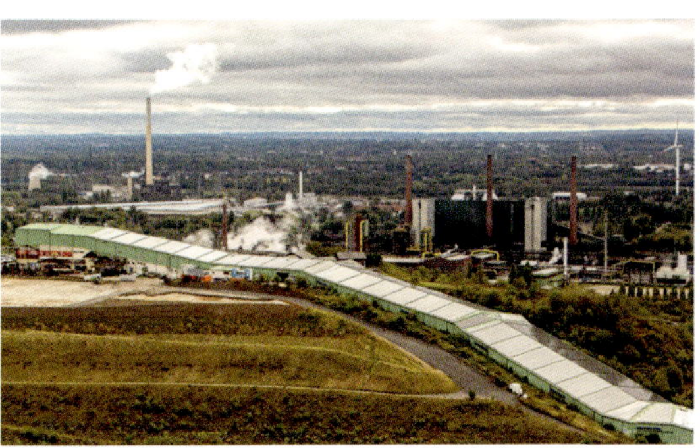

640 Meter lang und 30 Meter breit ist die Skihalle auf der Halde Prosperstraße.

Der Wandel hat viele Gesichter

Mottbruchhalde

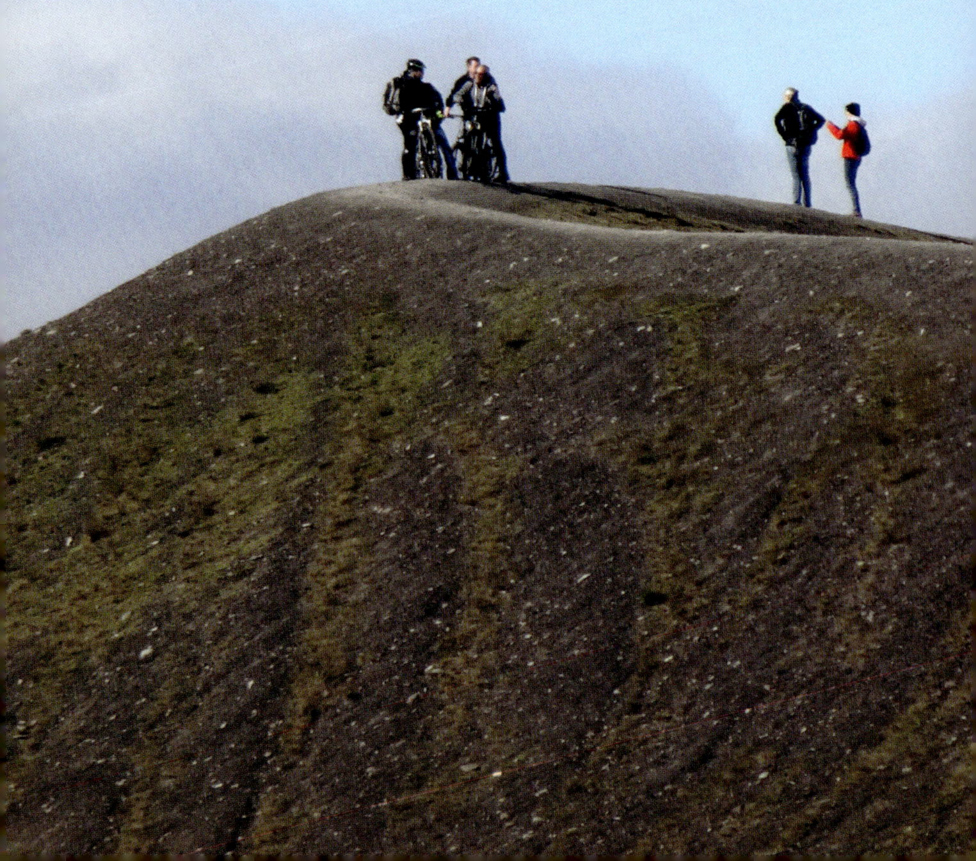

Die Berge-Reste aus dem Steinkohleabbau werden zum Vulkan. Eine feurige Angelegenheit und sicher nicht so falsch gedacht. Dass da jetzt die Windenergie dazwischen kommt bringt alles in den Wandel. Oder doch nicht?

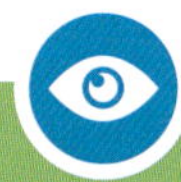

Parkplatz:	**45968 Gladbeck, Boystraße**
ÖPNV:	**Haltestelle Holbeinstraße (Linie 253)**
Höhe über NN:	**117 Meter**
Höhe der Aufschüttung:	**80 Meter**
Fläche:	**60 Hektar**
Material:	**Bergehalde der Zeche Graf Moltke III/IV**
Art der Halde:	**Landschaftsbauwerk**
Gestaltung:	**Vulkanform, Windrad**
Besonderheit:	**Haldenlandschaft in Brauck mit sechs Bergehalden auf engstem Raum: neben Mottbruch die Halden 22 und 19, die Halde 7 „Mathias Stinnes", die Halde Im Brauck und die brennende Halde Graf Moltke III/IV**

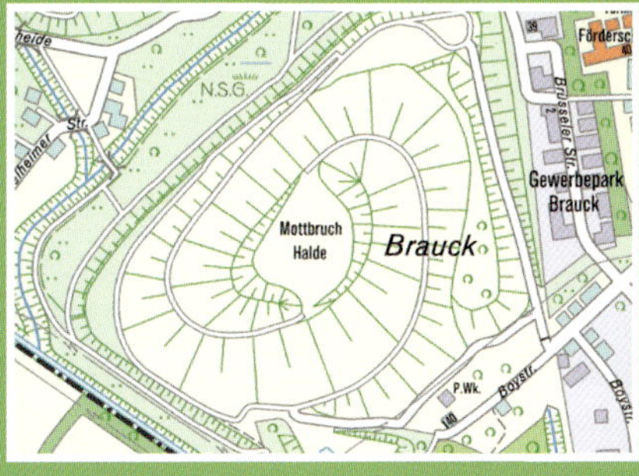

Geschichte: Die Mottbruchhalde ist aus der Schüttung der Zeche Moltke III/IV entstanden. Der Namenszusatz „Bruch" weist darauf hin, dass sich vor Errichten der Halde an diesem Platz eine Sumpflandschaft befunden hat.
Schon 2004 wurde eine Nutzung als Landschaftsbauwerk geplant und der niederländische Landschaftsarchitekt Lodewijk Baljon damit betraut, die Halde zu verwandeln. Und so ist das Motto „Halde im Wandel" entstanden. In verschiedenen Bauphasen wurde die 117 Meter hohe Halde in eine Art Vulkanlandschaft umgestaltet.

Kunst: Das Landschaftsbauwerk von Lodewijk Baljon, die als Vulkan gestaltete Mottbruchhalde, ist selbst das Kunstwerk und benötigt eigentlich keine Aufbauten. Pläne der Stadt Gladbeck sahen stattdessen auf halber Höhe eine Art „Basislager" vor mit Gastronomie und

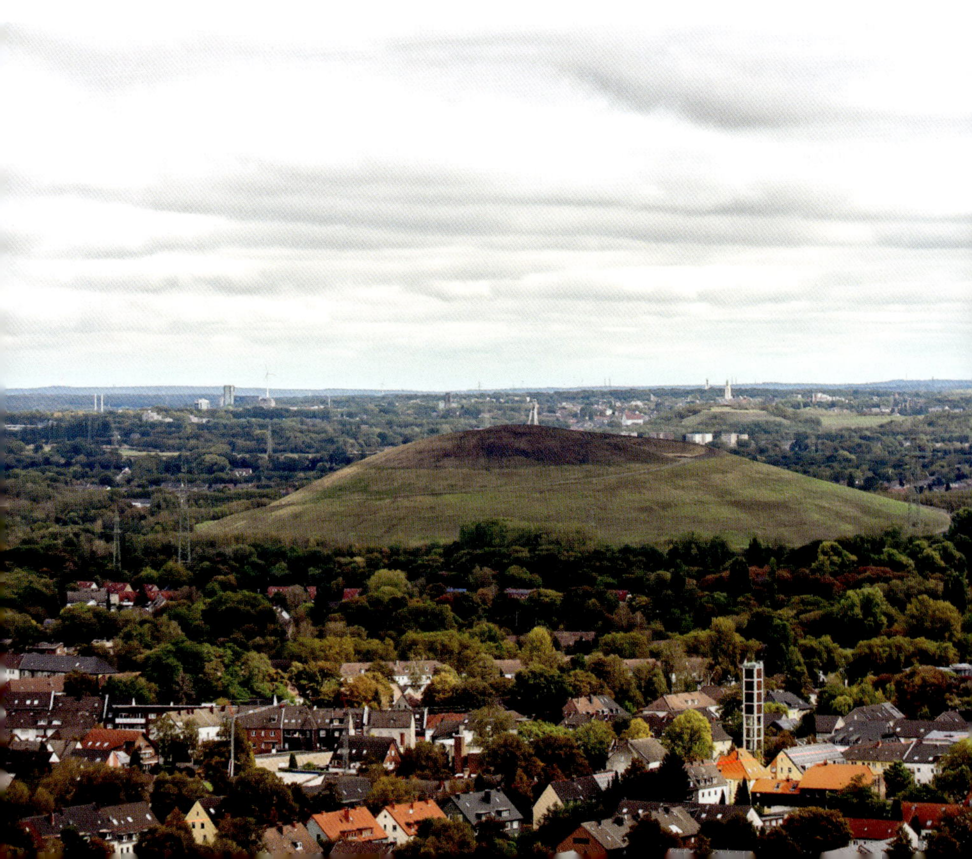

einem kleinen Hotel. Diese Pläne wären allerdings hinfällig, wenn das Windkraftwerk, für das im Sommer 2020 die Arbeiten begannen, fertiggestellt würde. Auch die Teilnahme an der Internationalen Gartenbauausstellung 2027 ist damit unsicher geworden. Bei Drucklegung dieses Buches war noch nicht klar, ob die Stadt mit ihrer Klage gegen diesen Bau Erfolg haben würde oder nicht. Wie auch immer es ausgeht – es bleibt zu hoffen, dass die Halde auch in Zukunft ein Ort zum Nutzen für Mensch und Natur in der Umgebung sein wird.

Freizeit: Die Form eines Vulkans hat Mottbruch durch seine spezielle Aufschüttung unabhängig von allen anderen Entscheidungen allerdings bereits bekommen, und so ist es beeindruckend, sich auf ihrer Außenseite nach oben zu winden. Fast verliert man dabei die Orientierung und ist verwundert, wenn plötzlich der Tetraeder auf der Halde Beckstraße in der Ferne auftaucht, den man eigentlich eben noch in genau entgegengesetzter Richtung gesehen zu haben glaubt. Die Halde bietet viel Platz, um sich zu bewegen und auszutoben, und die Natur ist dabei, sich wieder auszubreiten.
In allen zukünftigen Konzepten wird Mottbruch im Ensemble mit den umgebenden Halden gesehen. Und ein erster Schritt in der Entwicklung dieser „Haldenwelt“ ist mit dem „Sportpark Mottbruch“ bereits getan. Die Stadt preist die moderne Variante des Volksgartens an, wie er vor hundert Jahren gesehen wurde: Am Fuß der Mottbruchhalde wird ein Ort für Mensch und Natur geschaffen mit zahlreichen kostenlosen Angeboten für Spiel und Bewegung vom Sommereisstockschießen über Fahrradpolo bis Beachsport.

Die Halde Mottbruch noch ohne Windrad

Natur pur mit Blick auf den Wandel

Halde 22

Parkplatz:	45968 Gladbeck, Heringstraße
ÖPNV:	Haltestelle Hartmannshof (Linien 253 und 260)
Höhe über NN:	76 Meter
Höhe der Aufschüttung:	41 Meter
Fläche:	22 Hektar
Material:	Bergehalde der Zeche Mathias Stinnes 3/4
Art der Halde:	Tafelberg
Gestaltung:	Haldenpanorama-Stelen

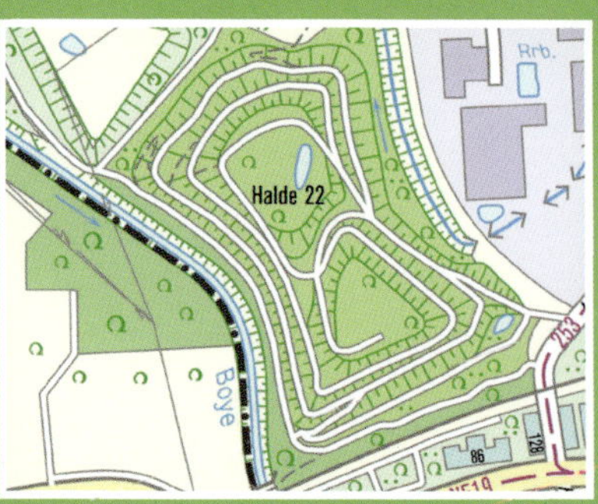

Die Halde 22 kann mit zwei Gipfeln aufwarten. Beide sind durch ein Wegenetz aus unterschiedlichen Pfaden zu erreichen. So wirkt die Halde wie eine liegende Acht. Umschlossen wird sie im Westen von der Boye, die auch die Grenze zu Bottrop bildet, und im Osten und Süden sind es die Eisenbahnstrecke und der Hahnenbach, die der Halde ihre eigenwillige Form geben. Mit ihrem steppen- und heideartigen Bewuchs bieten die Gipfel der Halde 22 ein meditatives und erholsames Naturerlebnis und erinnern an mediterrane Macchia.
Von ihrer Südseite und von ihrem höchsten Punkt aus kann man gut auf die Mottbruchhalde blicken. Um dieser beim Wachsen zusehen zu können, dafür hat der Landschaftsarchitekt Lodewijk Baljon eine Möglichkeit geschaffen: die Haldenpanorama-Stelen „Halde im Wandel". Leider sind diese bereits zugewachsen, und da die Mottbruchhalde mittlerweile zu ihrer endgültigen Höhe aufgeschüttet ist, haben sie ihre Funktion ohnehin bereits verloren.
Aber nicht nur die Schwesternhalde ist gut zu sehen, auch der Tetraeder, die Halde Rungenberg oder die „Arena auf Schalke" können von der Halde 22 aus bewundert werden.
Sie war einmal mit einigen wanderfreundlichen Details ausgestattet, wie unterschiedlichen Sitzplätzen, Unterständen, Fahrradständern und sogar Spieltischen. Mittlerweile ist alles etwas in die Jahre gekommen. Trotzdem findet man immer ein schönes Plätzchen, um die üppige Natur zu genießen. Am Fuße der Halde wird noch an der Renaturierung der Boye gearbeitet. Dies beeinträchtigt jedoch den Besuch der Halde nicht, im Gegenteil: In Kürze gewinnt die Halde dadurch noch mehr an Attraktivität, vor allem für Menschen, die Natur und Ruhe mögen.

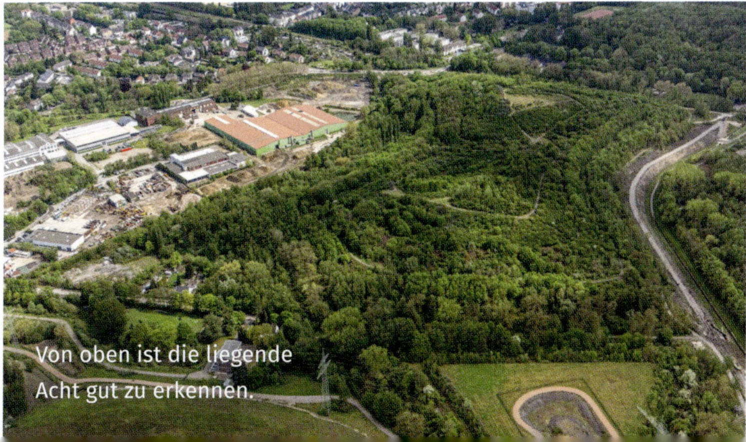
Von oben ist die liegende Acht gut zu erkennen.

Ruhrpott-Charme trifft Natur

Halde 19

16

Adresse:	45968 Gladbeck, Busfortshof am Sportplatz
ÖPNV:	Haltestelle Hartmannshof (Linien 253 und 260)
Höhe über NN:	68 Meter
Höhe der Aufschüttung:	28 Meter
Fläche:	10 Hektar
Material:	Bergehalde
Art der Halde:	Tafelberg
Gestaltung:	Seilscheibe

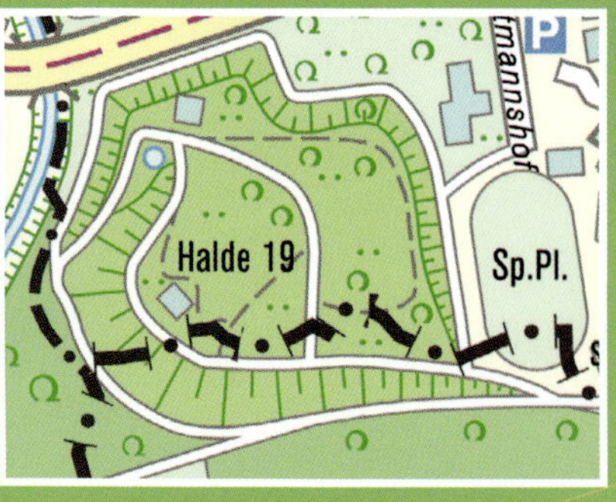

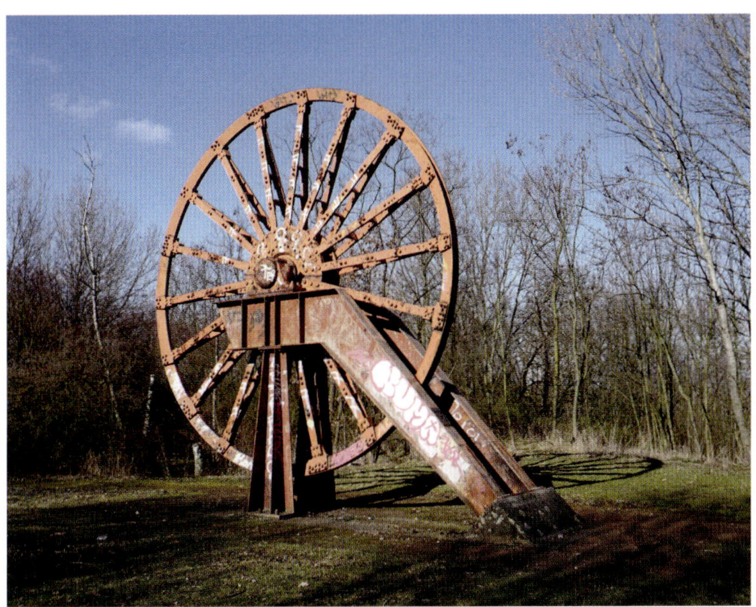

Die Seilscheibe steht auf dem höchsten Punkt der Halde.

Die Städte Gladbeck und Essen haben beide ihren Anteil an der Halde 19, denn die Stadtgrenze läuft mittendurch. Hier hat sich die Natur ihr Gebiet zurückerobert, dichtes Buschwerk und enger hoher Baumbewuchs machen einen Besuch zu einem Naturerlebnis. Die Pavillons und Sitzgelegenheiten sind schon etwas in die Jahre gekommen und nicht mehr ganz so schön. Aber wen stört schon der spröde Ruhrgebiets-Charme, wenn sich die Natur auf dieser Halde ungehindert Platz schaffen darf. Ein dichtes Wegenetz zieht sich über die Halde, und dieses ist gut in Schuss; Plattierungen und Ablaufrinnen machen die Wege gut begehbar, auch mit Kinderwagen. Ausblick gibt es schon seit langem keinen mehr, deswegen wird die Stadt Gladbeck womöglich bald kleinere Aussichtspunkte herrichten. Auf dem Haldengipfel steht seit 1984 eine Seilscheibe aus dem Förderschacht IV der Zeche Mathias Stinnes. Mit ihren 6,5 Tonnen versucht sie sich in den Vordergrund zu drängen, aber die Hauptakteure auf dieser Halde bleiben die Natur und ihre Tier- und Pflanzenwelt. Wer die Natur liebt, kommt hier auf seine Kosten.

Klein, aber mit sieben Spitzen

Halde Mathias Stinnes/Halde 7

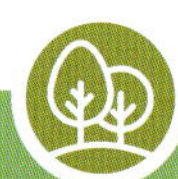

Parkplatz: 45329 Essen, Straße Bräukerwald
ÖPNV: Haltestelle Alte Landstraße (Linie U 11)
Höhe über NN: 54 Meter
Höhe der Aufschüttung: 21 Meter
Fläche: 9 Hektar
Material: Bergehalde aus der Zeche Mathias Stinnes I/II/V
Art der Halde: Landschaftsbauwerk

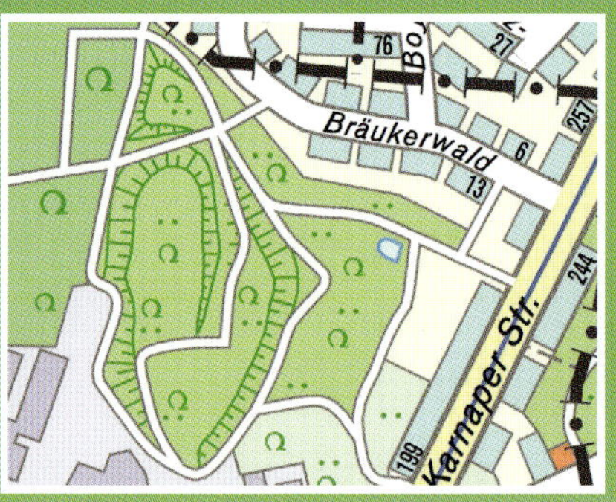

Die Stinneshalde gehört zwar zur Haldenlandschaft um Gladbeck-Brauck, liegt aber schon auf dem Stadtgebiet von Essen und ist mit einer Höhe von 21 Metern über der Umgebung die niedrigste und auch flächenmäßig kleinste der Haldenkette. Sie ist eine Halde der ersten Generation und wurde als Aufschüttung mit aneinandergrenzenden kleinen Schüttkegeln begonnen. Auf alten Luftbildern sieht man, dass es sieben Kegelspitzen waren, die aufgeschüttet wurden. Zwei Eisenbahnstrecken verliefen damals rechts und links davon und beeinflussen teilweise heute noch die Haldenoberfläche und die der Umgebung durch Bahndämme und Einschnitte. Die ehemalige Schachtanlage Mathias Stinnes I/II/V schließt sich südlich direkt an die Halde an.

Diese bietet viel Natur, Rastplätze und Möglichkeiten, um Kraft zu tanken. Gepflegte Wege führen um die Halde herum und auf den Gipfel. Da die Halde dicht bewachsen ist, bietet sie in den Sommermonaten keinen Ausblick, aber dafür schöne Plätze, um sich auszuruhen und die üppige Natur zu genießen.

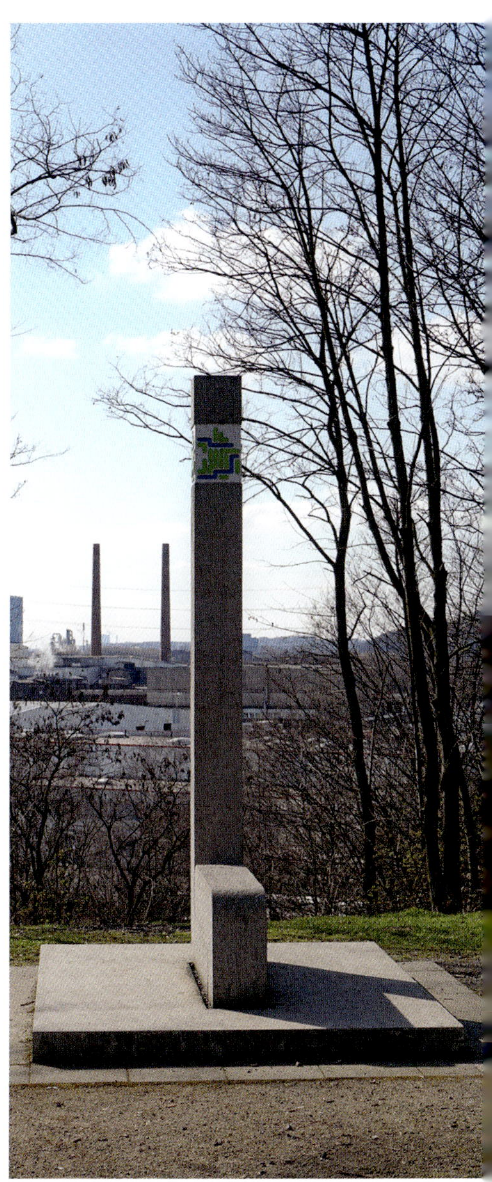

Eine Stele schmückt den Gipfel.

Die Aufschüttung als Attraktion

Halde Rungenberg

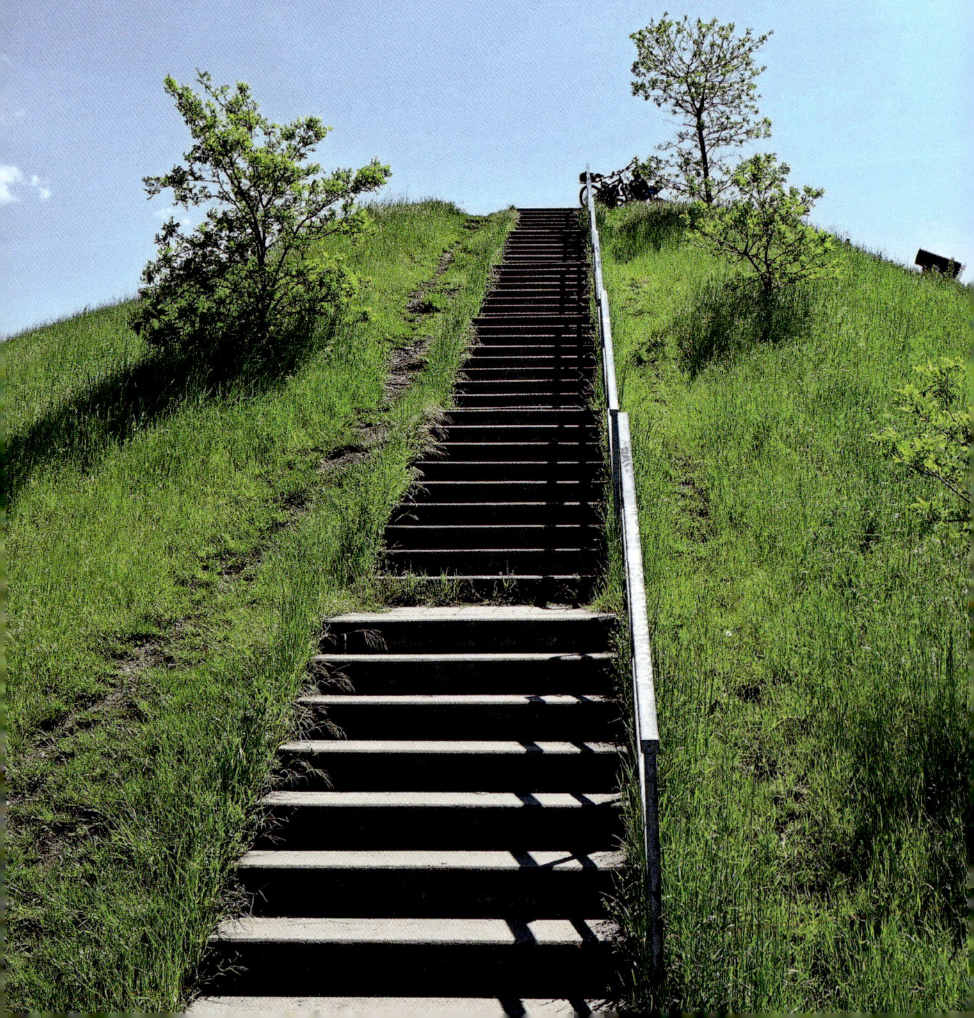

Erst seit 2021 gehört die Halde dem RVR – aber die Vorbesitzerin, die Ruhrkohle AG, hatte hier bereits ganze Arbeit geleistet in Sachen Freizeitwert. Die gigantische Halde ist teils Tafelberg, teils Landschaftsbauwerk und besitzt unendlich viel Platz für Aktivitäten aller Art. Tatsächlich kann man auf den leicht hügeligen Wiesen auf dem weitläufigen Gipfelplateau fast vergessen, dass man sich auf einem künstlichen Berg befindet. Nur die beiden nackten dunkelgrauen Gipfel im Südosten, auf denen die Installation Nachtzeichen steht, rufen die Bergbauvergangenheit immer wieder unmissverständlich in Erinnerung.

18

Adresse:	**45897 Gelsenkirchen-Buer, Holthauser Straße oder Schaffrathstraße**
ÖPNV:	**Haltestelle Emil-Zimmermann-Allee (Linie 301)**
Höhe über NN:	**115 Meter**
Höhe der Aufschüttung:	**67 Meter**
Fläche:	**63 Hektar**
Material:	**Bergehalde der Zeche Hugo**
Art der Halde:	**Tafelberg/Landschaftsbauwerk**
Gestaltung:	**Nachtzeichen, Schienenplateau**

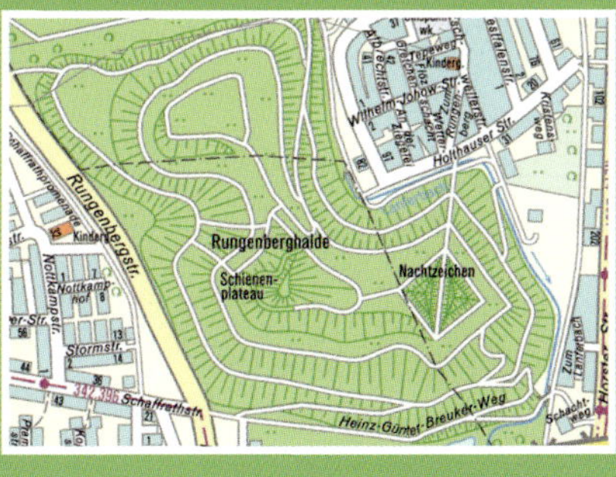

Geschichte: Ein Förderturm der im Jahr 2000 geschlossenen Zeche Hugo, aus deren Bergematerial die Halde besteht, ist im Nordosten noch erhalten. Früher befanden sich direkt an den Schachtanlagen kleine Bergehalden, die heute unter der großen verschüttet liegen. Die Bezeichnung Rungenberg greift eine alte Flurbezeichnung auf.

Kunst: Aus dem Abraum der benachbarten Zeche Hugo ist ein wahres Haldenkunstwerk entstanden. Denn umgeben von den gleichmäßigen terrassenförmigen Ebenen hat sie die typische Form der Tafelberge. Oben erinnert sie an eine weite wellige Wiesenlandschaft: Hier ist ein Landschaftsbauwerk zu besichtigen, so wie die modernen Halden heute gestaltet werden. Und obenauf thront dann noch eine

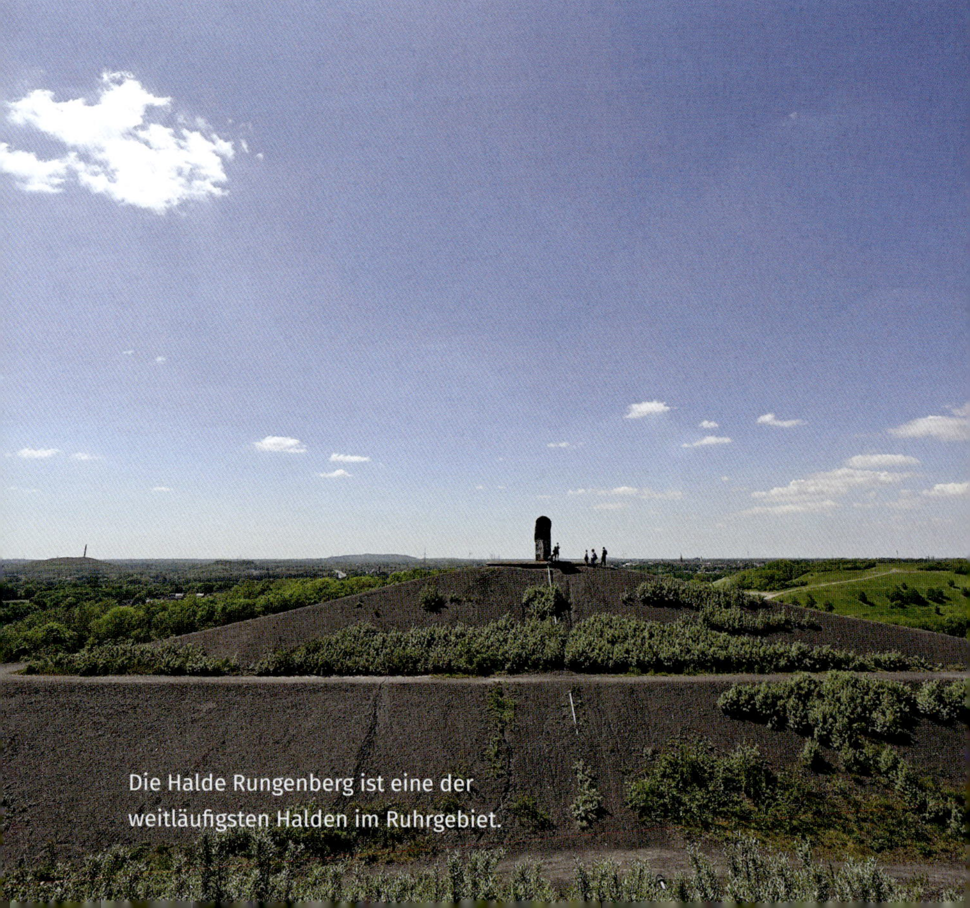

Die Halde Rungenberg ist eine der weitläufigsten Halden im Ruhrgebiet.

Kegelhalde: Geometrisch in zwei Hälften gespalten und unbegrünt ruft sie in Erinnerung, wie die Halden noch vor gar nicht langer Zeit aussahen. Konzipiert wurde die Gestaltung von dem Schweizer Architekten Rolf Keller, der auch die am Fuß der Treppe gelegene Schüngelbergsiedlung geplant hat. Eine Sichtachse verbindet deren Zentrum über die Treppe hinauf zur Halde bis zwischen die beiden Kegelhälften.
Auf den beiden Seiten des zerschnittenen Kegels stehen zwei überdimensionierte rostige Scheinwerfer. Nachts senden sie Lichtstrahlen in den Himmel und zeichnen so einen imaginären Haldengipfel. Die „Nachtzeichen" wurden von den Künstlern Hermann EsRichter und Klaus Noculak entworfen. Von ihnen stammt auch das Kunstwerk „Schienenplateau", das sich fast im Zentrum des Haldengipfels befindet: Ein Feld aus 5.500 Metern Zechenbahngleisen mit diagonal gegen die Struktur geschweißten Schienen symbolisiert den Strukturwandel im Ruhrgebiet.

Freizeit: Es gibt Platz genug für alles, was man draußen gerne macht: Egal ob man die Halde zu Fuß über die weitläufigen breiten und guten Wege oder die Treppe erklimmen mag oder ob man lieber mit dem Rad kommt, egal ob man picknicken oder Drachen fliegen lassen möchte, es gibt nichts, wofür hier oben der Platz eng werden könnte – auch nicht an einem gut besuchten, schönen Sommertag. Vielleicht kommt man auch nur wegen der Aussicht: 360 Grad Ruhrgebiets-Panorama lohnen den Aufstieg definitiv. Im Süden führt zwar unmittelbar die A2 vorbei, so nah, dass es auf dieser Seite immer laut ist, aber auf der der Autobahn abgewandten Seite ist es eher beschaulich. Und übrigens: Die Halde eignet sich bei Schnee ganz hervorragend zum Rodeln!

Tipp

Führung

„Das kleine Museum" bietet Führungen an: Telefon 0209/594659

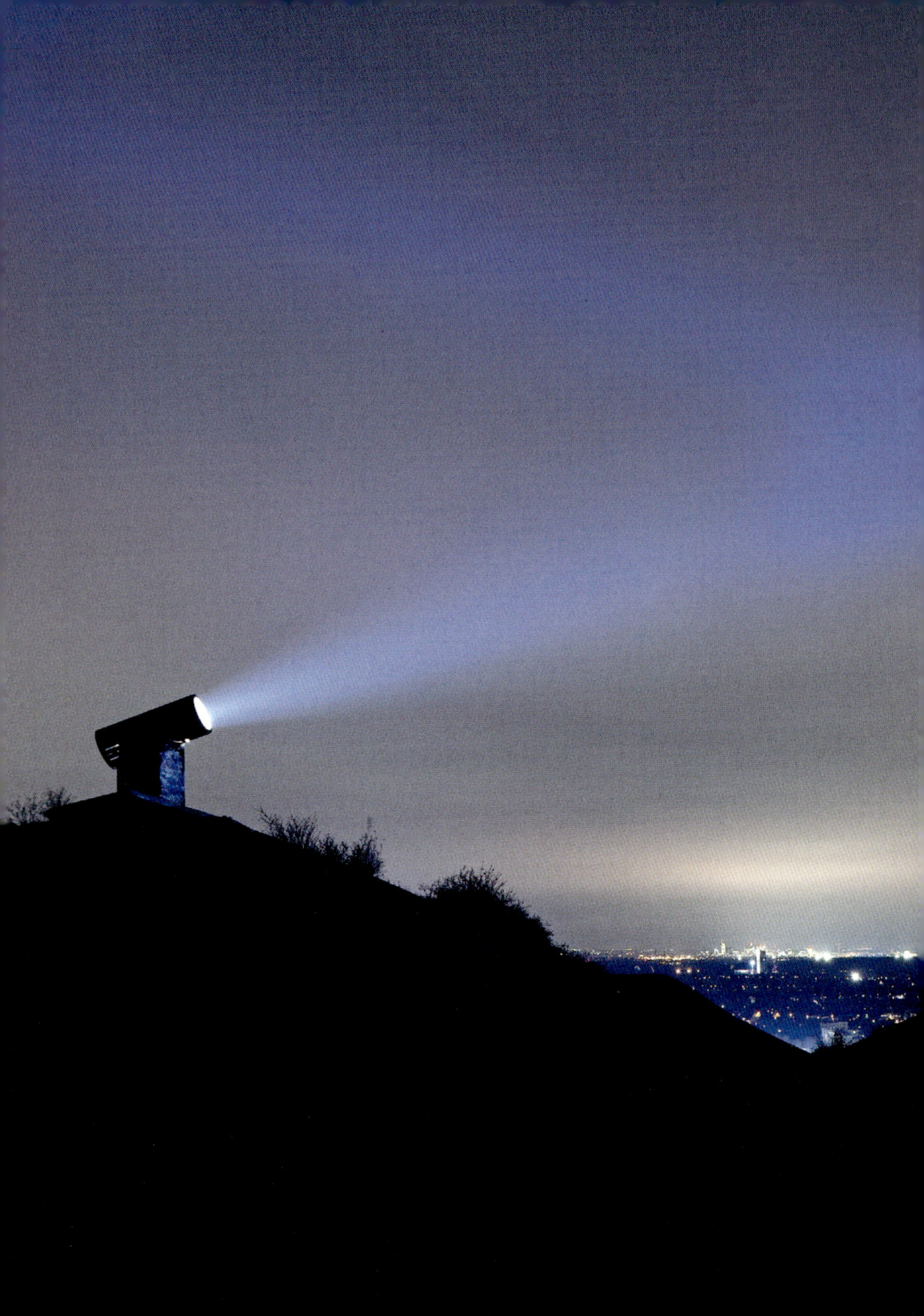

Die Installation „Nachtzeichen“ auf Rungenberg
verschafft der Halde einen Gipfel aus Licht.

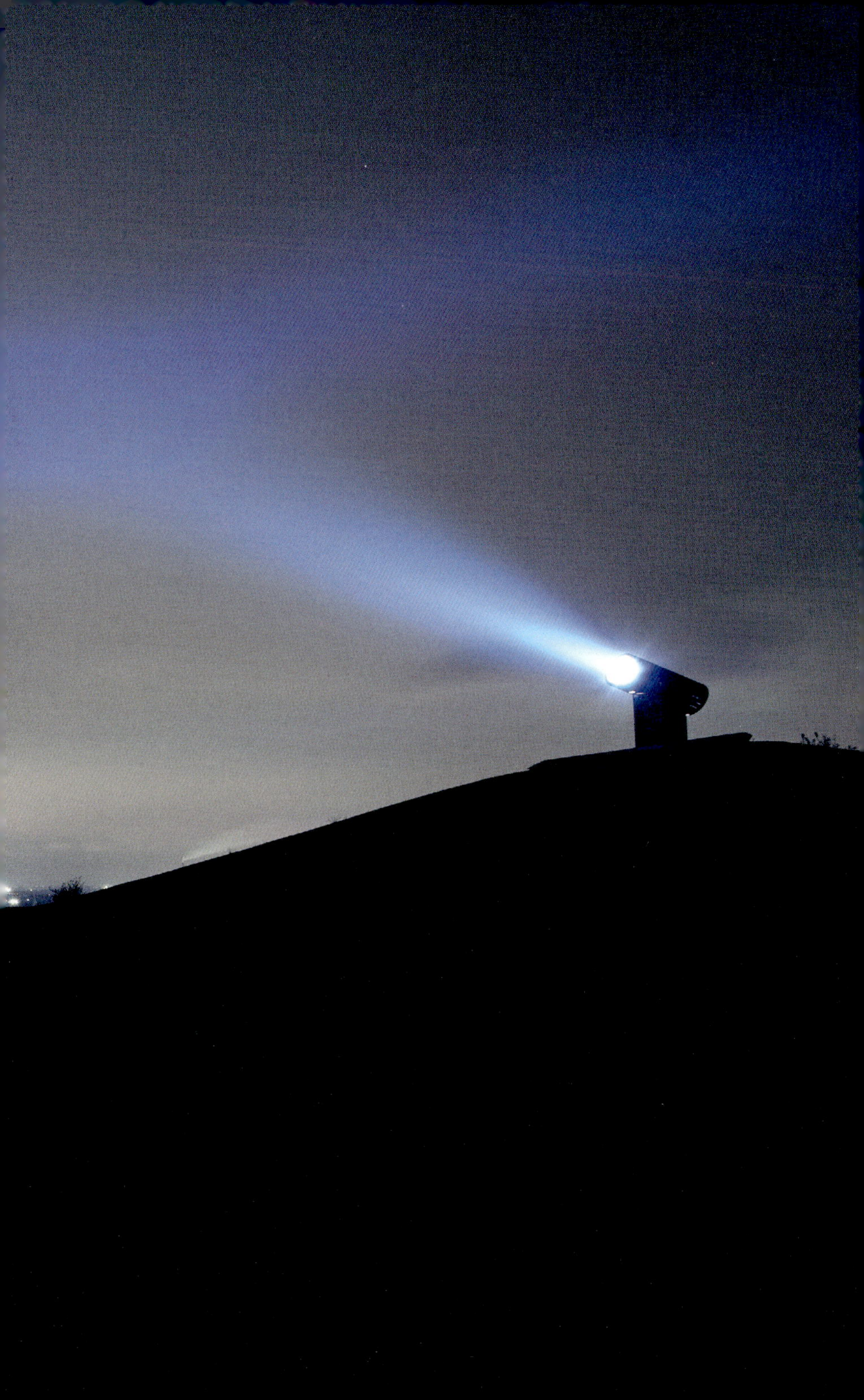

Mondlandschaft für das Ruhrgebiet

Schurenbachhalde

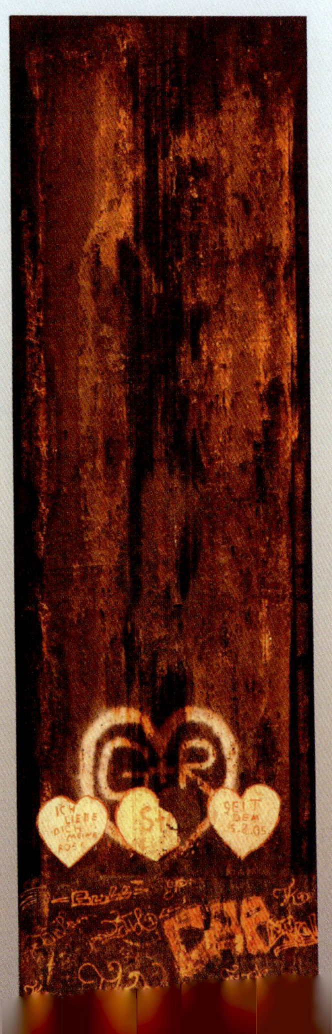

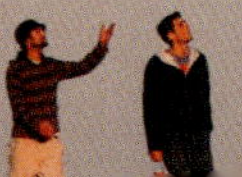

Wer zum ersten Mal heraufkommt, dabei während des Aufstiegs an idyllischen Teichen und viel Natur vorbeigekommen ist, wird sich etwas gewöhnen müssen an die riesige Schotterfläche rund um die „Bramme für das Ruhrgebiet". Nichts lenkt hier oben ab, hier gibt es nur die Bramme – und die Aussicht ins Revier. Wer hier steht, hat das Gefühl, wirklich im Zentrum des Ruhrgebiets zu sein, mit 360-Grad-Panoramasicht. Und am Ende will man nicht wieder weg und lässt sich höchstens vom ständig wehenden Wind vertreiben ...

Parkplatz:	45329 Essen-Altenessen, Emscherstraße 212
ÖPNV:	Haltestelle Kirche Heßlerstraße (Linien 173, 183)
Höhe über NN:	86 Meter
Höhe der Aufschüttung:	49 Meter
Fläche:	48 Hektar
Material:	Bergehalde aus der Zeche Fritz-Heinrich/Zechenverbund Nordstern/Zollverein
Art der Halde:	Tafelberg
Gestaltung:	Haldenplateau als Schotterfläche, „Bramme für das Ruhrgebiet"

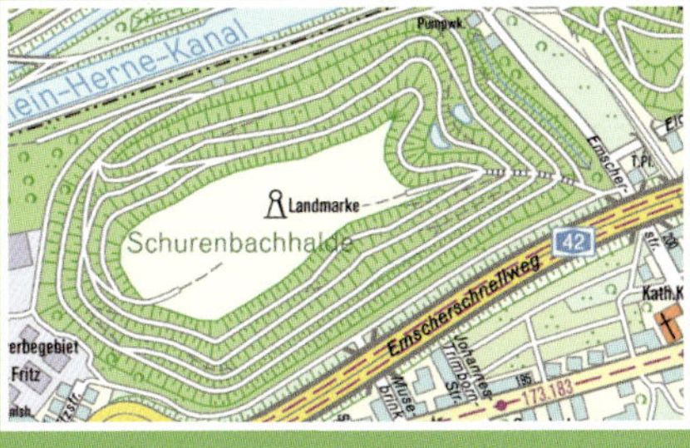

Geschichte: Anders als andere Halden ist die Schurenbachhalde nicht nach einer Zeche gleichen Namens benannt, sondern nach dem kleinen Bach, der hier immer noch fließt und inzwischen renaturiert ist. In den 1970er- und 1980er-Jahren wurde an der Stadtgrenze zu Gelsenkirchen damit begonnen, über dem kleinen Gewässer Abraum aus der Zeche Fritz-Heinrich und später aus dem Zechenverbund Nordstern/Zollverein aufzuschütten. Aber nicht nur der Bach, sondern auch eine kleine Siedlung musste der schnell wachsenden Halde weichen. Zugänglich ist die Halde seit 1998, und seitdem ist das Haldenplateau von jedem Grün freigehalten – wie vom Künstler gewünscht: eine Mondlandschaft für das Ruhrgebiet.

Kunst: Von Weitem erscheint sie weit weniger spektakulär als die großen Aufbauten auf anderen Halden. Doch die Maße der „Bramme für das Ruhrgebiet" sind beeindruckend: Das 70 Tonnen schwere Kunstwerk des amerikanischen Künstlers Richard Serra ragt fast 15 Meter in den Himmel – und ist fast ebenso tief im Boden verankert. Auch die spröde Haldenfläche, die ellipsenförmig und leicht gewölbt an eine Mondlandschaft erinnert, ist von Serra gestaltet. Das nur 13,5 Zentimeter dicke und um exakt 3 Grad geneigte Kunstwerk erinnert nicht nur an Kohle und Stahl als Urgrund des Ruhrgebiets, sondern es steht auch für den Struktur- und Kulturwandel, dem sich die Region verschreiben musste und den sie mit Herz und Seele betreibt.

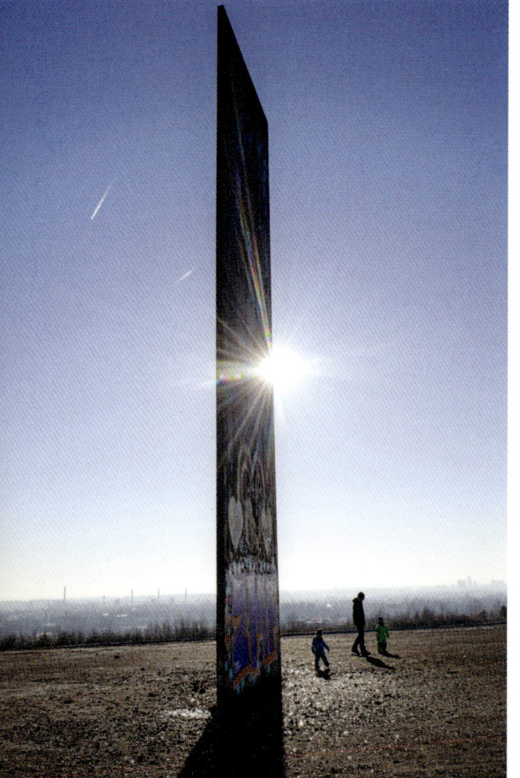

Fast 15 Meter überragt die „Bramme für das Ruhrgebiet" von Richard Serra die Schurenbachhalde.

Dazu passt die Anekdote am Rande: Die gigantische Metallplatte musste in Frankreich gefertigt werden, denn als sie 1998 im Rahmen der Internationalen Bauausstellung Emscher Park aufgestellt wurde, konnte das im Ruhrgebiet schon kein Werk mehr leisten.

Freizeit: Die Halde am äußersten Stadtrand im Essener Norden ist meistens gut besucht. Fahrradfahrer mit halbwegs geländegängigen Rädern und Wanderer freuen sich an der großartigen Rundumsicht in das Ruhrgebiet. Anfang 2021 wurde ein neuer rund 6 Kilometer langer Mountainbike-Trail angelegt. Der „Brammen.Trail“ beschreibt einen Rundkurs über die Schurenbachhalde und die kleine Nachbarin, die Halde Eickwinkel.

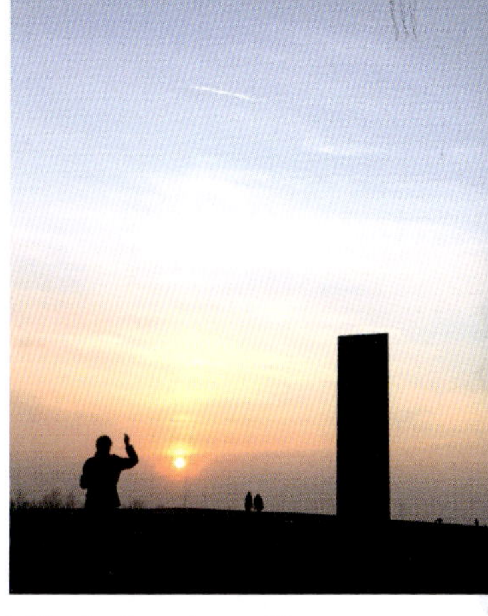

Das geschotterte ellipsenförmige Gipfelplateau ist am schnellsten auf direktem Wege über eine Treppe zu erreichen. Fast immer ist jemand oben, der Drachen steigen lässt, denn hier weht stets der Wind.

Die graue riesige Fläche gewinnt immer mehr an Faszination, je länger man sich auf ihr bewegt. Und schon beim Heraufwandern hat man ja gesehen, wie grün der Rest des Tafelberges ist, inklusive einiger Tümpel und Teiche, in und an denen sich zahlreiche Lebewesen wohlfühlen. Wer ein offenes Auge hat, kann hier – inmitten der Industrielandschaft und der Stadt – zahlreiche ungewöhnliche Tiere und Pflanzen entdecken.

Tipp

Führung

Es werden naturkundliche Führungen angeboten, bei denen man die einzigartige Flora und Fauna der renaturierten Halde kennenlernen kann. Informationen gibt es beim RVR-Besucherzentrum im Haus Ripshorst unter: 0208/8833483

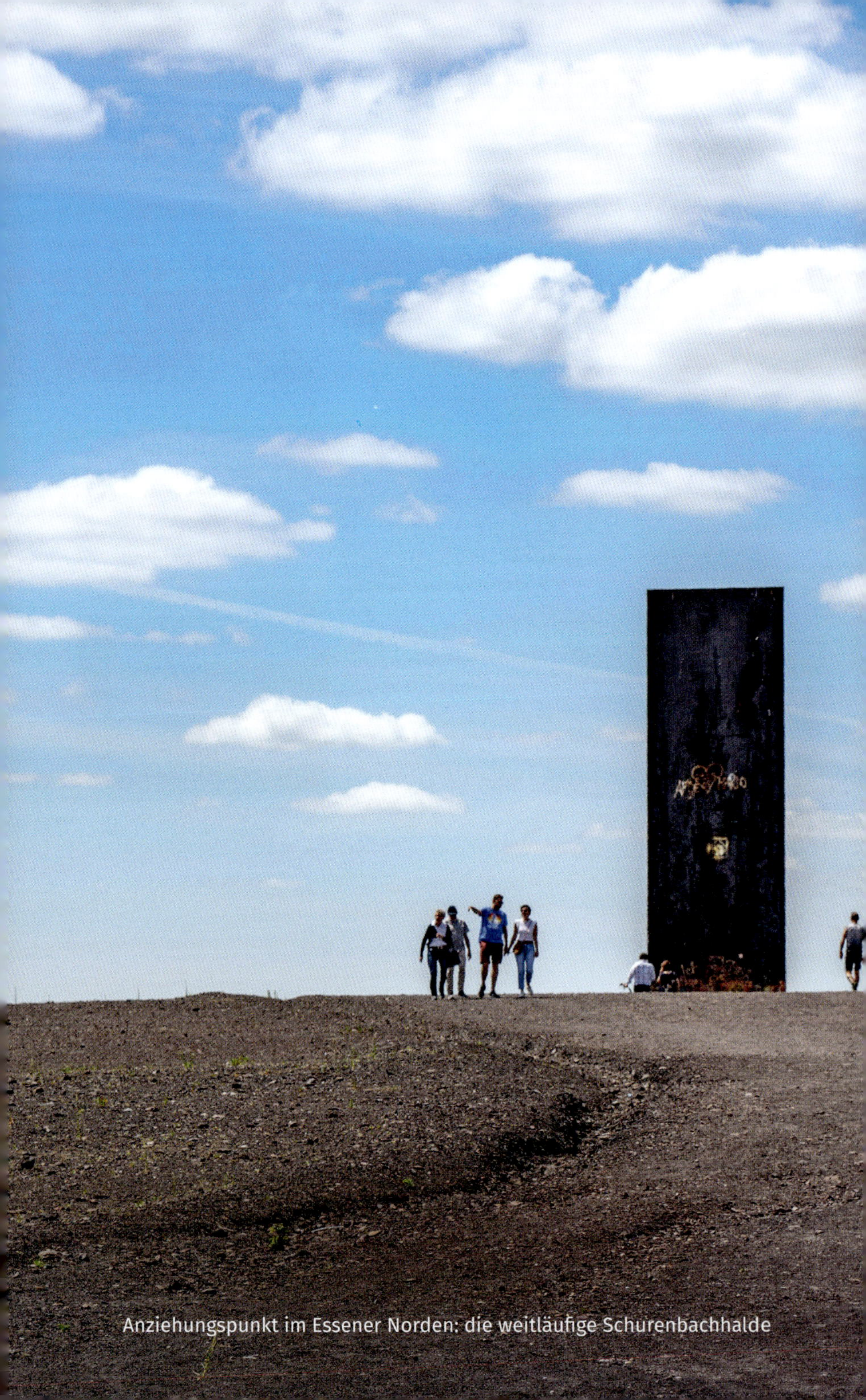
Anziehungspunkt im Essener Norden: die weitläufige Schurenbachhalde

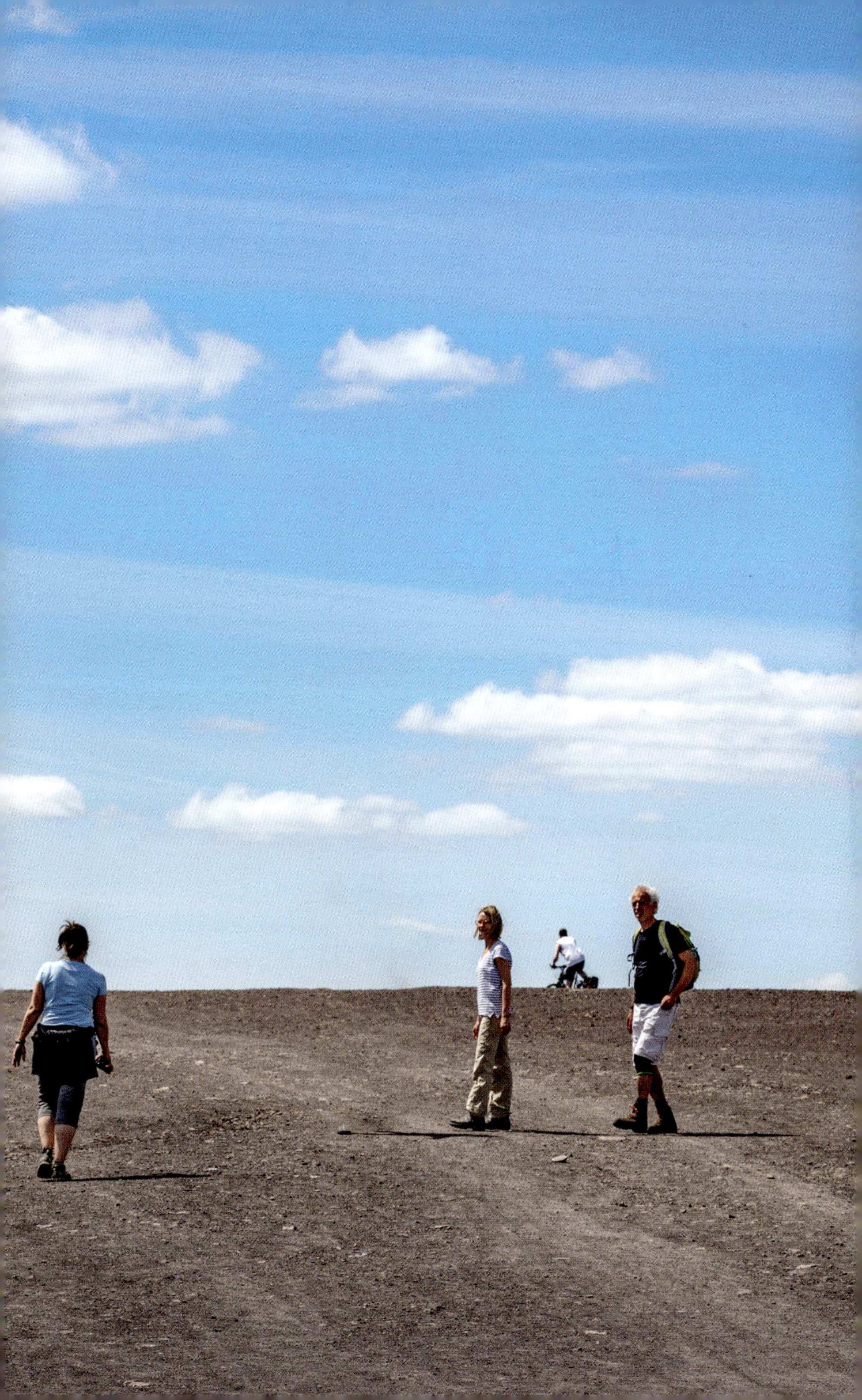

Die Kleine im UNESCO-Welterbe Zollverein

Halde Zollverein XII

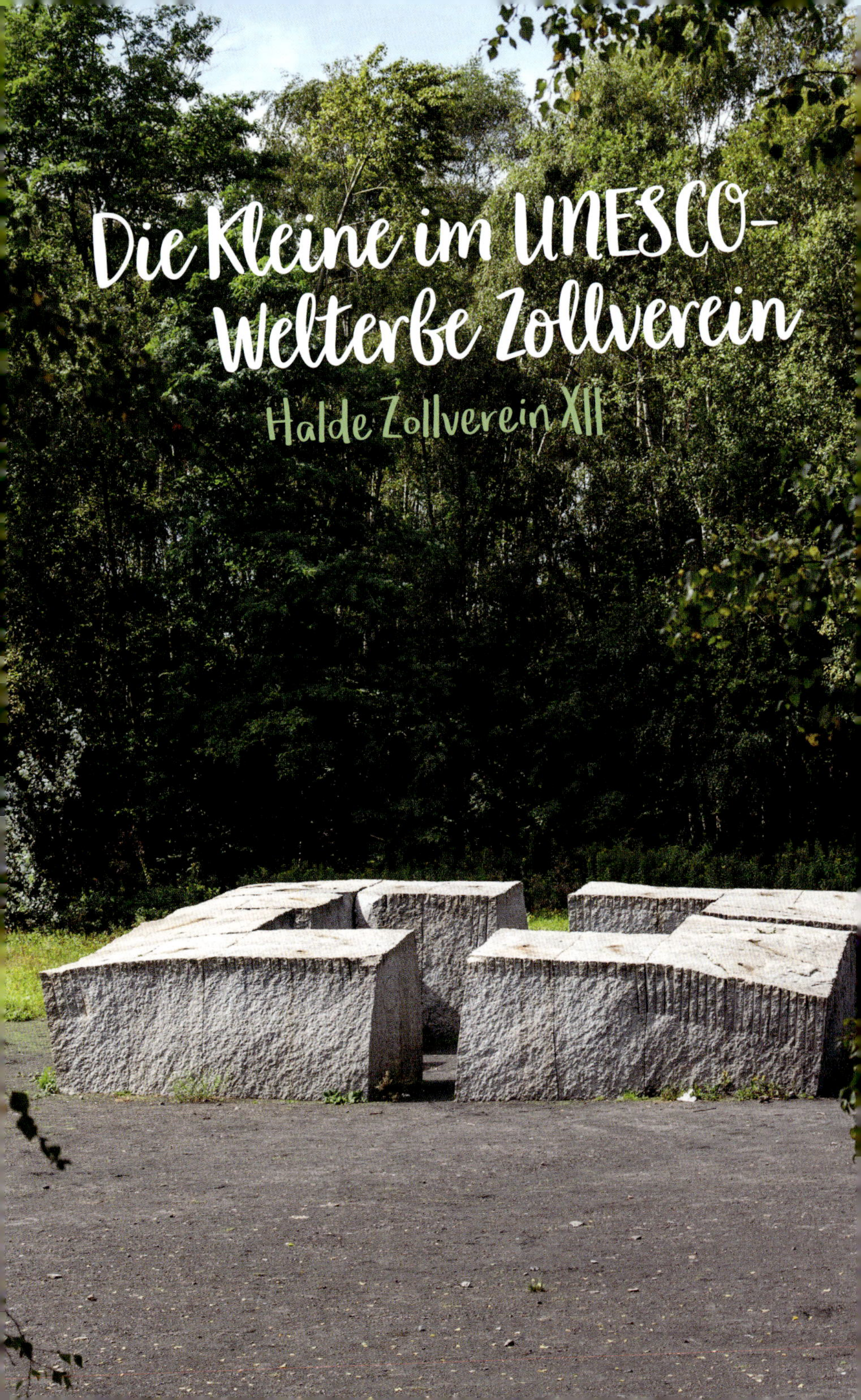

Sie ist das Aushängeschild des Ruhrgebiets: die Zeche Zollverein XII, die sogar zum UNESCO-Welterbe gehört. Sie bietet einiges an Ausstellungen, Gastronomie und Informationen. Und gleich daneben eine kleine Halde, die wegen der Steinskulpturen des Künstlers Ulrich Rückriem besucht werden möchte – und weil es rundherum viel zu sehen gibt: Natur, Kunst und Ruhrpott-Geschichte.

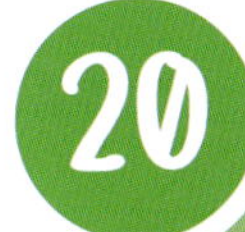

Parkplatz:	45309 Essen, Gelsenkirchener Str. 181
ÖPNV:	Haltestelle Zollverein (Linie 107), Haltestelle Kokerei Zollverein (Linie 183)
Höhe der Aufschüttung:	nur einige Meter hoch
Fläche:	48 Hektar
Material:	Zwischenlager-Bergehalde der Zeche Zollverein
Art der Halde:	Kegelhalde, teilweise abgemauert
Gestaltung:	Skulpturenpark

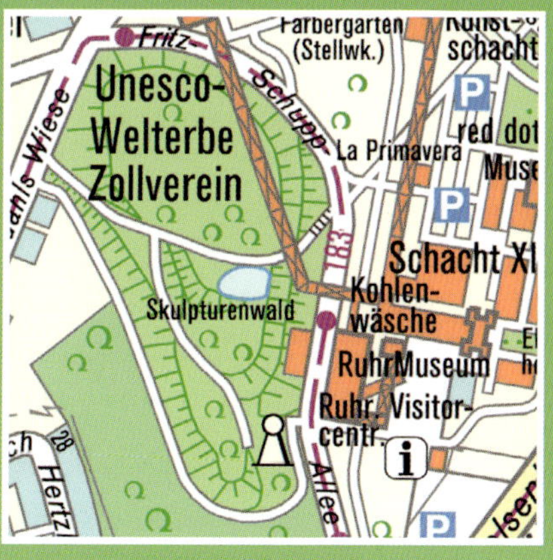

Geschichte: Die Halde Zollverein XII ist direkt auf dem Gelände der heutigen Weltkulturerbestätte zwischen Zeche und Kokerei aufgeschüttet worden und war eine Art Zwischenlagerhalde. So gehört diese kleine Halde zu den ältesten Halden im Ruhrgebiet.
Die Zeche Zollverein wurde 1847 von Franz Haniel gegründet und 1986 stillgelegt, die angrenzende Kokerei war von 1957 bis 1993 in Betrieb. 1932 wurde die Schachtanlage Zollverein XII im Bauhaus-Stil von den bekannten Architekten Schupp und Kremmer geplant und fertiggestellt. Sie war zu dieser Zeit die größte und modernste Zeche Europas und besticht auch heute noch mit ihren geometrischen, kubistischen und minimalistischen Formen. Bereits 1986 wurde die gesamte Schachtanlage unter Denkmalschutz gestellt, seit Dezember 2001 gehören Zeche und Kokerei zum UNESCO-Welterbe.

Freizeit: Das Freigelände der Zeche kann immer und völlig frei besucht werden. Auch Anwohner nutzen die entstandenen Grünflächen und Wege als Parkanlage um zu joggen, zu flanieren oder auch mal in der Natur Rast zu machen. Ebenfalls eignet sich das Gelände zum Fahrradfahren. So kann man über die ehemalige Zollvereinbahn zum Bergwerk gelangen. Zwischen den Wegen an den ehemaligen Gleisen stehen bunte Holzskulpturen, und geht man vom Besucherzentrum entlang der Bahngleise zum Kesselaschebunker, begegnen einem dort lebende Fossilien der Pflanzenwelt. Hier wurden Ginkgos gepflanzt: Die aus China stammenden Bäume schlagen eine Brücke zur Zeit der Kohleentstehung vor 300 Millionen Jahren, als es auch schon Ginkgos gab. So hat die Begegnung mit diesem Baum an der Zeche Zollverein einen fast schon symbolischen Charakter.
In den Wintermonaten kann man Schlittschuhlaufen und im Sommer das Werksschwimmbad auf dem Kokereigelände besuchen.

Tipp

Führungen

Das Besucherzentrum bietet Führungen an. Informationen unter: www.zollverein.de, Telefon 0201/246810

Kunst: Die kleine Bergehalde Zollverein XII ist nur einige Meter hoch und vom Zechengelände und von der Kokerei aus zugänglich. Seit 1991 ist sie mit Skulpturen des Bildhauers Ulrich Rückriem verschönert: Der Skulpturenwald besteht aus 24 unterschiedlichen Granitblöcken, die minimalistische Formen aufweisen und an verschiedenen Orten zwischen ehemaligen Absetzbecken, Birkenwald und Halde versteckt sind und entdeckt werden möchten.
Mittelpunkt der Zeche Zollverein ist der 55 Meter hohe Doppelbockförderturm über Schacht XII. Er ist mittlerweile zum Wahrzeichen des gesamten Ruhrgebiets geworden. In der ehemaligen Kohlenwäscherei sind das Besucherzentrum Ruhr und das Ruhr Museum untergebracht, zu dem die größte freistehende Rolltreppe Deutschlands hinaufführt. Im ehemaligen Kesselhaus ist das Red-Dot-Design-Museum beherbergt, die weltgrößte Ausstellung zeitgenössischen Designs.

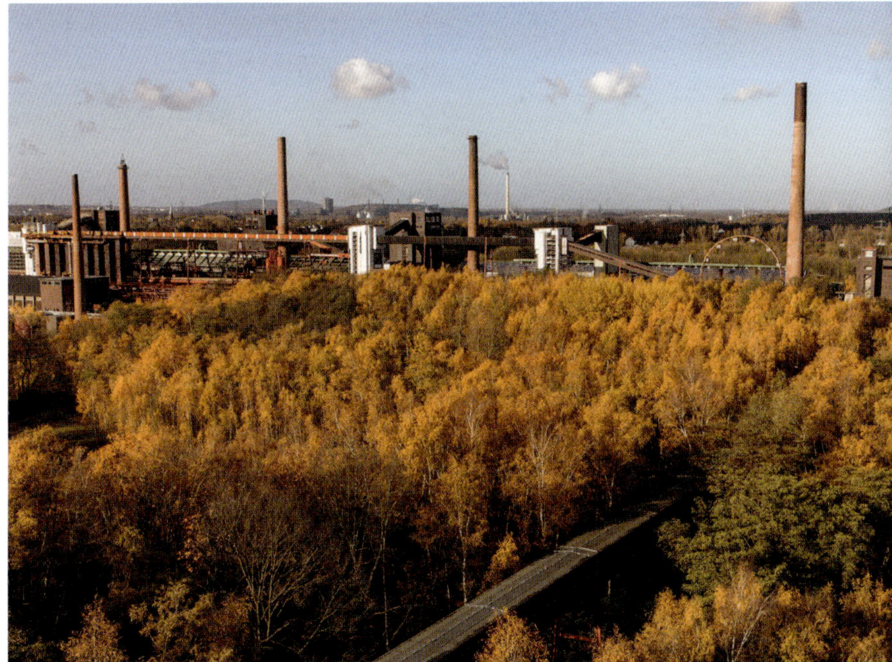

Blick über die Halde und die Zeche Zollverein

Stufen in den Himmel

Halde Rheinelbe Süd

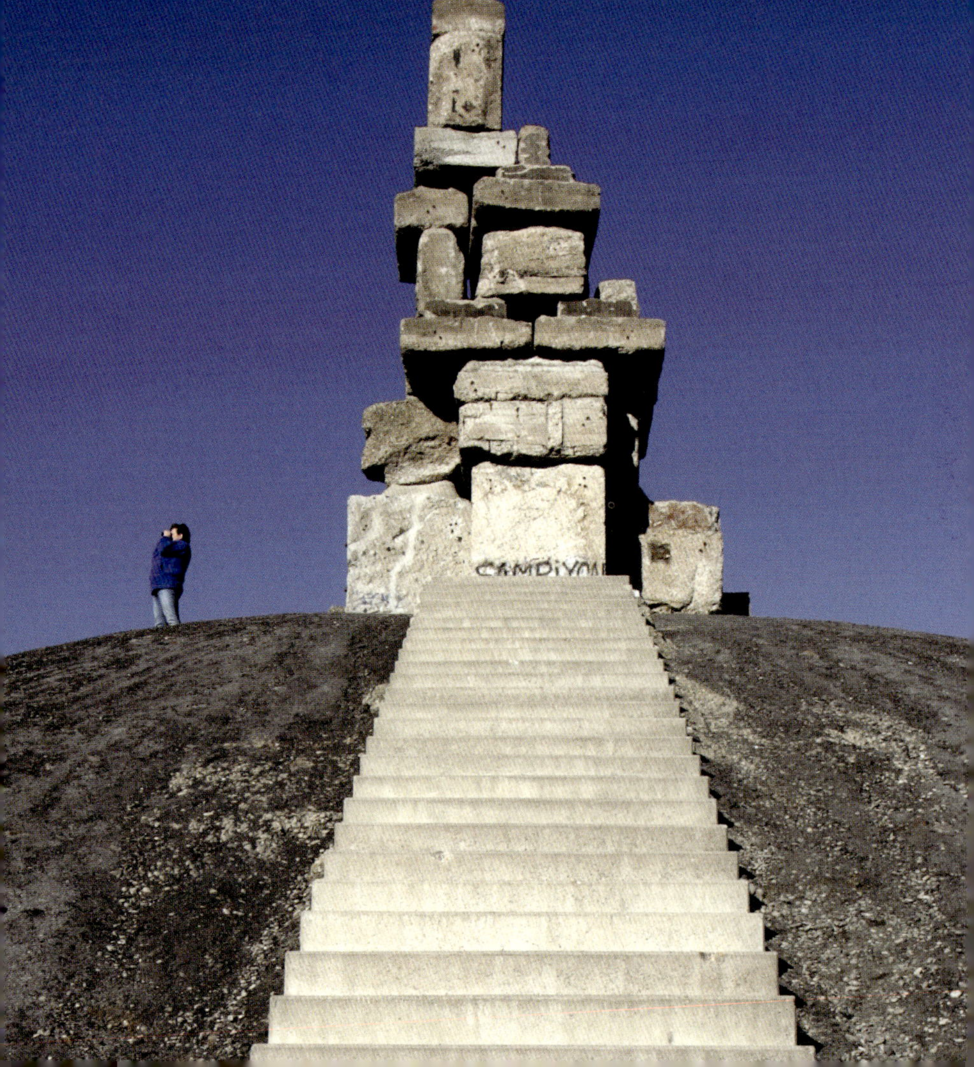

Die große der beiden Halden aus der Zeche Rheinelbe ist die mit der Himmelstreppe. Und wie der Name des Kunstwerks schon sagt, begibt man sich auf den Weg in den Himmel. Aber was der Künstler mit auf den Weg dorthin geben will, ist die Botschaft der Demut: Alles was der Mensch baut, ist gleichzeitig dem Verfall und dem Untergang ausgesetzt. Die Natur nimmt zurück, was einst ihr gehört hat.

Adresse:	45886 Gelsenkirchen-Ückendorf, Leithestraße-Nattmannsweg
ÖPNV:	Haltestelle Halfmannsweg (Linie 389)
Höhe über NN:	106 Meter
Höhe der Aufschüttung:	53 Meter
Fläche:	18 Hektar
Material:	Bergehalde der Zechen Rheinelbe und Holland
Art der Halde:	Tafelbauwerk
Gestaltung:	Haldenspitzkegel, Skulptur Himmelstreppe, Skulpturenwald

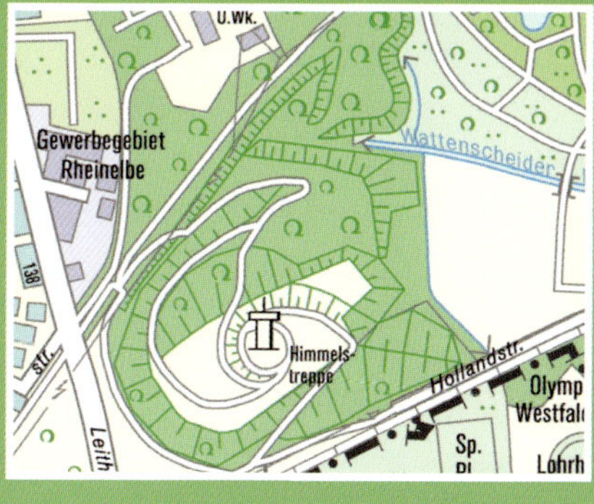

Geschichte: Südlich der Kray-Wanner Bahntrasse entstand um 1900 die Südhalde aus dem Abraum der Zeche Rheinelbe. Sie gehört zu den brennenden Halden und wurde trotzdem für die Internationale Bauausstellung Emscher Park vom Architekturbüro Hermanns aus Hattingen zu einem Spiralberg gestaltet. Bevor der Gipfel gestaltet werden konnte, musste allerdings der schwelende Haldenbrand eingedämmt werden. Unter anderem wurde eine vierstufige Brandschutzwand aus Gabionen am Bach an der Ostseite installiert.

Freizeit: Der Tafelberg ist in zwei Hauptterrassen unterteilt. In der Mitte der obersten Terrasse erhebt sich die anthrazitfarbene kegelförmige Spitze zwanzig Meter in den Himmel, gekrönt mit der Landmarke Himmelstreppe. Von drei Seiten führen spiralförmig die Wege bis zum Fuß dieses Kegels. Der oberste Teil der Halde ist kaum bewachsen und bietet einen freien Blick ins Ruhrgebiet nach Bochum, Essen und Gelsenkirchen. Die Bramme auf der Schurenbachhalde und der Herkules auf dem Nordsternturm sind zu sehen, genauso wie die Fördergerüste und Schornsteine der Zeche Zollverein in Essen und die Veltins-Arena auf Schalke. Dort oben auf dem Gipfel neben der Himmelstreppe bläst einem fast immer der Wind um die Ohren und man fühlt sich, wie es der Name des Kunstwerks verheißt, dem Himmel ein Stück näher.
Die Halde mit ihren unterschiedlichen Wegen eignet sich zum Wandern, Joggen, Walken, aber auch fürs Fahrradfahren. Vor allem Mountainbiker sind auf der Halde immer wieder zu beobachten, wie sie die steilen Abhänge des Haldengipfels hinunterfahren. Auch im Winter sind diese nicht bewachsenen steilen Abhänge perfekt, um mit Schlitten oder Skiern Spaß im Schnee zu haben.
Die Natur erobert sich hier ihren Platz zurück: Heilpflanzen, Bäume, Sträucher, Beeren und im April und Mai die knarrenden Schreie der Kreuzkröten – um nur einige der Naturerlebnisse auf den Halden Rheinelbe Nord und Süd zu nennen.

Kunst: Der Künstler Herman Prigann hat der Halde ihr eigenes Gesicht verliehen. So nutzte er, was schon vorhanden war: den üppigen, fast urwaldähnlichen Wald und die Überreste der alten Zechengebäude. Die Halde, die etwa 100 Meter über Normalnull liegt und so schon recht beeindruckend aus der Umgebung herausragt, besticht aber vor allem durch die imposante Landmarke. Die „Himmelstreppe" steht oben auf dem aufgeschütteten anthrazitfarbenen Spitzkegel des Tafelberges. Aus der Nähe wird klar, dass der tempelähnliche Bau aus 35 Quadern aus alten Industriegemäuern aufgetürmt wurde, die Stücke stammen aus der Kokerei Königsborn. Prigann ließ sich dabei vom Turmbau zu Babel inspirieren und will so die Vergänglichkeit aller Bauversuche sichtbar machen.

Auf einem der Wege, die auf die Halde führen, begegnet man dem Künstler wieder – auf Betonstelen, von denen manche bereits umgefallen und zerbrochen sind, hat er Bergmannslyrik eingraviert. Auch hier wird man wieder mit den Themen Industrie, Verfall und Vergänglichkeit konfrontiert, um zu erkennen, dass am Ende die Kraft der Natur über alle Bauversuche des Menschen siegt.

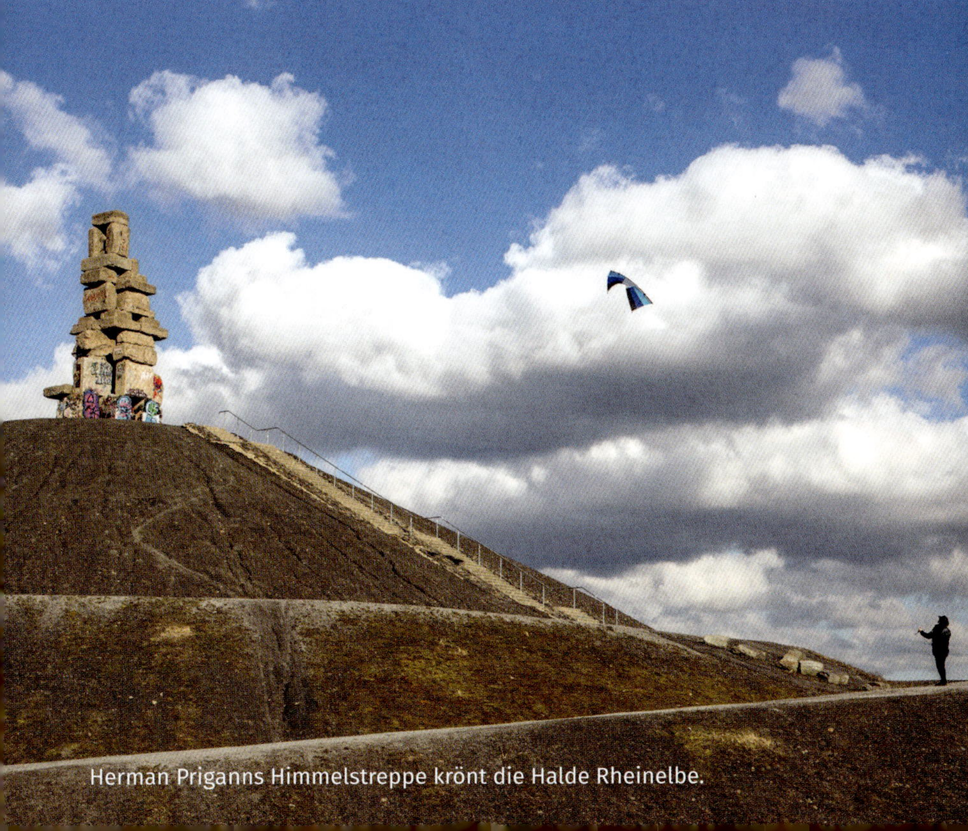

Herman Prigann Himmelstreppe krönt die Halde Rheinelbe.

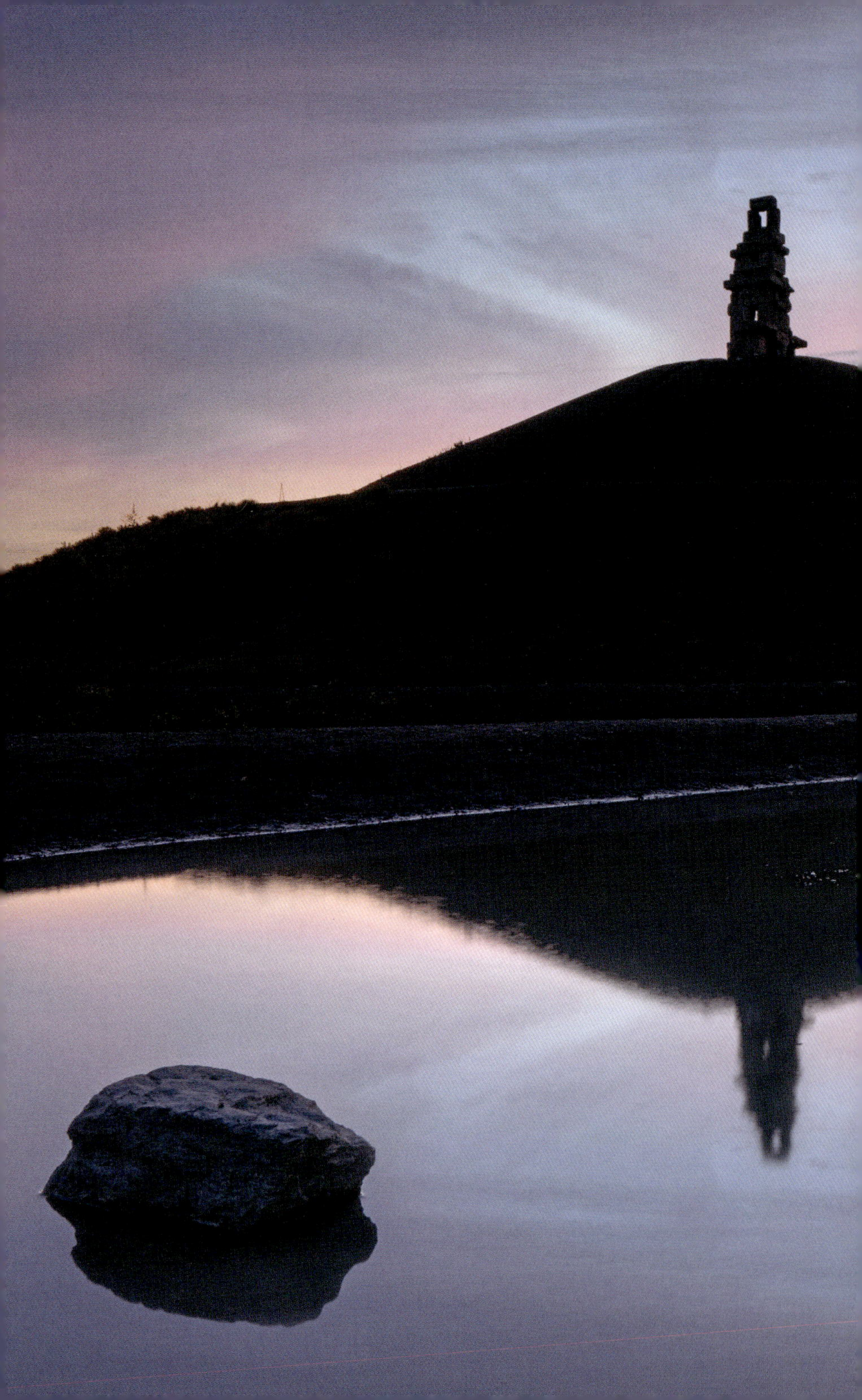

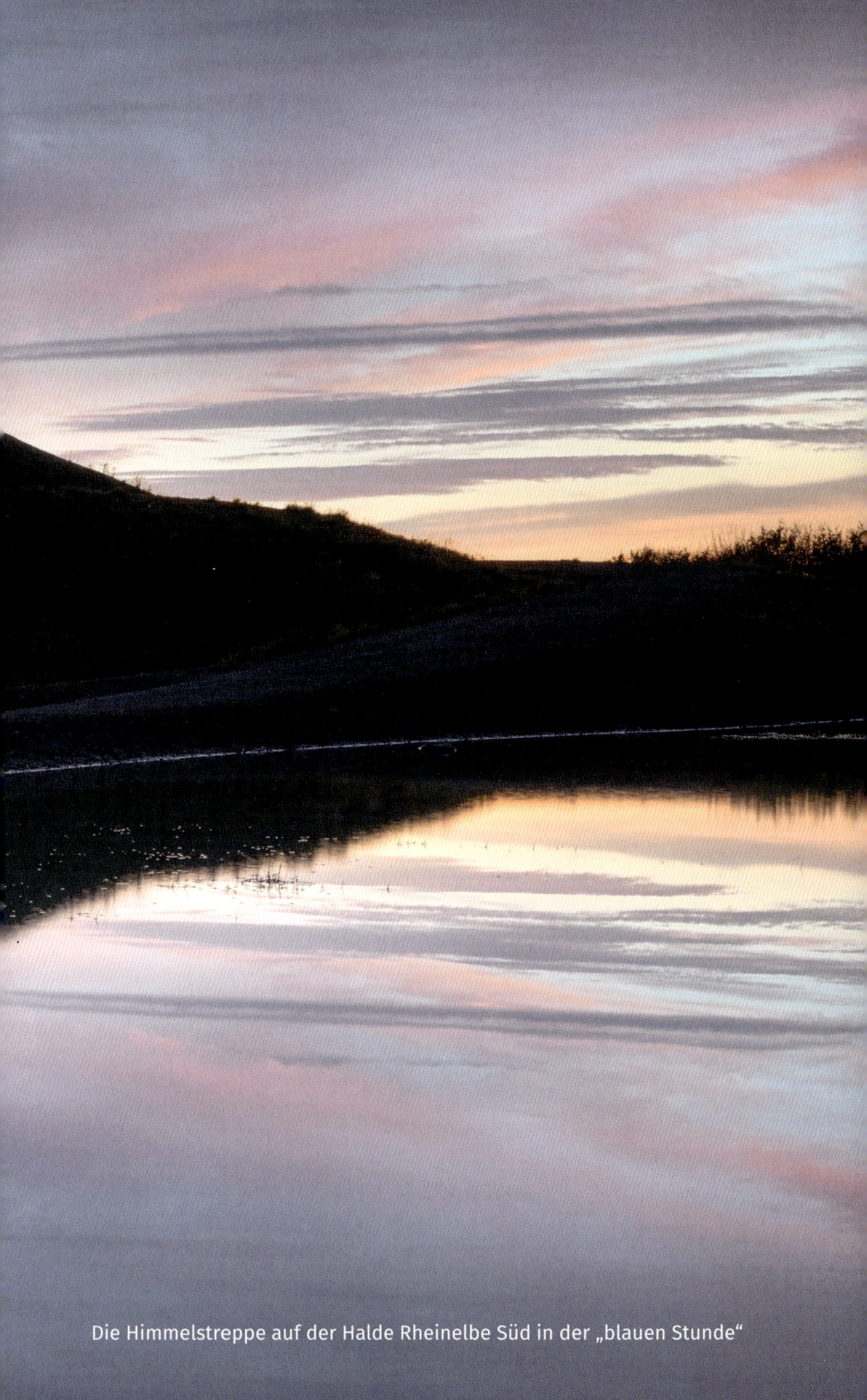

Die Himmelstreppe auf der Halde Rheinelbe Süd in der „blauen Stunde“

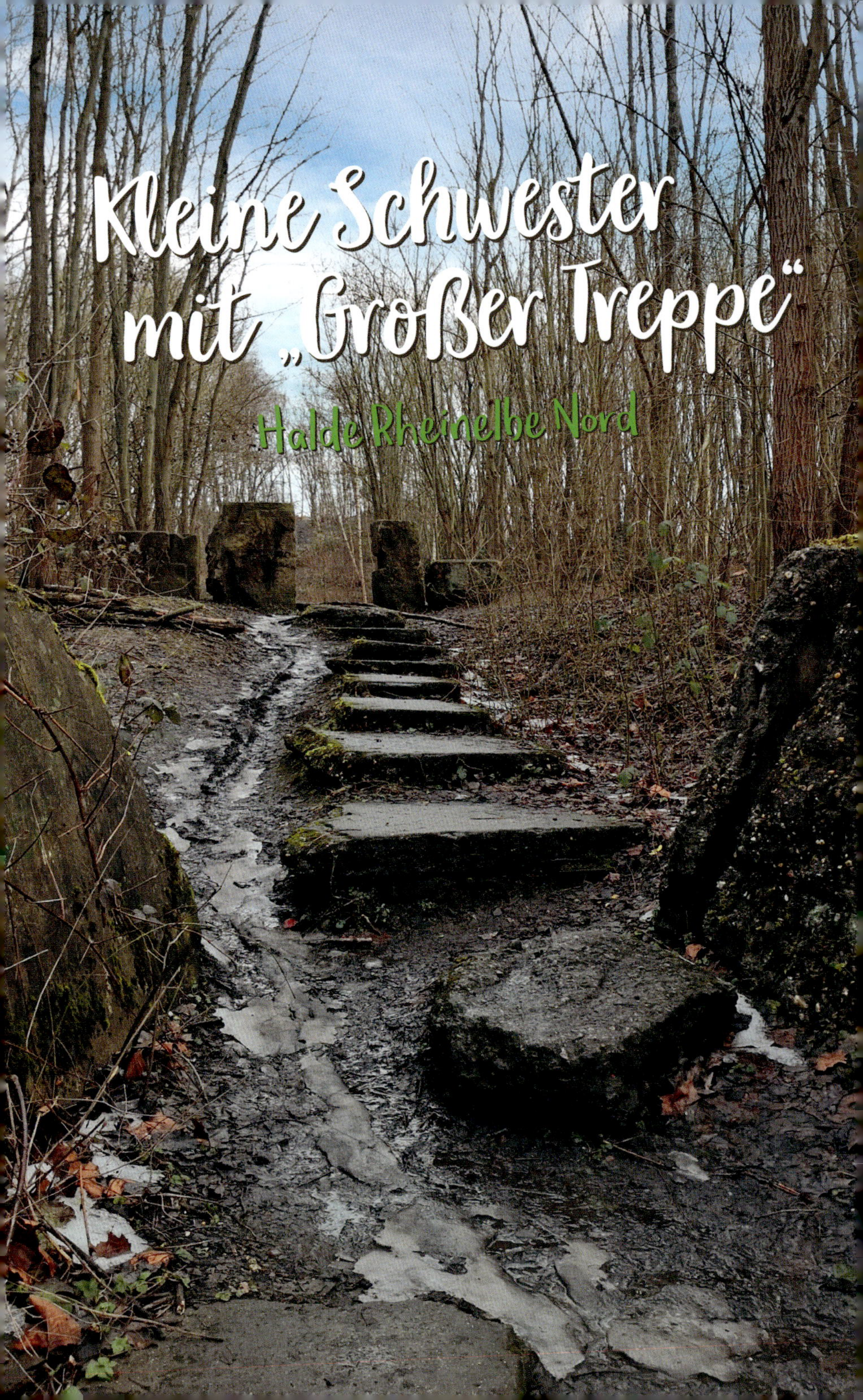

Kleine Schwester mit „Großer Treppe“

Halde Rheinelbe Nord

Gerne wird sie „nur“ als Industriewald neben der großen Schwester, der Halde Rheinelbe, bezeichnet, dabei ist sie eine ganz eigenständige Halde, nämlich die nördlich der Kray-Wanner Bahntrasse gelegene kleine Bergehalde Rheinelbe Nord. Hier wächst schon seit so vielen Jahren ein Industriewald, dass es sogar eine eigene Forststation und einen Förster gibt.

Parkplatz:	**45886 Gelsenkirchen-Ückendorf, Leithestraße-Nattmannsweg**
ÖPNV:	**Haltestelle Halfmannsweg (Linie 389)**
Höhe über NN:	**85 Meter**
Höhe der Aufschüttung:	**26 Meter**
Fläche:	**9 Hektar**
Material:	**Bergehalde der Zeche Rheinelbe**
Art der Halde:	**Landschaftsbauwerk**
Gestaltung:	**Skulpturenwald**

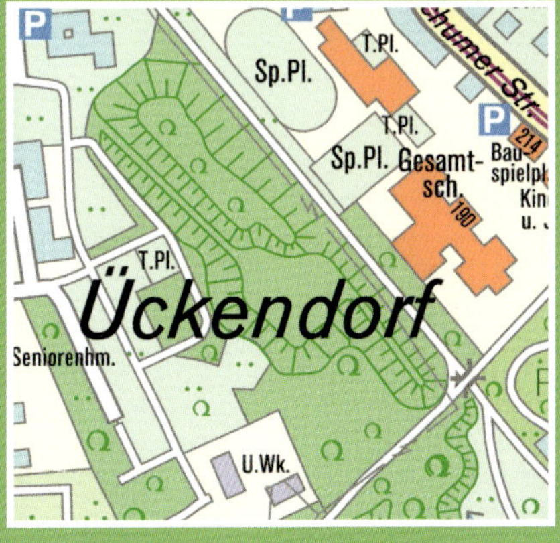

Geschichte: Die Zeche Rheinelbe wurde 1861 in Ückendorf gegründet, am südlichsten Punkt von Gelsenkirchen. Die Arbeiten mussten schon 1928 aus technischen Gründen wiedereingestellt werden. Die Vereinigten Stahlwerke AG übernahmen das Areal und die Abbaufelder wurden zwischen den Zechen Alma und Holland aufgeteilt.
Die Halde Rheinelbe Nord wird heute auch als Industriewald bezeichnet und befindet sich auf der anderen Seite der Kray-Wanner Bahntrasse neben der Schachtanlage I/II. Ihr höchster Punkt liegt 85 Meter über NN und 26 Meter über der Umgebung. Sie ist etwa neun Hektar groß.
Die Betriebsgebäude der Zeche wurden zum Großteil abgerissen und der Bauschutt auf den Halden verteilt. Aufgeschüttet und teils wieder abgetragen, haben sich über die Jahrzehnte und durch die ständigen Bewegungen steile Hänge und Felder mit Abbruchtrümmern gebildet. Das brachliegende Gelände der Zeche Rheinelbe zählt zu den ältesten Industriebrachen Mitteleuropas.
Erst im Zuge der Internationalen Bauausstellung Emscher Park zwischen 1989 und 1999 wurde der verwilderte Industriewald umgestaltet und mit Wegen versehen.

Kunst: Nach der letzten Schüttung 1999 wurde der Künstler Herman Prigann damit beauftragt, einen Skulpturenpark zu entwerfen. Und so schuf er aus den Resten und Ruinen der Zeche Rheinelbe Kunstwerke, die sich mittlerweile in den Wald einfügen und vom Besucher entdeckt werden möchten: zum Beispiel die „Große Treppe“, die über rund 70 Meter durch den Wald führt.

Tipp

Führungen

Führungen auf die Halde bietet der Landesbetrieb Wald und Holz NRW an. Weitere Informationen unter: Forststation Rheinelbe, Virchowstr. 123, 45886 Gelsenkirchen-Ückendorf, Telefon 0209/1474844, E-Mail: oliver.balke@wald-und-holz.nrw.de

1990 errichtete Herman Prigann die Skulptur „Mondholz", mittlerweile ist sie umgefallen und bietet eine Sitzgelegenheit für Besucher. Überall auf der Halde sind die Kunstwerke zu finden – aus Industriematerialien der ehemaligen Zeche gestaltet bilden sie einen harten Kontrast zu der üppigen Natur. Dass die Kunstwerke verfallen, ist übrigens Teil des Konzepts: Prigann, der auch die Himmelstreppe auf der Halde Rheinelbe Süd errichtet hat, will an die Vergänglichkeit allen menschlichen Bauens und Schaffens erinnern.

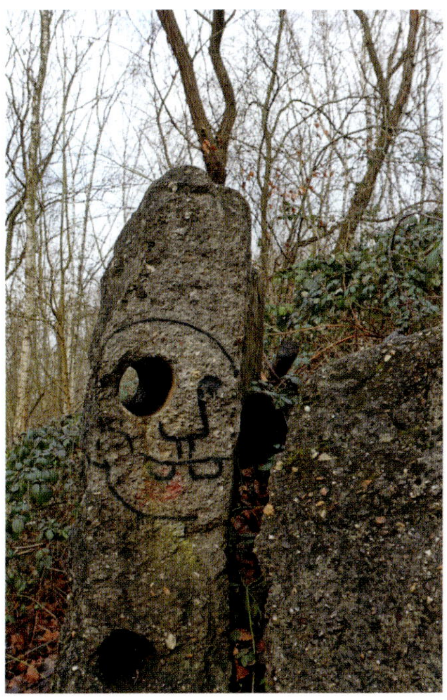

Kunst, die sich verändert

Freizeit: Vom Gipfel der Halde Nord bietet sich an manchen Stellen ein Ausblick auf den Ortsteil Ückendorf. In einer Art Stützmauer befindet sich der ehemalige Sprengstoffbunker der Zeche, durch ein Gitter in der Tür kann man hineinschauen.

Dem sogenannten Industriewald, der sich über viele Jahrzehnte ausgebreitet hat, gebührt besondere Aufmerksamkeit. Zu diesem Zweck wurde das ehemalige Schalthaus der Zeche als Forststation des Landesbetriebs Wald und Holz ausgebaut. Hier untersucht man zum Beispiel, warum sich Pflanzen aus wärmeren Erdteilen gerne auf den nährstoffarmen und trockenen Böden der Halden ansiedeln: amerikanische Goldrute und Nachtkerze, asiatischer Sommerflieder oder japanischer Staudenknöterich, der die Fähigkeit besitzt, Schwermetalle aus dem Boden aufzunehmen und damit der Bodensanierung dienlich ist.

Die Höchste ist fast nie zugänglich

Halde Oberscholven

23

Adresse: 45896 Gelsenkirchen-Scholven
ÖPNV: Haltestelle Alte Landstraße (Linie U 11)
Höhe über NN: 201 Meter
Höhe der Aufschüttung: 130 Meter
Fläche: 53 Hektar
Material: Bergematerial der Schachtanlage Scholven/Zweckel
Art der Halde: Spitzkegel
Gestaltung: Gipfelkreuz, Seilscheibe, Funkmast
Besonderheit: nicht zugänglich außer zur Maiandacht

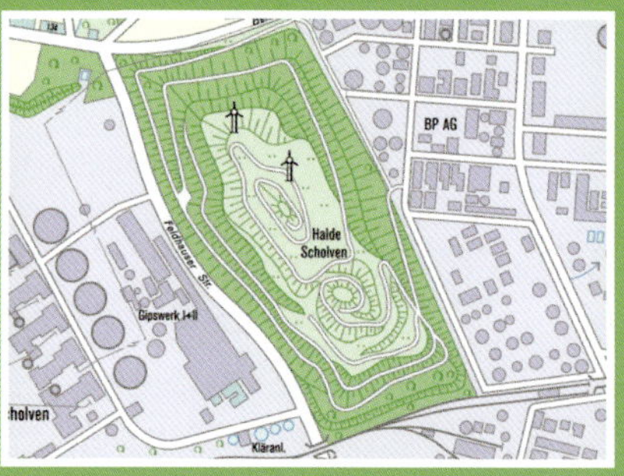

Sie ist die höchste Bergehalde im Ruhrgebiet und von weither zu erkennen. Ihr Gipfel ist 201 Meter hoch, 130 Meter über Umgebungsniveau. Zugänglich ist die Halde Oberscholven leider nur einmal im Jahr.
Die Schüttung erfolgte aus den Bergwerken in Gelsenkirchen und Gladbeck zwischen den 1960er- und 1980er-Jahren. Im Herzen der Halde befindet sich ein Trinkwasser-Hochbehälter, mit dem die Umgebung versorgt wird.
Auf dem höchsten Punkt der Halde, deren südlicher Teil im Besitz der BP ist, wurden 1994 ein Gipfelkreuz und ein halb versenktes Förderrad aufgestellt. Weil aber ein Teil der Halde problematische Altlasten aufweist, wird sie noch auf lange Sicht unzugänglich bleiben. Trotzdem oder gerade deshalb wird darüber nachgedacht, die Halde mit einer besonderen Landmarke zu schmücken, die den höchsten Punkt der Metropolregion markieren und die Unerreichbarkeit thematisieren soll.
Eine Möglichkeit gibt es aber doch, auf die Halde zu gelangen und den weiten Blick ins Ruhrgebiet zu erleben: Einmal im Jahr feiert die Josefsgemeinde in Scholven eine Maiandacht am Gipfelkreuz.

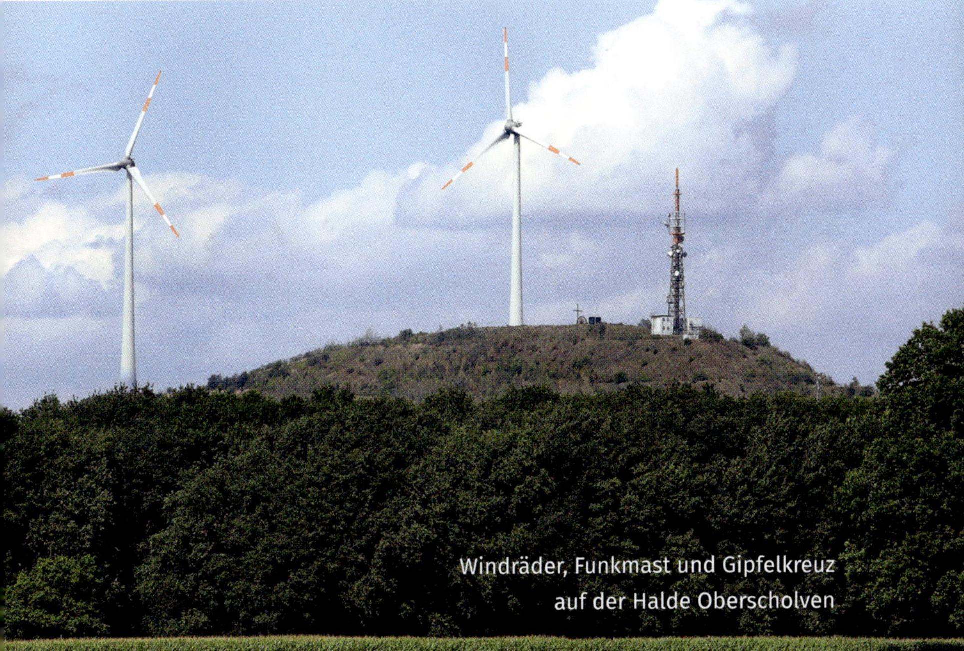

Windräder, Funkmast und Gipfelkreuz
auf der Halde Oberscholven

Im Schatten der großen Schwester

Halde Scholver Feld

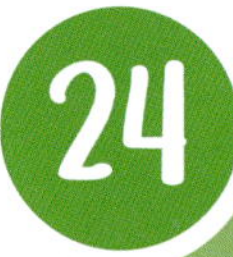
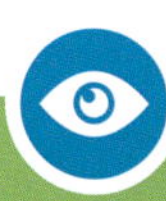
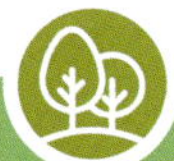

Parkplatz:	45896 Gelsenkirchen, Auf der Kämpe
ÖPNV:	Haltestelle Bellendorfsweg (Linie SB 28)
Höhe über NN:	95 Meter
Höhe der Aufschüttung:	55 Meter
Fläche:	34 Hektar
Material:	Bergehalde aus dem Schacht Scholven/Zweckel u.a.
Art der Halde:	Landschaftsbauwerk

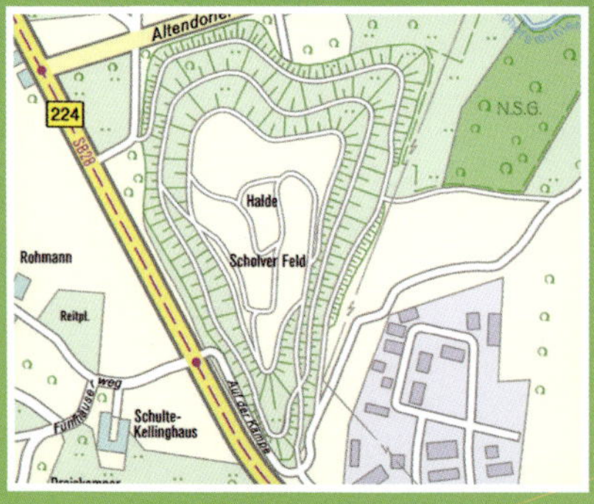

Während die Halde Oberscholven fast von überall zu sehen ist, fällt ihre kleine Schwester fast niemals auf. Das liegt zum einen daran, dass sie deutlich niedriger ist als die höchste Halde des Ruhrgebiets, und zum anderen ist sie kein Kegel, sondern ein Landschaftsbauwerk. Und so kann man sich beim ersten Besuch der weitläufigen Halde überraschen lassen von der Größe der Wiesen- und Waldlandschaft.
Die Halde liegt am nördlichsten Punkt der Stadt Gelsenkirchen in einem landwirtschaftlich geprägten Umfeld. Und so verrät ihr Name, was sich vor der Aufschüttung an diesem Ort befunden hat: Felder und Äcker. Die Halde entstand innerhalb von wenigen Jahren. Schon Mitte der 1990er-Jahre war sie in ihrer heutigen Form und Ausdehnung geschüttet. Sie war lange wie in einem Dämmerschlaf – längst fertig begrünt, aber trotzdem nicht zugänglich. 2015 wurde sie dann schließlich aus der Bergaufsicht entlassen und für die Bevölkerung geöffnet. Direkt angrenzend finden sich verschiedene Naturschutzgebiete.
Das Gipfelplateau ist auf einem breiten Weg erreichbar und mit jedem Schritt wird offensichtlicher, wie viel größer und weitläufiger die Halde ist als man von unten vermutet. Viel Natur kann man hier erleben, und so eignet sich die Halde vor allem für Spaziergänge, zum Joggen oder Radfahren oder zum Reiten. Die hügeligen Wiesen und Hänge wirken anmutig, vor allem, wenn man nach Norden schaut, wo zwar noch der Chemie-Park Marl im Blick ist und die Halde Im Hürfeld, sich ansonsten aber bereits überwiegend eine landwirtschaftlich geprägte Kulisse vor dem Höhenzug der Hohen Mark zeigt. Im Süden stehen gleich gegenüber die Raffinerie, das Scholver Kraftwerk und die Schwesternhalde Oberscholven.
Während der untere Bereich der Halde mit Bäumen bepflanzt ist, bleibt der Gipfelbereich größtenteils frei und besteht aus Wiesen- und Strauchflächen. Die Halde gilt als besonders naturnah und so sieht der RVR, der sie 2021 übernommen hat, auch ihre zukünftige Nutzung. Bei einem beschaulichen Picknick kann man jetzt schon die Natur und die Aussicht genießen und die vielen Vögel beobachten, die sich auf der Halde tummeln.

Die „Lipper Höhe" bietet vor allem Natur

Halde Brassert

25

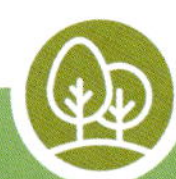

Parkplatz:	45768 Marl, Am Kanal
ÖPNV:	Haltestelle Am Dümmerbach (Linie SB 26)
Höhe über NN:	88 Meter
Höhe der Aufschüttung:	48 Meter
Fläche:	36 Hektar
Material:	Bergehalde der Zechen Brassert und Fürst Leopold
Art der Halde:	Tafelberg und Landschaftsbauwerk
Gestaltung:	Gipfelkreuz

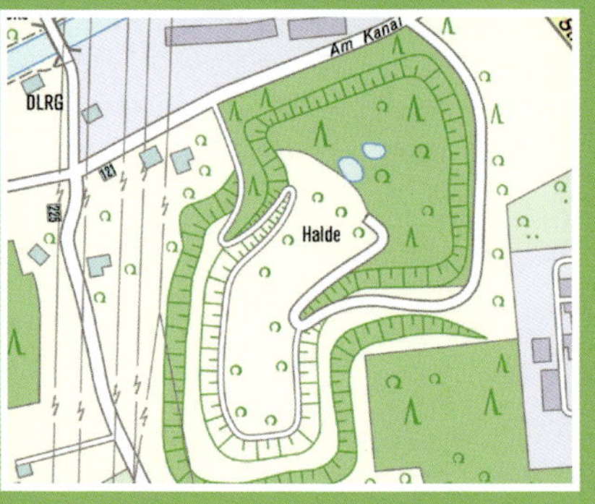

Der Fluss Lippe ist nah, und so wurde die Halde früher auch „Lipper Höhe" genannt. 1999 aus der Bergaufsicht entlassen und der Öffentlichkeit zur Verfügung gestellt, präsentiert sie sich heute grün und dicht bewachsen.

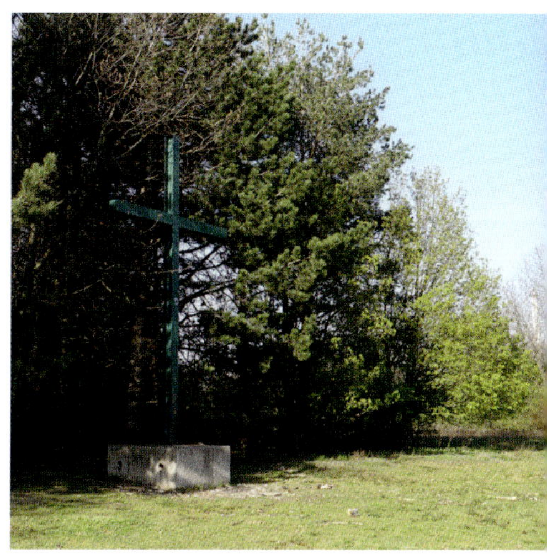
Ein Gipfelkreuz steht auf dem weitläufigen Plateau.

Am Nordrand der Stadt Marl wurde die Halde von 1955 bis 1992 aus den Schachtanlagen Brassert und Fürst Leopold/Wulfen aufgehaldet. Bereits ab 1978 wurde sie begrünt.

Auf zwei schön angelegten Rundwegen kann das Landschaftsbauwerk bestiegen werden. Oben angekommen erreicht man ein weites, von Ginsterbüschen und Buchenwald umgebenes Plateau, auf dem vor einigen Kiefern ein Kreuz steht, das die Besucher einstimmt auf die Ruhe und Beschaulichkeit der Natur. Ausblick in den Westen hat man durch einige Sichtschneisen zwischen den Bäumen. Aber die Hauptdarstellerin auf dieser Halde ist die schon seit vielen Jahren gewachsene Natur: die Bäume, Pflanzen und Tiere. Die Flächen auf dem Haldentop erinnern teilweise an Heidelandschaften und haben fast etwas Meditatives. Naturliebhaber werden sich hier sicher wohlfühlen.

Der Hauptweg vom Parkplatz zum Haldengipfel ist asphaltiert und so auch für Fahrradfahrer problemlos zu schaffen. Oben angekommen muss man zwar feststellen, dass alles schon etwas in die Jahre gekommen ist, eine Möglichkeit um sich gemütlich zu einem Picknick niederzulassen, findet man trotzdem. Neben den Hauptwegen gibt es auch noch andere Pfade, um auf urigeren Wegen nach oben zu gelangen. Wer mit dem Fahrrad kommt, kann entlang des Wesel-Dattel-Kanals auf der Radtrasse eine größere Tour planen und die Halde Brassert miteinbeziehen.

„Vorgebirge" der Haard

General Blumenthal VIII

26

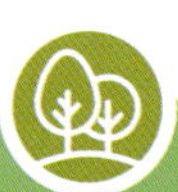

Parkplatz:	45739 Oer-Erkenschwick, Im Hampfeld
ÖPNV:	Haltestelle Brandstraße (Anrufsammeltaxi 22 und 26)
Höhe über NN:	85 Meter
Höhe der Aufschüttung:	22 Meter
Fläche:	9 Hektar
Material:	Bergematerial der Zeche General Blumenthal VIII
Art der Halde:	Landschaftsbauwerk
Gestaltung:	Baumlehrpfad

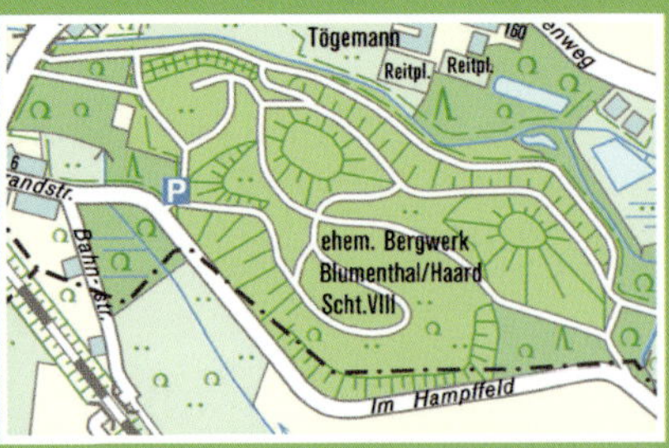

Die kleine Halde ist ein gelungenes Beispiel für die neue Art des Haldenbaus. Sie wirkt tatsächlich eher wie eine natürliche Hügellandschaft, auf der man einen Park angelegt hat, als wie eine Abraumdeponie. Nur die Protegohaube über dem ehemaligen Schacht und diverse Verbotsschilder, die vor dem Betreten warnen, erinnern an die Bergbauvergangenheit. Aber keine Sorge, die neuen Hügel sind freigegeben: Offizielle Wanderwege führen inzwischen über die Halde.
Wer sich in Recklinghausen und Umgebung auskennt, weiß, dass eine Halde mit diesem Namen noch eine Nummer braucht, um nicht verwechselt zu werden: Halde General Blumenthal VIII heißt also diese Halde auf Oer-Erkenschwicker Stadtgebiet. Hier wurde bis in die 1990er-Jahre das Bergematerial der nördlichsten Schachtanlage mit der Nummer VIII der Zeche General Blumenthal aufgeschüttet.
Nur 22 Meter höher als der Silvertbach ist die Halde eher niedrig und wirkt ein bisschen wie ein Ausläufer der nahen Haard. Dieses natürliche Aussehen ist gewollt, der kleine Berg ist wie eine Parklandschaft gestaltet und seine Wellen wirken ganz natürlich. Die 2013 fertiggestellte Halde ist ein einladender und freundlicher Ort, und dazu passt, dass er europäische Völkerverständigung zu vermitteln sucht: Der Baumlehrpfad präsentiert einen Baum aus jedem Land der europäischen Union.
Auf der nahen Trasse der ehemaligen Zechenbahn lässt sich die kleine, sehr schön angelegte Halde wunderbar erradeln und erwandern.

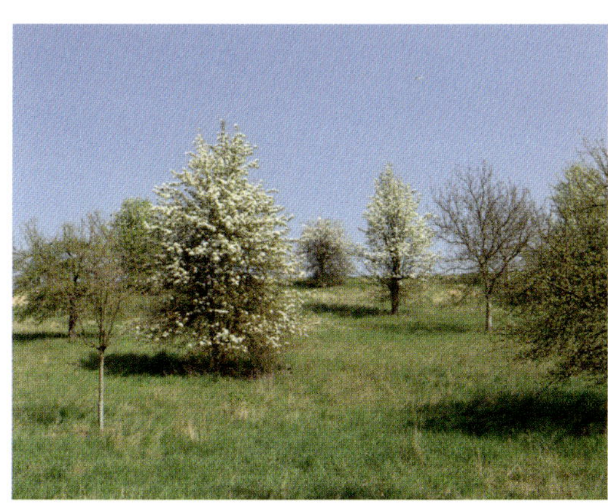

Es blüht auf der Halde General Blumenthal.

Berg für Bewegungsfreudige

Halde Ewald Fortsetzung

Parkplatz:	45739 Oer-Erkenschwick, Klein-Erkenschwicker Straße, Zugang auch über „Am Ziegeleitor“
ÖPNV:	Haltestelle Von-Waldthausen-Straße (Linie 230), Haltestelle Berliner Platz (Linie 232)
Höhe über NN:	129 Meter
Höhe der Aufschüttung:	55 Meter ab Parkplatz
Fläche:	9 Hektar
Material:	Bergehalde der Zeche Ewald Fortsetzung
Art der Halde:	Landschaftsbauwerk
Gestaltung:	Steinquaderplatz

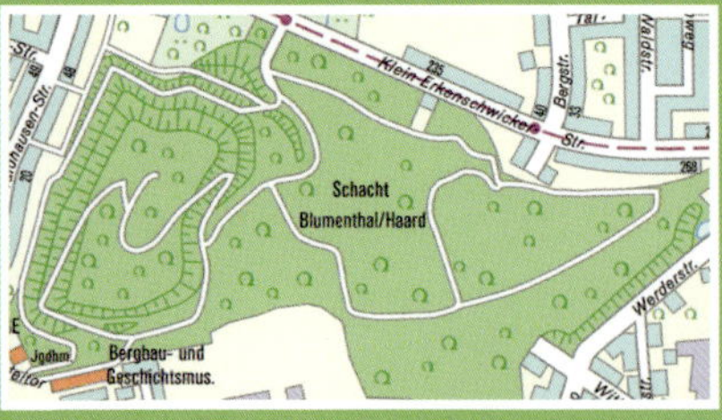

Die Halde Ewald Fortsetzung lag eine Weile brach, bis sie schließlich 2009 vom RVR für Besucher geöffnet wurde. Da der Wald viele Jahre ungestört wachsen konnte, hat die Halde einen naturnahen Charakter und ist vor allem für Naturliebhaber einen Besuch wert. Die Halde liegt im nördlichen Ruhrgebiet zwischen den beiden Stadtteilen Oer und Erkenschwick. Die Zeche Ewald Fortsetzung wurde 1899 gegründet und 1992 mit dem Bergwerk Blumenthal/Haard zusammengelegt. An den erhaltenen Gebäuden der Zeche Ewald Fortsetzung nagt der Zahn der Zeit, diese sind für die Öffentlichkeit nicht zugänglich.
Es wurden breite und geschotterte Wege angelegt, die die Besucher über einen etwa drei Kilometer langen Rundweg um den Haldenberg führen. Neben Bänken, um gelegentlich eine Rast einzulegen, gibt es noch das sogenannte „Grüne Klassenzimmer" unterhalb des Haldengipfels, das allerdings mehr verspricht als es hält: Auf einer grünen Wiesenfläche stehen mehrere Quader aus Natursteinen, von denen aus man nach Südosten allerdings die beste Sicht von der Halde genießen kann – bei klarem Wetter über Dortmund hinweg bis ins Sauerland.
Die Halde bietet ein schönes Gebiet zum Walken, Joggen und Fahrradfahren. Es gibt ausgewiesene Nordic-Walking-Strecken für Anfänger und Fortgeschrittene, aber auch Ausdauersportler und Fitnessfans haben ihre Freude an der Halde. Besondere reizvoll ist auch die abwechslungsreiche Bepflanzung mit unterschiedlichen Rosenarten, Zierjohannisbeeren und Feldahorn.
Der Blick geht durch die freigeschlagenen Schneisen nach Oer-Erkenschwick und Datteln. Im Süden sieht man zur ehemaligen Zeche Ewald Fortsetzung bzw. zum Bergwerk Haard und zum Kraftwerk Datteln. Im Norden geht die Halde über in die hügelige Landschaft der Haard. Von der Halde aus starten auch einige Wanderwege dorthin. Der Anschluss an die König-Ludwig-Trasse und so zum Radwegnetz ist geplant.

Tipp

Ein kleines Bergbau-Museum am Ziegeleitor bietet Einblicke in das Leben untertage. Informationen zu Führungen und Veranstaltungen: www.museum-oe.de, Telefon 0170/8173756

Gigantin mit Blick ins All

Halde Hoheward

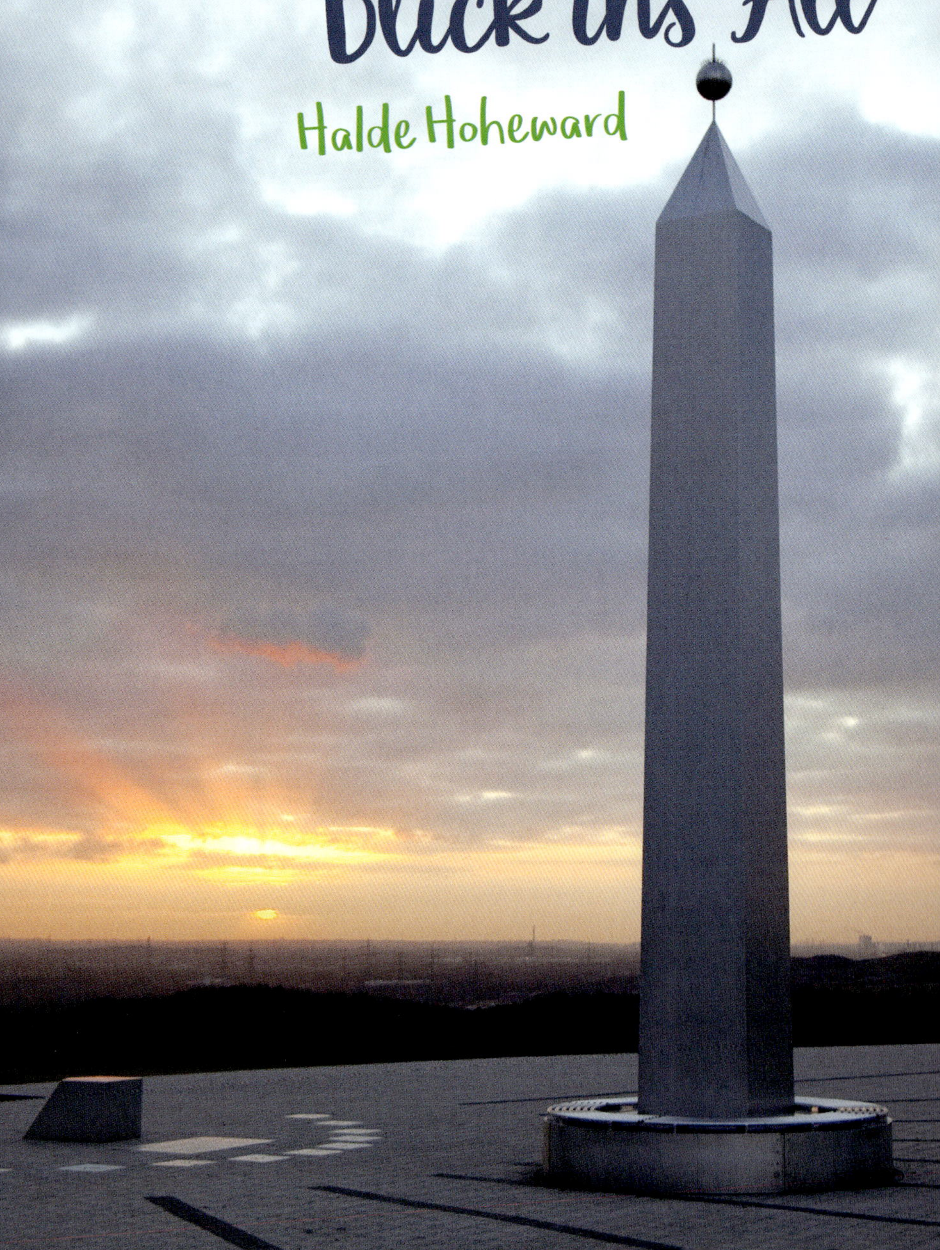

Wie riesig die Halde Hoheward ist, wird klar, wenn man sich auf ihr bewegt: Allein die Umrundung auf der Balkonpromenade dauert mindestens eineinhalb Stunden. Aber dann ist man noch nicht einmal oben gewesen bei der Sonnenuhr, am Obelisken und beim Horizontobservatorium. Diese drei versinnbildlichen die Sehnsucht der Menschen aller Epochen, den Kosmos zu verstehen und sich darin zu finden und zu verorten.

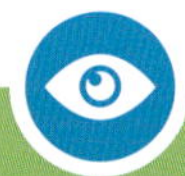

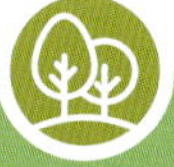

Parkplatz:	45699 Herten, Ewaldstraße 261 Besucherzentrum Hoheward
ÖPNV:	Besucherzentrum: Haltestelle Bergwerk Ewald (Linie SB 27), Haltestelle Konradstraße (Linie 210)
Höhe über NN:	151 Meter
Höhe der Aufschüttung:	111 Meter
Fläche:	170 Hektar
Material:	Bergehalde der Zeche Ewald und Recklinghausen I/II
Art der Halde:	Tafelberg, Landschaftsbauwerk
Gestaltung:	Sonnenuhr mit Obelisk, Horizontobservatorium, Drachenbrücke, Balkonpromenade, Ewald-Empore, Besucherzentrum Zeche Ewald
Besonderheit:	größte Haldenlandschaft Europas

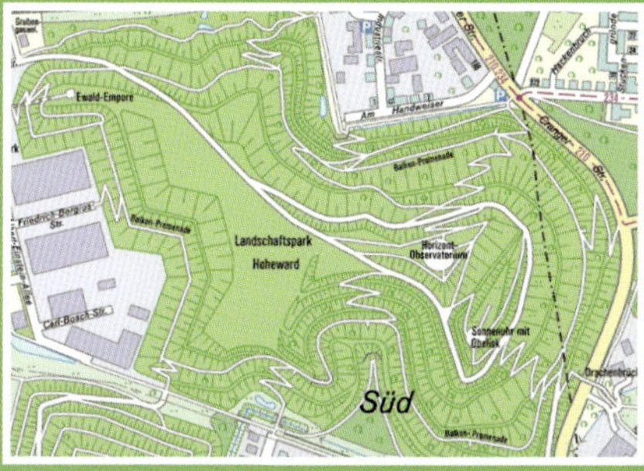

Tipp

Eine 6,5 Kilometer lange MTB-Cross-Country-Rundstrecke lässt das Herz der Radsportler höherschlagen. Informationen dazu finden sich auf der Internetseite des Freeride-Clubs Herten: www.frc-herten.de

Geschichte: Die fast 170 Hektar große Halde ist eine der Riesinnen unter den Halden und entstand aus vorherigen Schüttungen der Zeche Recklinghausen II, der Zeche Ewald und der Zeche General Blumenthal. Ihr höchster Punkt liegt auf 152 Meter über NN – nur die Halden Oberscholven und Haniel sind noch höher als sie. Unter dem Motto „Neue Horizonte" wurde sie von Professor Henri Bava zu einem Landschaftsbauwerk gestaltet. Die Ausdehnung der Halde ist gewaltig und in jede Himmelsrichtung zeigt sie ein anderes Gesicht. Durch sie hindurch führt eine kleine inzwischen stillgelegte Eisenbahnstrecke. Hier ist der Tunnel älter als der Berg, durch den er führt – das gibt es nicht oft auf der Welt.

Freizeit: Die Halde Hoheward ist von allen Seiten aus gut zu begehen und ein dichtes Wegenetz aus Rundwegen und Aufstiegen bietet alle Möglichkeiten: Treppen, Serpentinenwege und eine asphaltierte Straße führen nach oben zum Haldengipfel. Das RVR-Besucherzentrum bietet Leihfahrräder, geführte Fahrrad- und Segway-Touren und einen E-Scooter-Verleih. An der Ostseite der Halde im Stadtteilpark bei der ehemaligen Zeche Recklinghausen II gibt es zudem eine BMX- und Skateranlage.
Eine Balkonpromenade führt auf sechs Kilometern Länge auf mittlerer Höhe um die Halde herum und lässt die Besucher von zehn Aussichtsplattformen mit Informationstafeln in die Umgebung blicken. Dieser Weg eignet sich hervorragend zum Wandern aber auch zum Fahrradfahren. Wer in der Gruppe wandern möchte, kann sich einer geführten Wanderung anschließen.

Der anstrengende Aufstieg zur Aussichtsplattform lohnt sich.

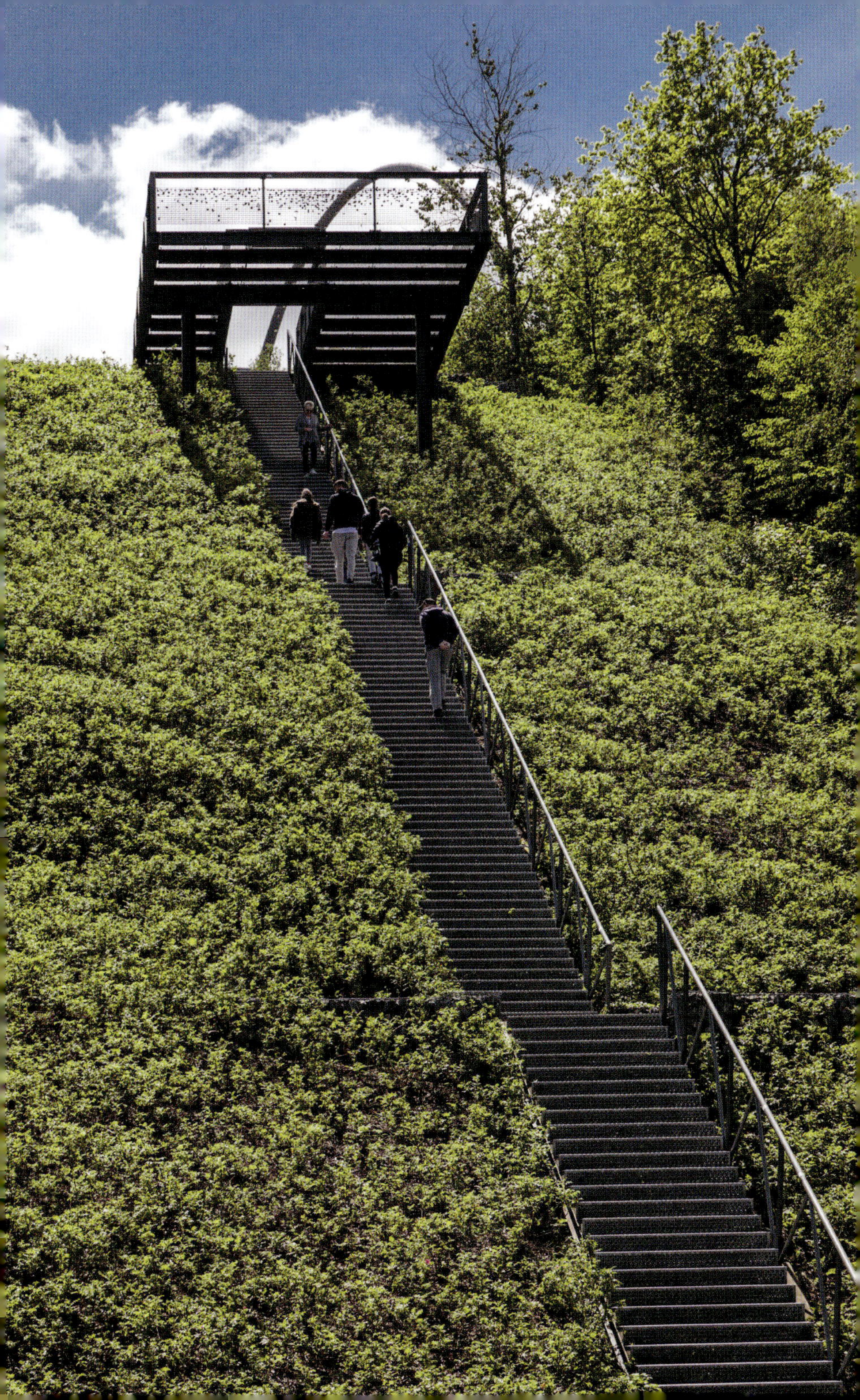

Im nordwestlichen Teil der Halde befindet sich die Ewald-Empore. Von dem stählernen Aussichtsturm hat man Blick auf die ehemalige Zeche Ewald I/II/VII. Rund 125 Jahre wurde hier Steinkohle gefördert, die Stilllegung erfolgte erst im Jahr 2000. Ewald galt lange Zeit als eine der produktivsten Zechen des Ruhrgebiets. Und produktiv ist der Standort trotz allem immer noch: Die bereits sanierten Gebäude der Zeche beherbergen neue Technologien, Logistik, ein Theater, Veranstaltungshallen, Gastronomie und das RVR-Besucherzentrum samt Dauerausstellung zur Horizontastronomie. Diese Ausstellung erklärt die Zusammenhänge, die man sich am Horizontobservatorium zurzeit nicht anschauen kann. Wer entlang der Ewaldpromenade am Fuß der Halde spaziert, kann sich die schon leicht verfallenen Zechengebäude, die beiden Fördergerüste und den Malakowturm anschauen.

Kunst: Das Horizontobservatorium im nördlichen Teil der Halde ist inspiriert von den prähistorischen Steinkreisen wie in Stonehenge oder dem Sonnenobservatorium in Goseck. Es könnte dazu anregen, sich in seine Mitte zu stellen und den Lauf der Sonne, des Mondes und der Sterne zu visualisieren. Die kreisrunde Fläche und die beiden Bögen mit einer Höhe von etwa 45 Metern bilden die Sichtachsen ins Universum und beeindrucken durch ihre Größe und Ausdehnung. Aber genau diese wurden dem Kunstwerk auch zum Verhängnis: Im November 2008 eröffnet, musste dieses moderne Horizontobservatorium nach nur zwei Monaten aus Sicherheitsgründen wieder gesperrt werden. Die Statik der gewaltigen Bögen ist nicht gewährleistet und so können sich die Besucher nicht in seine Mitte stellen und dem Uni-

Tipp

Führungen

Das RVR-Besucherzentrum bietet ganzjährig – auch barrierefreie – Veranstaltungen und Führungen an. Informationen unter: www.hoheward.rvr.ruhr oder Telefon 02366/181160

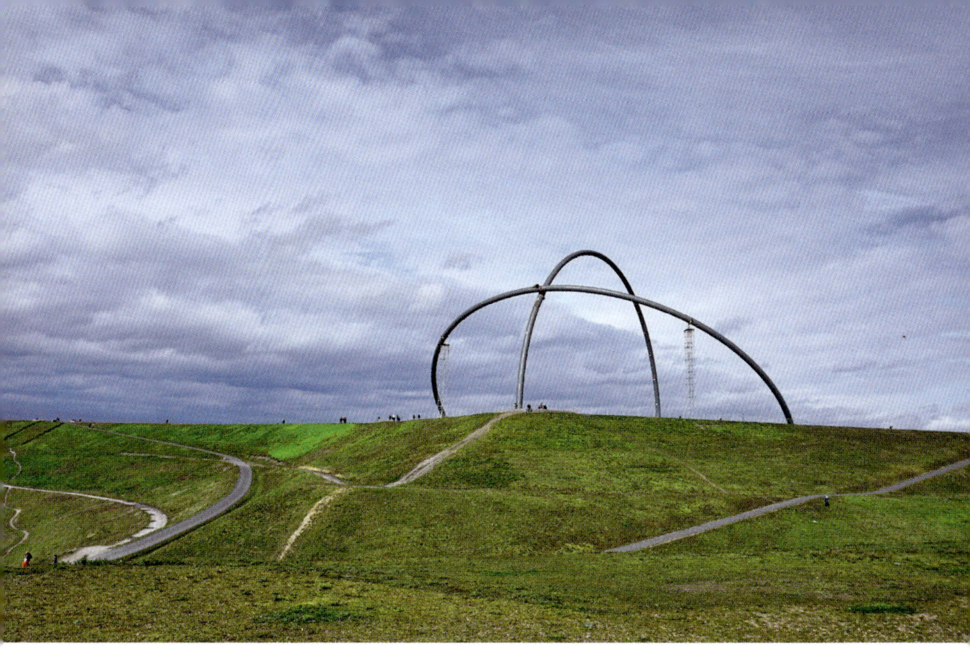

Weithin sichtbar: das Horizontobservatorium

versum und seinem Lauf lauschen. Trotzdem ist das Observatorium als Landmarke beeindruckend und von weitem zu sehen und mittlerweile prägend für die Halde und ihre Umgebung.

Der 8,5 Meter hohe Edelstahl-Obelisk an der horizontal angelegten Sonnenuhr liegt im Osten der Halde auf einem 3000 Quadratmeter großen Areal mit einem Durchmesser von 62 Metern. Die Installation lädt nicht nur dazu ein, die Tageszeit und den Kalendertag zu messen, sondern entführt ins weit entfernte Ägypten und ins alte Rom: Die kreisrunde Fläche vor dem himmelstrebenden, riesigen Zeiger hat ihr Vorbild im Solarium des römischen Kaisers Augustus und die Informationstafeln am Boden entführen in die Welt der Astronomie und Astrologie.

Die 18 Meter lange Drachenbrücke führt vom östlich gelegenen Recklinghäuser Stadtteilpark Hochlarmark und der ehemaligen Zeche Recklinghausen II über die Cranger Straße zur Halde Hoheward. Die Konstruktion wirkt wie das Gerippe des feuerspeienden Tiers, dessen Kopf nach hinten blickt, um die Besucher der Halde zu begrüßen. Es bewacht den östlichen Eingang zur Halde: In der 198 Tonnen schweren Brücke vereinen sich die Feuerenergie des Drachen und die der Steinkohle zu einem imposanten Kunstwerk.

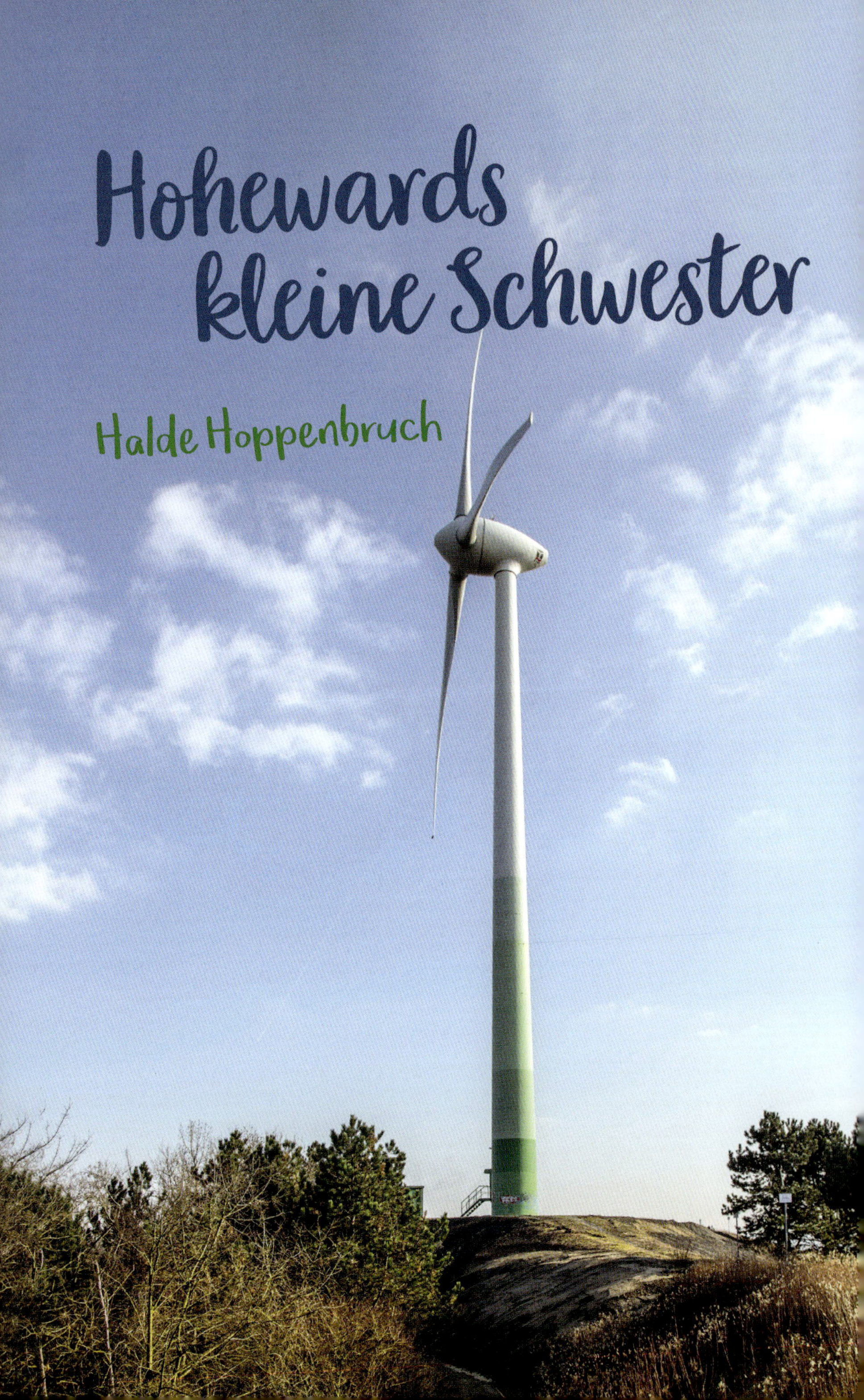
Hohewards kleine Schwester

Halde Hoppenbruch

Die Halde Hoheward und die Halde Hoppenbruch bilden gemeinsam den Landschaftspark Hoheward mit einer Fläche von 220 Hektar und so die größte Bergehaldenlandschaft Europas. Die kleine Haldenschwester Hoppenbruch bietet vor allem Fahrradfahrern und Mountainbikern Spaß und Action und einen beeindruckenden Ausblick auf die Hoheward und ihre Landmarken.

Parkplatz:	**45699 Herten, Im Emscherbruch oder Ewaldstraße**
ÖPNV:	**Haltestelle Wanne Waldfriedhof (Linien 27, 313, SB27)**
Höhe über NN:	**113 Meter**
Höhe der Aufschüttung:	**68 Meter**
Fläche:	**66 Hektar**
Material:	**Bergehalde aus den Zechen Ewald und General Blumenthal**
Art der Halde:	**Landschaftsbauwerk**
Gestaltung:	**Windrad**
Besonderheit:	**MTB-Downhill-Strecke**

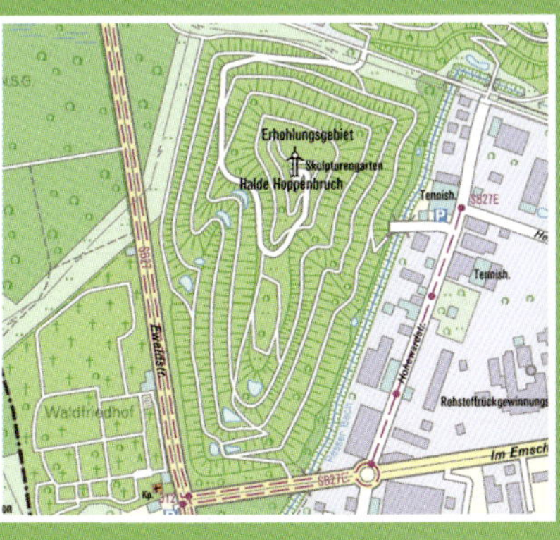

Geschichte: Schon während der Schüttung aus den Zechen Ewald und General Blumenthal wurde diese Halde als Landschaftsbauwerk gestaltet. Anschließend wurden Sträucher und Bäume gepflanzt und die Halde der Öffentlichkeit zugänglich gemacht. Das Windrad als Landmarke zeigt, dass die Energiegewinnung auf den ehemaligen Steinkohlehalden heute modern und umweltschonend erfolgt.

Freizeit: Die Halde ist der offizielle Berg der Mountainbiker. Der Freeride-Club Herten betreut die Strecken und macht sie zu einem wettbewerbsfähigen Areal. Hier gibt es einen 4,4 Kilometer langen Enduro-Rundkurs mit drei unterschiedlichen Abfahrtsmöglichkeiten.
Vor allem Amateur-Biker erfreuen sich seit 2002 an der anspruchsvollen Strecke und genießen das Adrenalin der steilen Abfahrt durch den Wald an den Haldenfuß. Hinauf geht es moderat in einer Runde um die Halde, die auch für Wanderer geeignet ist. Diejenigen, die auf Nummer sicher gehen möchten, können auf relativ direktem und asphaltiertem Weg auf den Haldengipfel gelangen und so den Cross-Country Fahrern ausweichen. Die Downhill-Strecken sind aber gut markiert.
Am Gipfel der Halde angekommen beeindruckt der weite Blick ins Ruhrgebiet und auf die Schwesterhalde Hoheward mit ihren imposanten Landmarken und den Aussichtsplattformen. Das Windrad stört nicht, ganz im Gegenteil ist es faszinierend, über sich die riesigen Flügel des Rades zu sehen und die Lieder zu hören, die der Wind in den Himmel singt. Der Skulpturenpark, der auf Edelstahlelementen zum Thema Windenergie informierte, wurde vor einigen Jahren anlässlich von Umbauarbeiten abgebaut.

Tipp

Mountainbike-Action

Insgesamt bieten die Halden Hoppenbruch und Hoheward zusammen elf Kilometer MTB-Trails mit über 270 Höhenmetern. Informationen zu den MTB-Strecken gibt es auf der Internetseite des Freeride-Club Herten: www.frc-herten.de

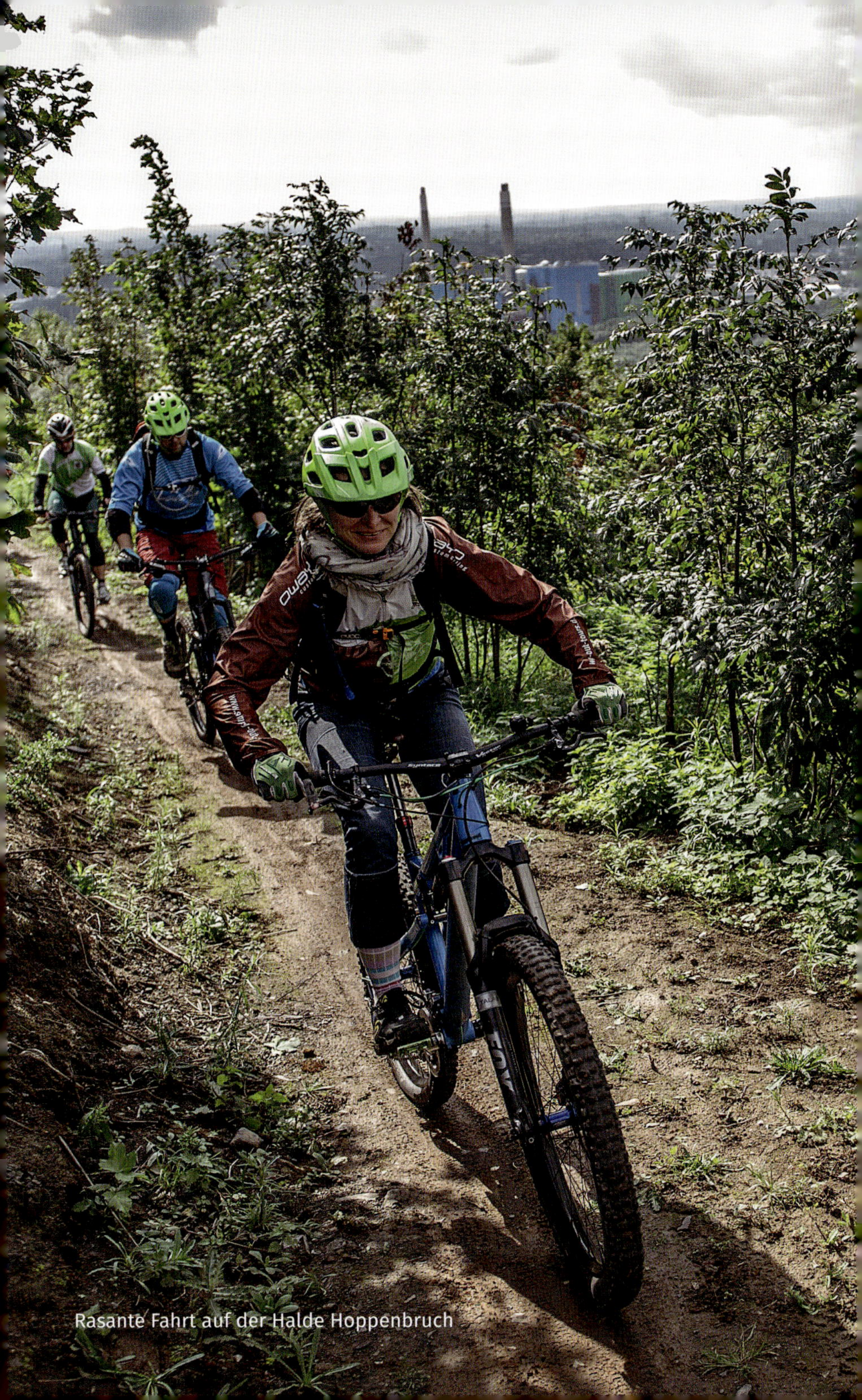

Rasante Fahrt auf der Halde Hoppenbruch

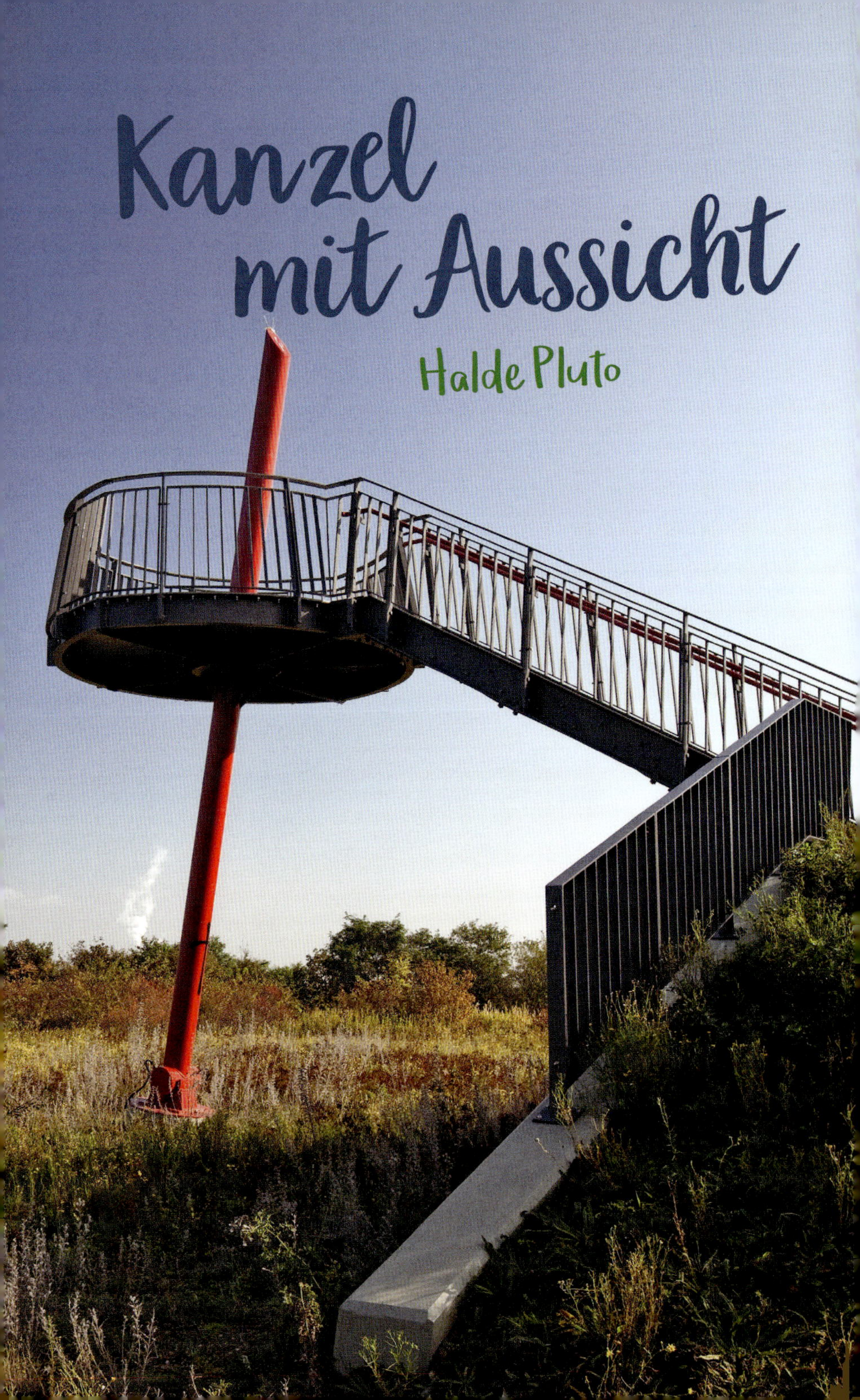

Kanzel mit Aussicht

Halde Pluto

Um die Aussichtsplattform auf der Halde Pluto hat es bei ihrer Aufstellung einigen Wirbel gegeben. Verschwendung von Steuergeldern, so lautete der Vorwurf – schließlich stünden ja noch nicht einmal Bäume im Weg, die die Sicht versperrten. Vielleicht hätten die Verantwortlichen dem Ganzen einen Anstrich von etwas mehr Halden-Kunst geben sollen, aber eines ist sicher: Die Sicht von oben ist tatsächlich um einiges besser – und wenn die gegenüberliegende Deponie erst einmal richtig begrünt ist, könnte man ohne den kleinen Turm kaum noch darüber hinwegsehen.

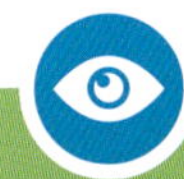

Parkplatz:	**44649 Herne, Thiesstraße**
ÖPNV:	**Haltestelle Schacht Wilhelm (Linie 323)**
Höhe über NN:	**80 Meter**
Höhe der Aufschüttung:	**38 Meter**
Fläche:	**13 Hektar**
Material:	**Bergehalde aus der Zeche Pluto II/III/VII**
Art der Halde:	**Tafelberg**
Gestaltung:	**Aussichtsplattform**

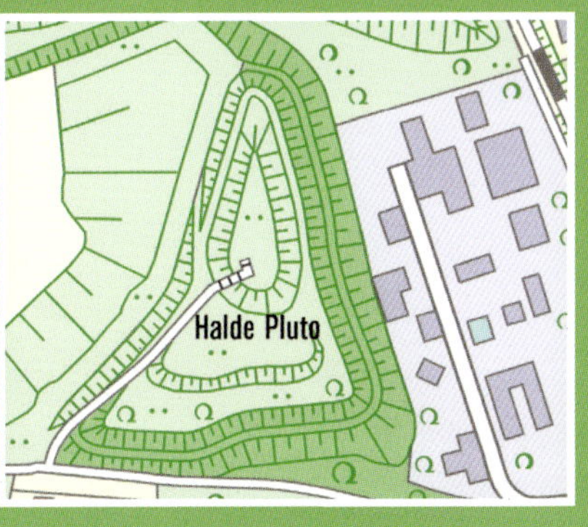

Geschichte: Die Halde Pluto in Wanne-Eickel in Hernes Westen wurde aus der Zeche Pluto-Wilhelm aufgeschüttet. Diese Zeche wurde genau wie die Zollverein XII von dem berühmten Architekten Fritz Schupp gebaut. 1976 wurde die Förderung eingestellt und die Zeche geschlossen. Die Halde wurde in den folgenden Jahrzehnten fertiggestellt, aber erst 2014 für die Öffentlichkeit freigegeben, nachdem der RVR sie 2010 übernommen hatte. Die Halde hat einen fast dreieckigen Grundriss und ist von der A42 im Norden, einer inzwischen ebenfalls zugänglichen ehemaligen Thyssen-Krupp-Deponie im Westen und dem Gebiet der ehemaligen Zeche Pluto im Süden und Osten eingerahmt. Der Zugang erfolgt über den Weg zwischen Erzbahntrasse und Thiesstraße.

Freizeit: Dicht bewachsen und als Naturschutzgebiet ausgewiesen, ist die Halde im Sommer ein Paradies für Schmetterlinge. Auch den Anwohnern und Besucheren bietet sie viel Grün und Erholung. Die Terrassen des Tafelberges sind hier nach Süden hin sehr ausladend

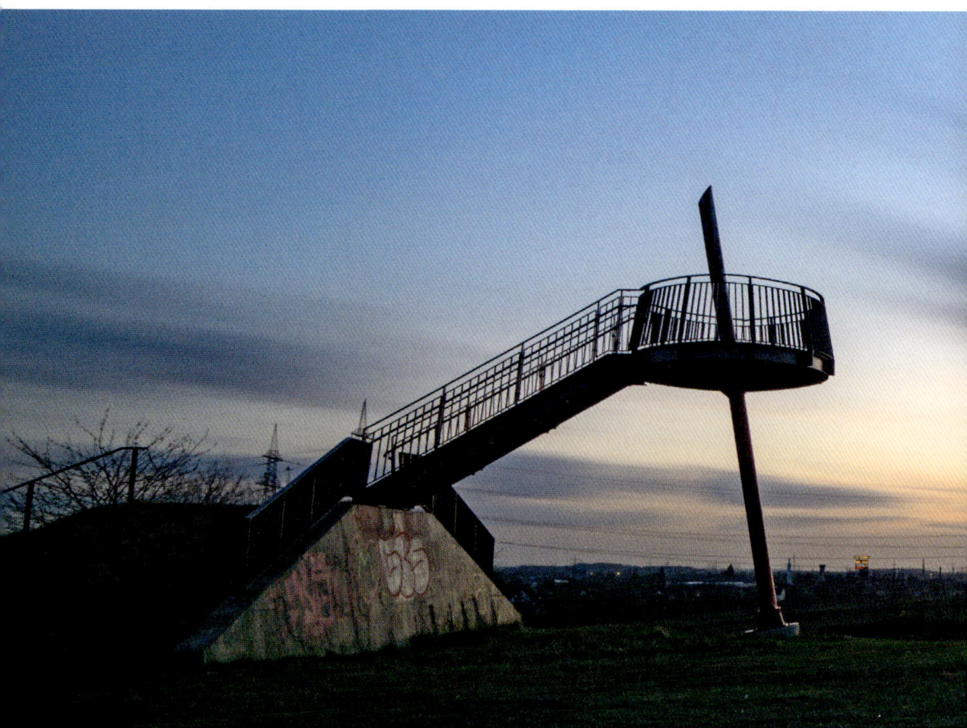

angelegt, so dass es auf jeder Ebene sehr große kiefernumsäumte Wiesen gibt. Das Highlight der Halde Pluto ist eine fünf Meter hohe Aussichtskanzel, die den Blick frei gibt auf die Halde Hoheward in Herten, den Tetraeder auf der Halde Beckstraße, zum Essener Rathaus und zur Halde Haniel in Bottrop, zur Zeche Consol in Gelsenkirchen, zur Deponie Emscherbruch, zur Halde Oberscholven im Norden und im Süden bis zu den Bergen hinter der Ruhr.

Von der Thiesstraße führt ein Weg zunächst am Haldenfuß entlang und dann hinauf auf den Gipfel. Wer gerne mit dem Fahrrad fährt, kann die Halde über den Erlebnis-Radweg Erzbahntrasse zwischen Bochum und Gelsenkirchen erreichen. Inzwischen kann man den Besuch der Halde kombinieren mit einem Rundweg um die benachbarte Deponie. Mehrere kleine mit Schilf bewachsene Teiche wurden an deren Fuß angelegt, in denen sich die ersten Wasservögel bereits wohlfühlen. Über einen breiten Weg gelangt man über die Deponie zurück zur Plutohalde.

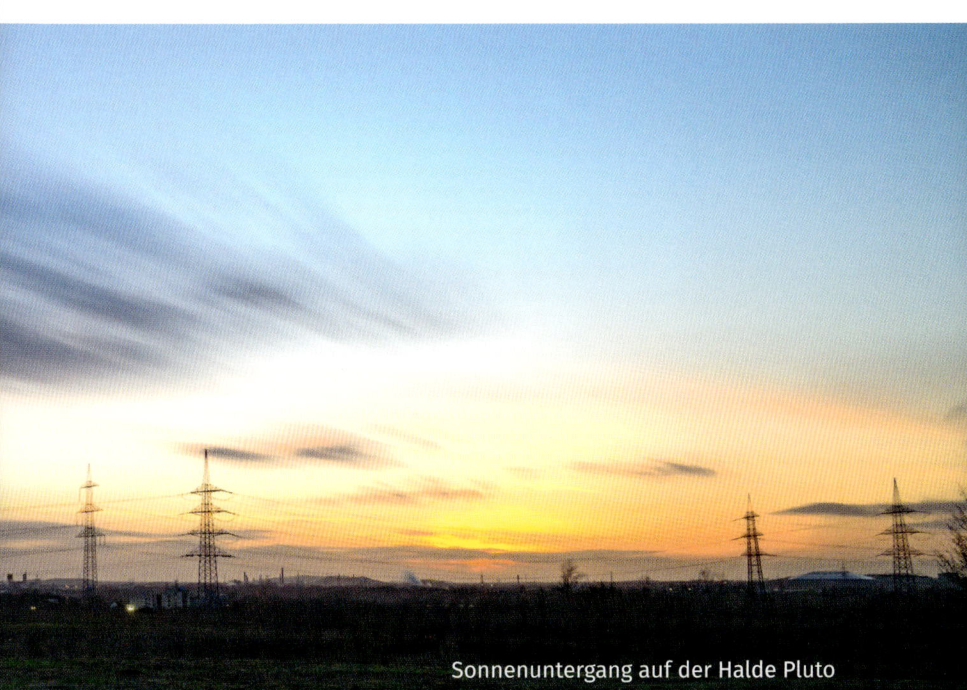

Sonnenuntergang auf der Halde Pluto

Sagenumwobener Berg unter neuem Schutt

Tippelsberg

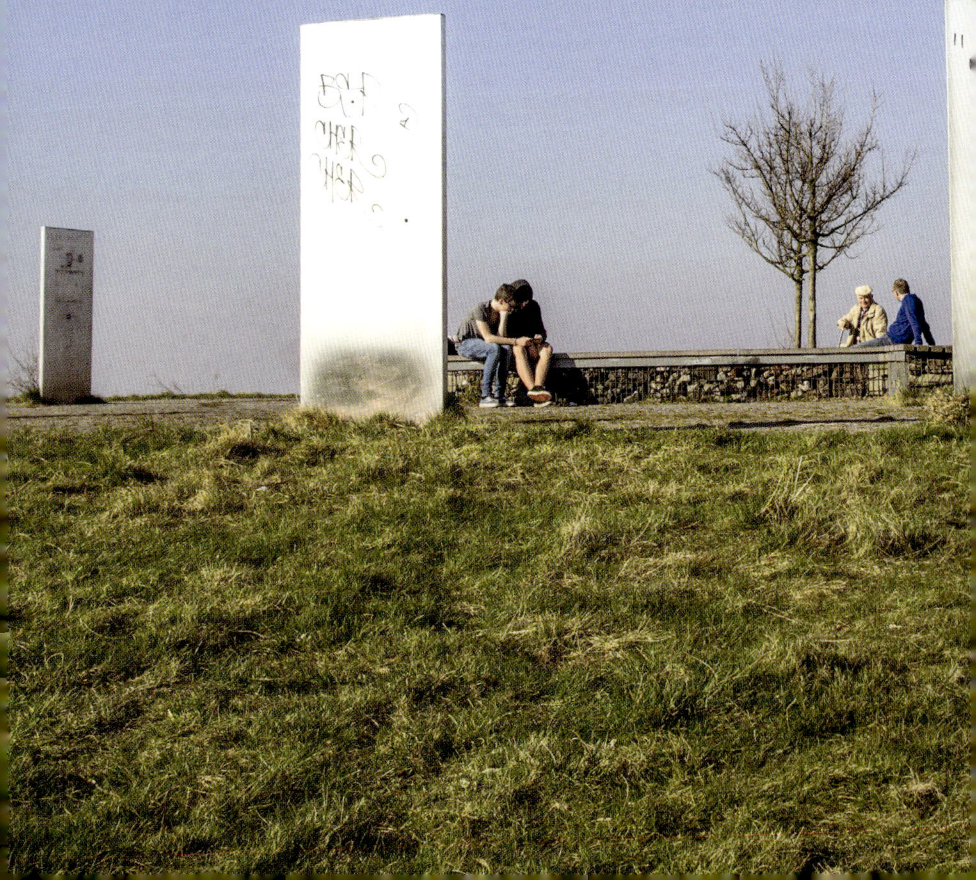

Der Tippelsberg bildet eine Besonderheit unter den Halden: Der abgelagerte Bauschutt verhilft einem ohnehin bereits vorhandenen Berg zu etwas mehr Höhe. Die paar Meter Zugewinn machen den sagenumwobenen Tippelsberg zu einem „Riesen"-Aussichtsberg.

Adresse:	44807 Bochum-Riemke, Hiltroperstraße oder Zillertalstraße
ÖPNV:	Haltestelle Tippelsberg (Linien 353, 366)
Höhe über NN:	150 Meter
Höhe der Aufschüttung:	36 Meter
Fläche:	20 Hektar
Material:	Bauschutt, Erdaushub
Art der Halde:	auf einen „echten" Berg aufgesetzte Deponie
Gestaltung:	Plateau mit liegendem Gipfelkreuz, Stelen aus Stahl, Natur- und Baumlehrpfad
Besonderheit:	Ausläufer des Ardeygebirges

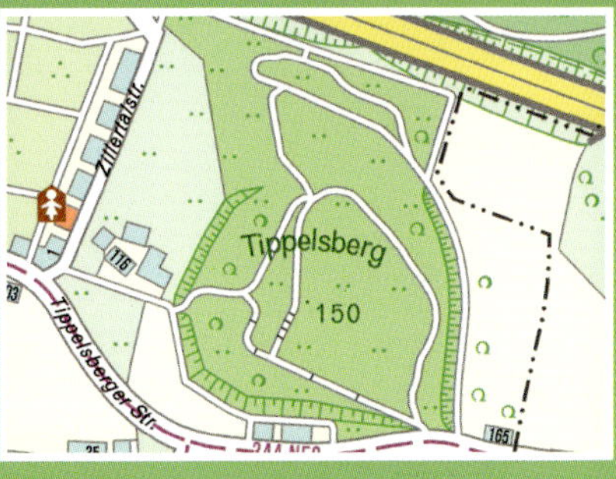

Geschichte: Wie weit muss man zurück gehen, um die Frage nach der Entstehung des Tippelsbergs zu beantworten: Bis zur letzten Eiszeit? Oder doch nur bis zu den Lebzeiten des Riesen Tippulus? Auf jeden Fall aber viel weiter zurück als bei allen anderen Halden dieses Führers. Denn auch der Tippelsberg ist zwar eine Deponie, aber Bauschutt und Erdaushub für den Bau der U-Bahn der Linie U35 wurden auf einen der letzten Ausläufer des Ardeygebirges gehäuft.
Oder eben auf das, was der Riese Tippulus hinterlassen hat: Es gibt mehrere Legenden, die die Entstehung dieses Hügels beschreiben. Zum Beispiel die von den Witte Wiwers, den Weißen Frauen, mit denen der Tippulus zusammen mit einem anderen Riesen kämpfte und unterlag. Dort, wo der Riese hinfiel, steht heute der Berg. Eine andere Sage erzählt davon, dass sich Tippulus und der Riese vom Stimberg gegenseitig mit Steinen bewarfen – und so in Riemke der Tippelsberg und in Erkenschwick die Haard entstanden.
Welche Geschichte auch immer stimmt – sicher ist, dass zwischen 1983 und 2003 der Schutt obenauf geschüttet wurde. Bis 2007 wurde der nun um einiges größere Berg umgestaltet und ist heute ein beliebtes Ausflugsziel mit einer wahrhaftig riesenhaften Aussicht auf fast alles, was im Ruhrgebiet gesehen werden sollte.

Freizeit: Allein die Rundum-Sicht macht einen Besuch auf dem Tippelsberg bei jeder Tages- und Jahreszeit lohnenswert. Die stählernen Stelen helfen dabei, besondere Ort in der Umgebung nicht nur zu entdecken, sondern durch schmale Sichtschlitze zu fokussieren. Auf dem Gipfel kann man sich einfach auf die Wiese setzen oder auf das „liegende Gipfelkreuz“, die hölzernen kreuzförmigen Sitzgelegenheiten auf mit Steinen gefüllten Gabionen.

Tipp

Angebote für Kinder

Der „Weg der Kinder“ animiert zu besonderen Erfahrungen und auf der eigenen Themen-Website finden sich spezielle Angebote für Kinder, wie eine Tippelsberg-Rallye: www.usb-bochum.de/tippelsberg

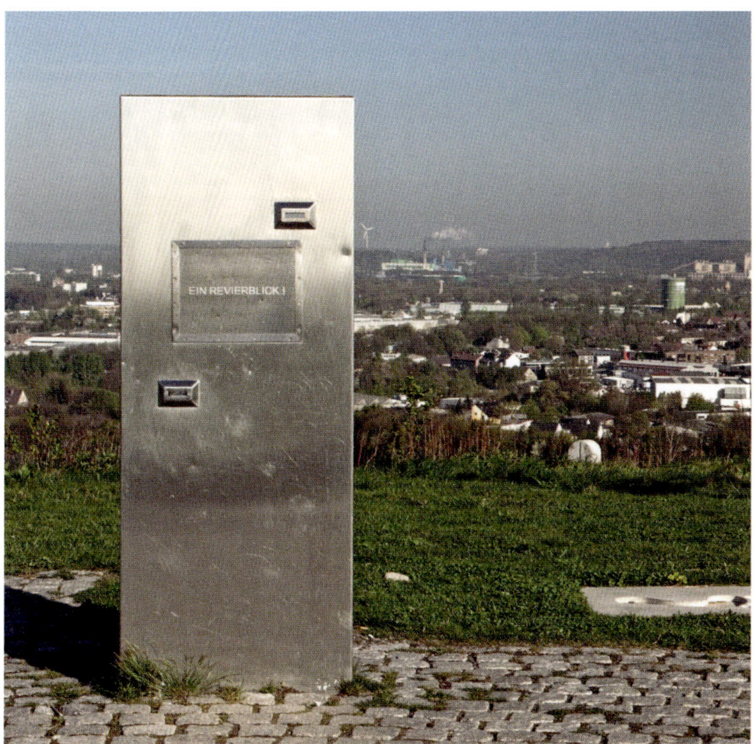

Sichtschlitze in den Stahlstelen sollen den Blick fokussieren.

Bei der Gestaltung war die Bevölkerung eingeladen, sich zu beteiligen – auch als Wiedergutmachung für die Beeinträchtigungen während der Schüttung. Und diese Beteiligung meint man spüren zu können an diesem freundlichen und stets bevölkerten Ort, dem selbst das permanente Verkehrsrauschen der nahen A43 nichts anhaben zu können scheint: Zweieinhalb Kilometer bestens gepflegte Wege führen auf und um den Berg, der im oberen Bereich zwar steiler wird, aber barrierefrei ist.
2020 eröffnete der Umweltservice Bochum (USB-Bochum) als Besitzer des Tippelsbergs einen Naturlehrpfad mit 20 großen Themenschildern. Außerdem stehen die seit 1989 jährlich gekürten „Bäume des Jahres" entlang der Wege, ebenfalls jeweils mit Informationstafeln versehen.

Grau, grün und gelb

Halde Lothringen

Parkplatz:	44805 Bochum-Gerthe, An der Halde
ÖPNV:	Haltestelle Klüsener Straße (Linie 353)
Höhe über NN:	136 Meter
Höhe der Aufschüttung:	9 Meter über der Straße
Fläche:	6 Hektar
Material:	Bergehalde der Zeche Lothringen
Art der Halde:	Tafelberg
Gestaltung:	Landmarke „Über'n Ort“
Besonderheit:	Die Schüttung steht unter Denkmalschutz

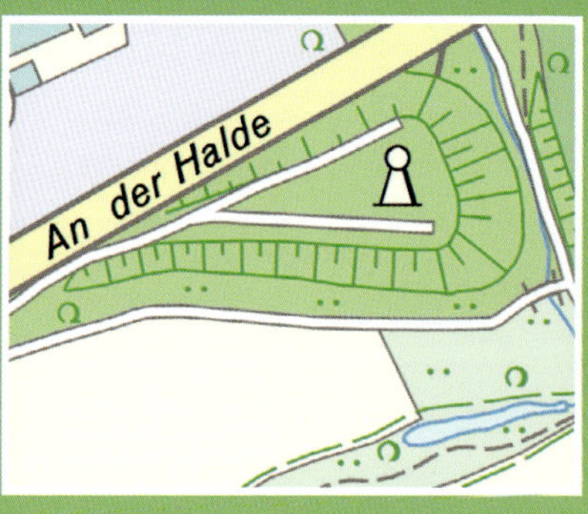

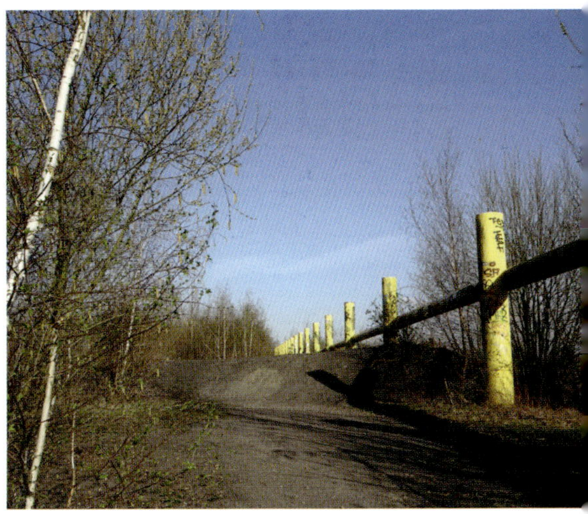

Das Kunstwerk „Über'n Ort" ist 220 Meter lang.

Auf der Halde Lothringen steht die Schüttung unter Denkmalschutz. Wenn also die seit Schließung der Zeche Lothringen im Jahr 1967 stillgelegte Halde auf den ersten Blick ein bisschen lieb- und planlos wirkt, dann liegt das auch daran, dass sie faktisch kaum geändert werden darf. Dass der Hang nach Süden steil abfällt, hilft dem Denkmalschutz, denn auf dem von der Sonne aufgeheizten Abraum hält sich selbst die mutigste Pionierpflanze nicht – möchte man meinen. Doch dieser Schein trügt natürlich und versierte Botaniker treffen gerade hier besondere Spezies an. Beim Suchen ist tatsächlich etwas Vorsicht geboten, denn das Gelände fällt nach Süden ungesichert sehr steil ab.

„Über'n Ort" heißt das 220 Meter lange Kunstwerk von Kirsten und Peter Kaiser, das seit 2003 die Halde schmückt. Über der denkmalgeschützten Südkante installiert, hält das pfeilergestütze waagerechte Rohr immer genau die gleiche Höhe, während die Pfeiler ihre Höhe ändern und den Haldenkörper markieren. An der Südseite angebrachte Leuchtdioden markieren als Lichtband die Halde in der Nacht. Die Schnittstelle zwischen Natur- und Industrielandschaft wollten die Künstler markieren – und eine geeignetere Stelle gibt es dafür kaum: Denn blickt man von der Haldenkante über das gelbe Rohr nach Süden, dann wähnt man sich nicht im Ruhrgebiet. Obwohl sich die Halde im nördlichen Bochum befindet, sind fast ausschließlich Felder, Wälder und Wiesen zu erkennen. Irgendwo ragt ein Förderturm in den Himmel, man erkennt die Ruhr-Universität, aber der Blick geht weit südlicher und endet erst an den bewaldeten Hügeln südlich der Ruhr.

Kaum zu erkennen am Dellwiger Bach

Halde Zollern II/IV

33

Parkplatz:	44388 Dortmund, Grubenweg 5
ÖPNV:	DB-Haltepunkte Lütgendortmund Nord oder Bövinghausen
Höhe über NN:	121 Meter
Höhe der Aufschüttung:	15 Meter
Fläche:	4,5 Hektar
Material:	Bergehalde der Zeche Zollern II/IV
Art der Halde:	Landschaftsbauwerk

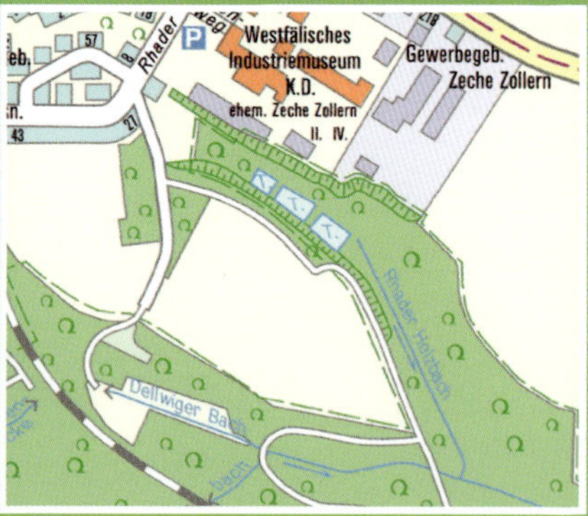

Zeche und Halde Zollern sind Teil der Route Industrienatur. In der leicht welligen Landschaft muss man wissen, dass es sich um eine Halde handelt – vom Weg aus würde man es nicht erkennen. Nur der Abhang zum ehemals unterirdisch durch das Bergematerial geführten, nun wieder an der Oberfläche fließenden Dellwiger Baches verrät die Halde. Und natürlich die Bodenbeschaffenheit, auf der sich aber inzwischen eine schützenswerte Artenvielfalt angesiedelt hat.
Die Zeche Zollern besticht mit ihrer Architektur des Übergangs vom Historismus zum Jugendstil. Sie war die erste Schachtanlage des Reviers, die mit elektrischer Energie betrieben wurde. Heute befindet sich hier das sehenswerte LWL-Industriemuseum.
Die Halde Zollern II/IV wurde als tropfenförmiger Tafelberg aufgeschüttet und war auch Vorrats- und Zwischenlager für Vorsatzmaterial, um Bergschäden zu vermeiden. Und so wurde 1926 für den Rücktransport des Materials zur Grube eine 500 Meter lange Seilbahn angelegt. In den 1920er-Jahren hatte die Halde ihre größte Ausdehnung von etwa sechs Hektar Fläche erreicht und überdeckte den unter ihr in Rohren verlaufenden Dellwiger Bach. 1958 wurde die Halde aufgegeben und lag für einige Jahre brach, bis 1978 die Bergaufsicht endete und die Halde in den Besitz der Stadt Dortmund überging. Die Halde wurde mit Birken und Erlen begrünt und der Dellwiger Bach wieder freigelegt. Und so trennen heute die steilen Böschungen des Bachtals die beiden Haldenteile. Seit 1986 gehört die Halde zum Naturschutzgebiet Dellwiger Bach.
Die Pionierpflanze Nummer eins, die Birke, hat sich den Standort gesichert und bietet so einen lichten und typisch elfenhaften Wald.
Die Halde ist vor allem für ihre Natur und Artenvielfalt bekannt. Viele heimische Heilpflanzen sind hier zu finden und sogar Birkenpilze wachsen versteckt im Wald. Der Dellwiger Bach hat über eine Länge von etwa 3,5 Kilometern ein naturnahes Bachbett bekommen und fließt nur im Bereich der Halde aus Sicherheitsgründen in einem Betonbett. Es wurde viel Wert darauf gelegt, die Bachlebensgemeinschaften von Tieren und Pflanzen zu erhalten und zu schützen, weswegen das Bachbett hier gesperrt ist.

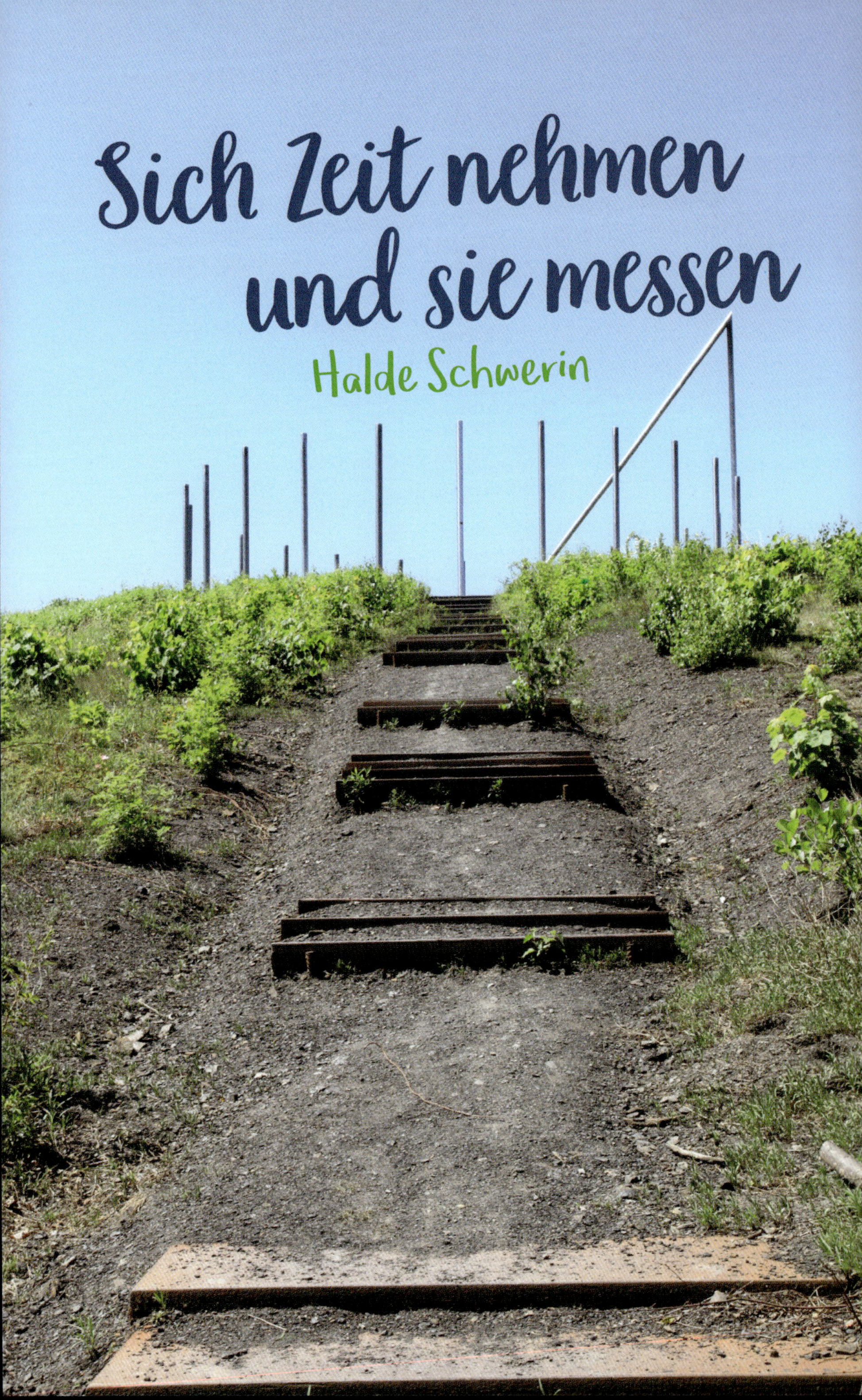
Sich Zeit nehmen
und sie messen
Halde Schwerin

Die Halde Schwerin wurde schon früh stillgelegt und war dann eine der ersten, die in ein Landschaftsbauwerk umgestaltet und die erste, die mit Kunstwerken geschmückt wurde. Mit ihrem neuen Gesicht gewann sie sogar einen Preis für vorbildliche Gestaltung. Ihr heutiges Aussehen bekam sie dann Anfang der 1990er-Jahre vor allem durch den Künstler Jan Bormann und seine ganz spezielle Sonnenuhr.

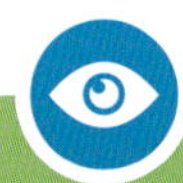

Parkplatz:	44577 Castrop-Rauxel, Bodelschwingher Straße
ÖPNV:	Haltestelle Overbergstraße (Linie 341)
Höhe über NN:	147 Meter
Höhe der Aufschüttung:	42 Meter
Fläche:	15 Hektar
Material:	Bergehalde der Zeche Graf Schwerin
Art der Halde:	Landschaftsbauwerk
Gestaltung:	Sonnenuhr, Geokreuz, Wassertempel, Sinuspergola

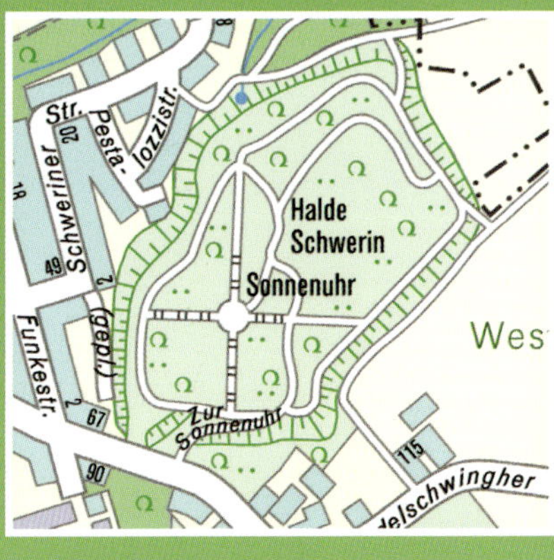

Geschichte: Die Halde Schwerin ist die Bergehalde der Zeche Graf Schwerin und wurde bereits 1967 stillgelegt. Als Kegelhalde aufgeschüttet, wurden an ihr schon 1976 die ersten Umgestaltungen vorgenommen. Daraufhin gewann sie 1984 den „Bundeswettbewerb für vorbildliche Gestaltung von Industriegelände“, bevor sie Anfang der 1990er-Jahre im Rahmen der Internationalen Bauausstellung Emscherpark ihr heutiges Gesicht erhielt.
Die verschiedenen Kunstwerke der Halde – die Sonnenuhr, der Wassertempel und die Sinuspergola – laden dazu ein, Natur-, Menschheits- und Industriegeschichte zu erspüren und miteinander zu verknüpfen. Überhaupt dreht sich auf der Halde alles um Zeit, Licht und Energie.

Freizeit: Besonders groß ist sie nicht, und trotzdem lohnt sich ein Besuch auf Grund der Kunstwerke, der Aussicht und des naturnahen Waldes am Haldenfuß. Mehrere Wege führen auf den Gipfel und der Ausblick reicht vom Hammerkopfturm der ehemaligen Zeche Erin zum Horizontobservatorium der Halde Hoheward und an klaren Ta-

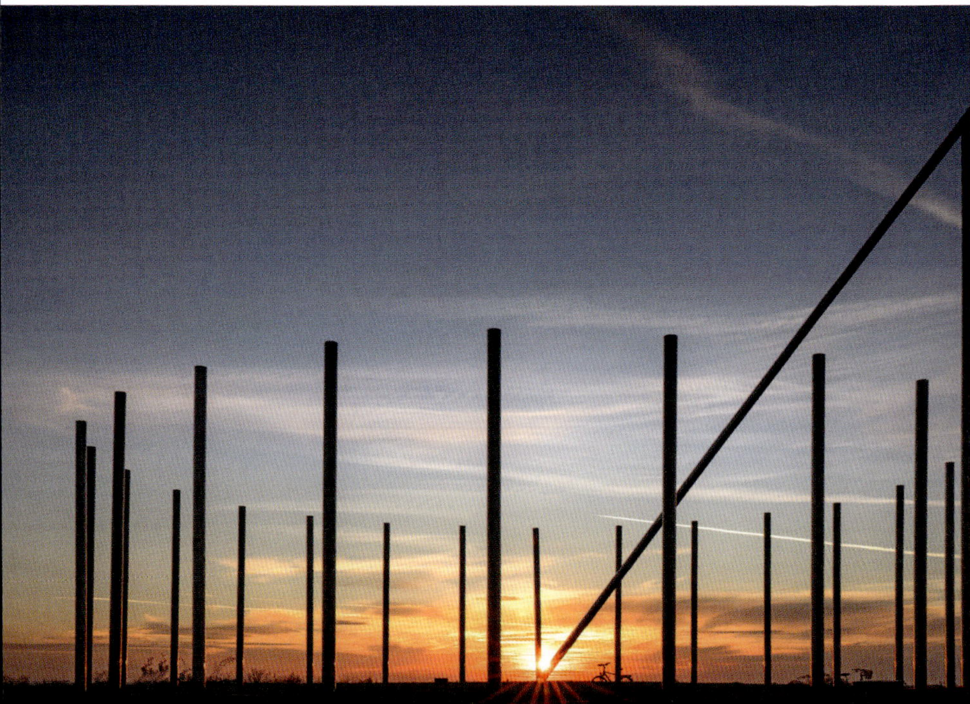

gen sogar bis zum Tetraeder oder zur Halde Haniel in Bottrop. Außerdem kann man anhand der Sonnenuhr die „wahre" Zeit messen. Unterhalb der Halde lassen sich die anderen Kunstwerke erwandern und die Aussicht vom Landschaftsbalkon auf die Felder und Windräder der Umgebung genießen. Der naturnahe Wald neben der Halde eignet sich für eine kleine Wanderung im Anschluss an den Haldenbesuch.

Kunst: Der Bildhauer Jan Bormann krönte 1993 die Halde mit seiner Sonnenuhr: 24 Edelstahlsäulen ragen in den Himmel und bieten den Besuchern zusammen mit einem erdachs-parallel abgestützten Stabdreieck die Möglichkeit, die wahre Ortszeit zu messen – Kunstwerk, Landmarke und Zeitmessgerät in einem. Aber es geht dem Künstler nicht nur um das Messen der Zeit, vielmehr will er die Zeit sichtbar machen: Als Ort der Besinnung soll die Sonnenuhr einen magischen Kreis um Betrachter und Betrachterin ziehen und sie so in eine kosmisch geregelte Weltordnung aufnehmen.
In der Mitte des Gipfelplateaus, in der Sonnenuhr, kreuzen sich die vier nach den Himmelsrichtungen ausgelegten Treppenaufgänge. Zwei Wege bilden die „Industrieachse" mit Treppen aus Eisenbahnschwellen und -schienen, und zwei bilden die „Naturachse" mit Treppen aus Holz aus dem Grubenbau.
Der Künstler Peter Strege schuf im Quellbereich des Deininghauser Bachs einen Tempel aus Bergbaumaterialien. Etwas befremdlich wirkt der Pavillon in dem naturnahen Wald, aber das ist so gewollt, soll er doch die Verbindung zwischen Mensch, Fortschritt, Technik und Natur ausdrücken. Nicht weit entfernt im Wald steht die Sinuspergola, eine Holzskulptur von Klaus Corzillius. Ein Ort, um sich niederzulassen, zu rasten, zu philosophieren und die Form der Holzstelen zu erkunden.

Mit Jan Bormanns Sonnenuhr
lässt sich die wahre Zeit messen.

Biker-Halde mit Zukunftsplänen

Deusenberg

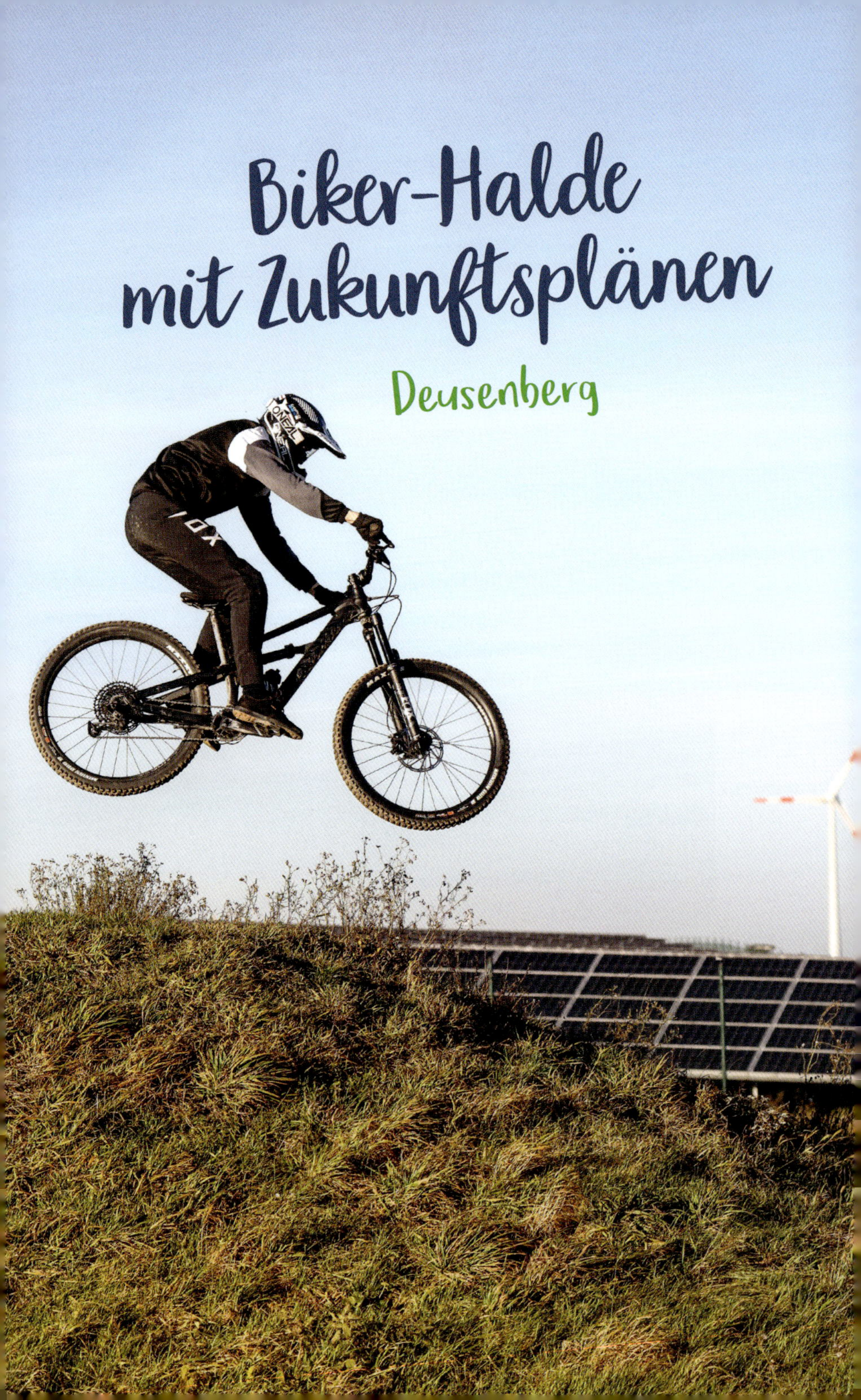

Schon jetzt ist er ein Besuchermagnet: Der Deusenberg in Dortmund-Huckarde lockt vor allem Mountainbiker an. Doch damit wird sich die ehemalige Deponie nicht zufriedengeben müssen, denn im Rahmen der Internationalen Gartenausstellung 2027 ist ihr eine wichtige Rolle zugedacht …

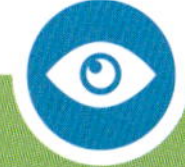

Parkplatz: 44369 Dortmund-Huckarde, Lindberghstraße

ÖPNV: Haltestelle Huckarde-Recyclinghof (Linie 410)

Höhe über NN: 120 Meter

Höhe der Aufschüttung: 50 Meter

Fläche: 44 Hektar

Material: Mülldeponie der EDG Entsorgung Dortmund GmbH

Art der Halde: Tafelberg

Gestaltung: Mountainbike-Arena, Photovoltaik-Anlage

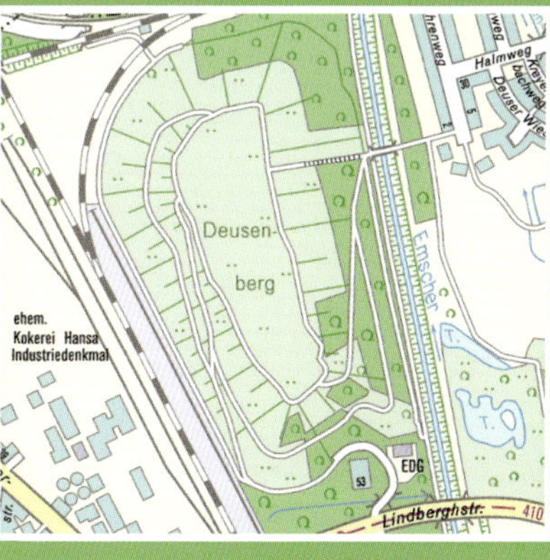

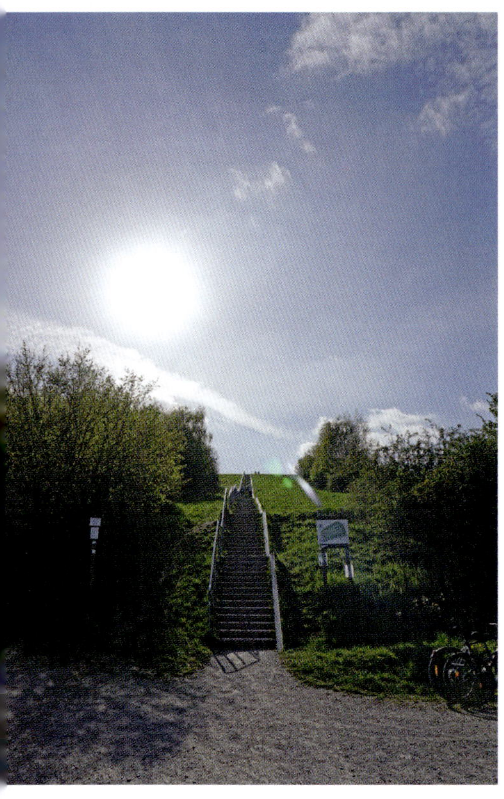
Aufstieg zur Halde

Geschichte: Die Deponie Huckarde wurde bereits Anfang des 20. Jahrhunderts angelegt und über viele Jahrzehnte genutzt. Neben Industrie- und Hausabfall wurden hier nach dem Zweiten Weltkrieg auch Trümmer und Schutt aus der Stadt Dortmund aufgetürmt. Bis zum Ende der Deponiearbeiten 1992 wurden 11 Millionen Kubikmeter Material angehäuft. Ab 1997 wurde mit den Rekultivierungsarbeiten begonnen, eine vier Meter dicke Isolationsschicht aufgetragen. Die Landschaftsneugestaltung dauerte mehrere Jahre. Erst 2004 war es dann endlich soweit und der Deusenberg, die frühere Deponie Huckarde, wurde für Besucher freigegeben.
Seit 2017 befindet sich eine vier Hektar große Solaranlage auf dem Deusenberg, sie ist eine der größten Photovoltaikanlagen des Ruhrgebiets. Rund 13.000 Solarmodule wurden auf dem Haldenplateau errichtet und liefern Strom für etwa 1000 Haushalte.
Der Deusenberg soll Teil des Dortmunder „Zukunftsgartens“ im Rahmen der Internationalen Gartenausstellung 2027 sein, er wird sich also in den kommenden Jahren in einem neuen Gewand zeigen, verbunden mit dem Gelände der IGA in Huckarde.

Freizeit: Angelegt und eröffnet wurde der Deusenberg 2004 als MTB-Berg mit Bike-Arena. Mehrere Trails und Bahnen und eine Downhill-Strecke wurden installiert. Die letztere wurde allerdings ab 2010 schon wieder rückgebaut und ist mittlerweile nicht mehr zu befahren.

Nach wie vor vorhanden ist ein Bike-Parcours auf dem Haldenplateau, der Strecken für Kinder, Jugendliche und Hobby-Fahrer bietet. Diese Trails sind gut gepflegt, werden kontrolliert und gewartet und stehen so den großen und kleinen Bikern zur Verfügung.
Per pedes kann man den künstlichen Berg über eine 137 Meter lange Treppe vom Ortsteil Deusen aus besteigen, wer das nicht mag, kann auch über eine Rampe zum Gipfel gelangen. Auf dem Plateau angekommen findet man Sitzsteine mit großartigen Ausblicken: Hier fühlt man sich, als würde man direkt über der Stadt stehen, mit Blick auch auf die Dortmunder Ortsteile Huckarde, Mengede, Nette und Bodelschwingh und zu den Landmarken RWE-Tower, Westfalenstadion, Malakowturm der Zeche Fürst Hardenberg und Hammerkopfturm der Zeche Minister Stein. Im Hintergrund zeigen sich die Berge des Sauerlandes. Nach Norden geht der Blick in Richtung Datteln, Waltrop und Lünen. Für Dortmunder ist der Besuch der Halde ein absolutes Muss! Auch am Abend lohnt es sich, bei einem Besuch der Halde den Blick über die nächtliche Stadt und das östliche Ruhrgebiet schweifen zu lassen.

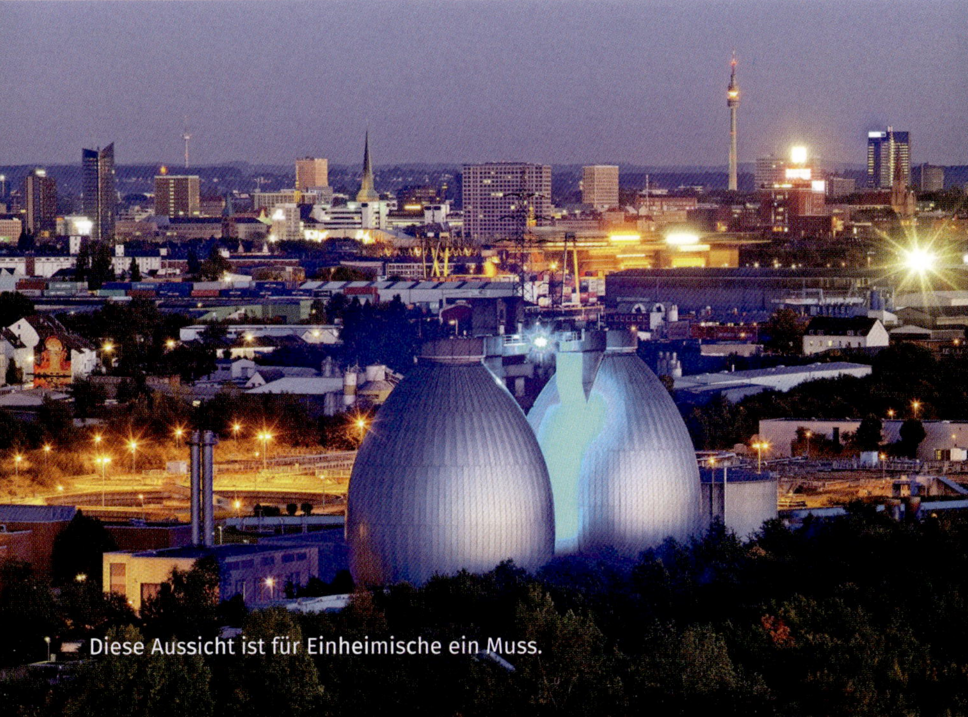
Diese Aussicht ist für Einheimische ein Muss.

Spitzkegelhalde mit Historie

Halde Gotthelf

36

Parkplatz:	44225 Dortmund, Gotthelfstraße
ÖPNV:	Haltestelle Rotkehlchenweg (Linie 447)
Höhe über NN:	154 Meter
Höhe der Aufschüttung:	45 Meter ab Parkplatz
Fläche:	7 Hektar
Material:	Bergehalde der Zeche Glückauf Tiefbau
Art der Halde:	Spitzkegelhalde
Besonderheit:	eine der letzten Spitzkegelhalden

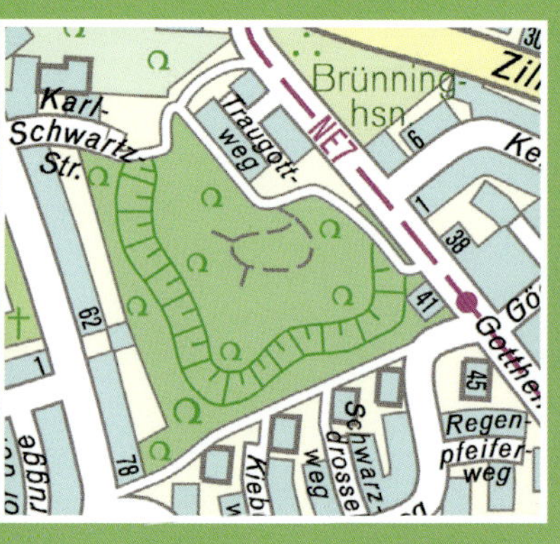

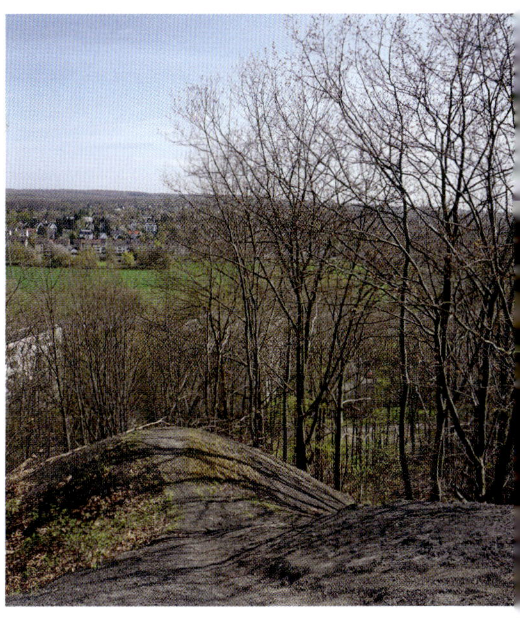

Das alte Schüttmaterial ist noch gut zu erkennen.

Auf der Halde Gotthelf kann man noch gut sehen, wie wichtig es früher war, das Bergematerial schnell und einfach aufzuschütten. Sie ist eine der letzten erhaltenen Spitzkegelhalden. Etwas abgeflacht wurde sie schon, aber trotzdem führen die Wege sehr steil auf den einzigen zugänglichen Gipfel, auf dem sich eine kleine Aussichtsplattform befindet.

Bereits 1616 wurde in Hombruch von der Familie von Romberg, die im Schloss Brünninghausen residierte, nach Kohle gesucht. 1792 wurden die Schächte Gotthelf und Traugott geteuft, aus deren Abraum die Halde entstanden ist. 1865 kam der Schacht Giesbert dazu. Mit einer Seilbahn wurde nun das Gestein auf die Halde verbracht und zu Spitzkegeln aufgeschüttet. Schon 1925 wurde die Zeche stillgelegt, 1930 auch die angeschlossene Kokerei. Da es rund um die Halde Gotthelf früher mehrere Halden gab, die aber später abgetragen wurden, wird die Gegend im Volksmund auch „Hombrucher Alpen“ genannt, von denen allerdings nur die Halde Gotthelf erhalten blieb. 2012 war diese Drehort für den ersten Tatort aus Dortmund und erlangte so zusätzliche Berühmtheit.

Interessant ist es nicht nur, auf die Halde zu steigen, sondern vor allem auch der Weg um sie herum. Dabei kann man leicht erkennen, dass hier nicht ein Spitzkegel aufgeschüttet wurde, sondern mehrere. Der hintere Teil der Halde ist zwar mit Bäumen bewachsen, der graue Boden weist aber kaum Unterbewuchs auf und so ist das alte Schüttmaterial noch sehr gut sichtbar. Die Halde ist nur durch einen schmalen Weg von den Siedlungen getrennt. Hier kann man erahnen, was es früher geheißen haben muss, direkt neben einer Halde zu leben.

Blumenwiese und Insektenweide

Halde Groppenbruch

Parkplatz:	44359 Dortmund-Groppenbruch, Königsheide
ÖPNV:	Bushaltestellen Brockenscheidter Weg (Linie 474)
Höhe über NN:	94 Meter
Höhe der Aufschüttung:	24 Meter
Fläche:	19 Hektar
Material:	Bergehalde der Zeche Minister Achenbach I/II
Art der Halde:	Landschaftsbauwerk

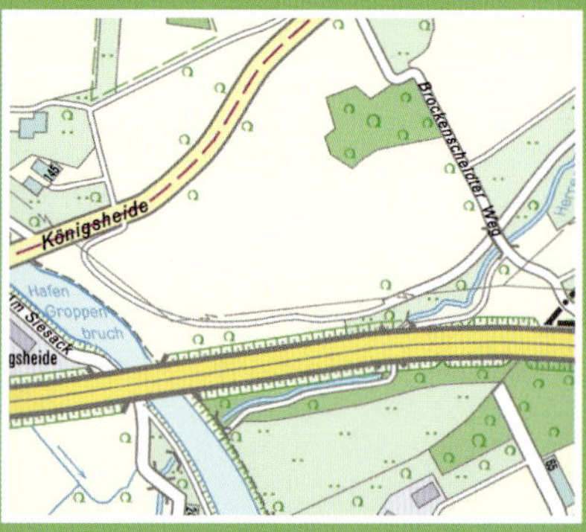

Man möchte dem Berg wünschen, dass er sein Gesicht behalten darf: Er ist zahlreichen Blumen und Kräutern Heimat geworden – und entsprechend also auch einer Fülle unterschiedlicher Insekten.
Diese Halde ist eine der jüngsten: Erst 1980 wurde überhaupt mit der Schüttung begonnen – auch hier wurde Abraum der Halde Minister Achenbach in Lünen-Brambauer aufgehäuft. Zum höchsten Punkt der Halde führt ein sehr gepflegter Weg, den eine neugepflanzte Reihe junger Bäume säumt. Wenn es nicht zu trocken ist, sammelt sich an manchen Plätzen auf dem weitläufigen Gelände das Wasser, Insekten und Kröten freuen sich über diesen Lebensraum.
Oben ist ein kleiner Platz gestaltet, wo man sich auf den Steinreihen niederlassen und die Aussicht genießen kann. Unbewaldet wie die Halde ist, ist die Sicht ins Umland hervorragend. Und zwar nicht nur in die Ferne nach Dortmund im Süden oder Datteln im Nordwesten, sondern über die Felder und Wiesen, die alten Gehöfte und die alte, trotz allem immer noch erkennbare alte Kulturlandschaft an der Grenze zwischen Dortmund, Waltrop und Lünen.

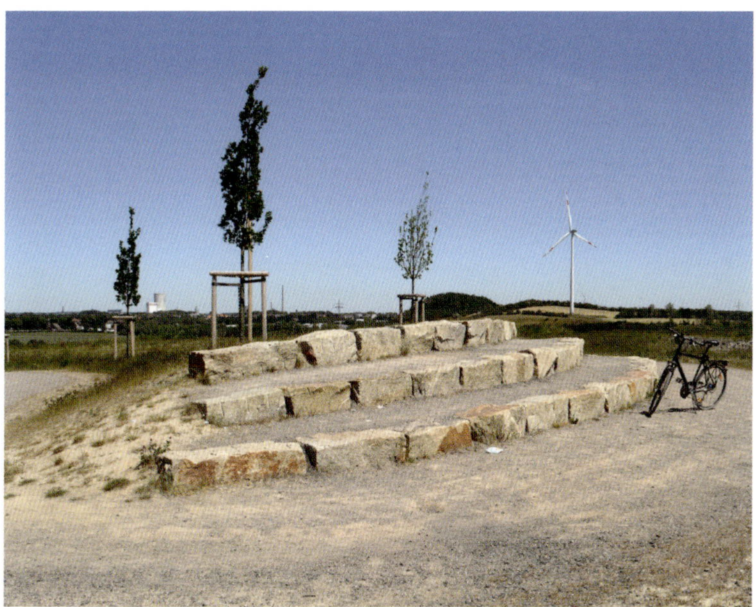

Auf dem Gipfel der Halde Groppenbruch lässt es sich gut rasten.

Die Alm in Brambauer

Halde Elsa-Brändström-Straße/ Minister Achenbach

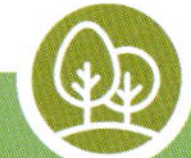

Adresse:	44536 Lünen-Brambauer, Elsa-Brändström-Straße 127
ÖPNV:	Bushaltestelle Brockenscheidter Weg, Dortmund (Linie 474)
Höhe über NN:	115 Meter
Höhe der Aufschüttung:	45 Meter
Fläche:	19 Hektar
Material:	Bergehalde der Zeche Minister Achenbach I/II
Art der Halde:	Kegelhalde und Landschaftsbauwerk
Gestaltung:	Windkraftanlage

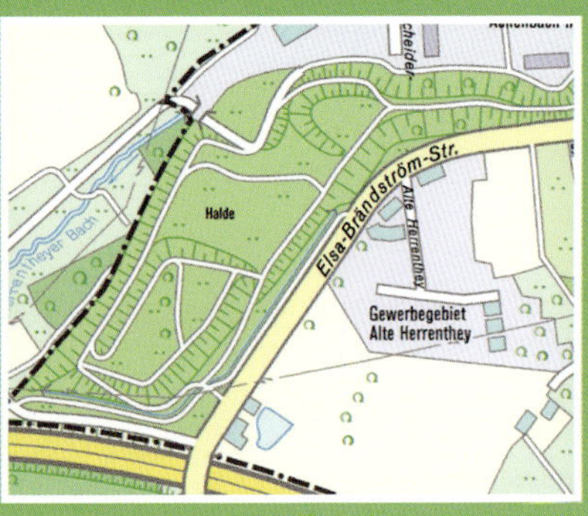

Die Halde, die wahlweise nach der Straße oder nach dem Schacht I/II der Zeche Minister Achenbach benannt ist, wurde im Zweiten Weltkrieg als Bunkeranlage ausgebaut. Beton-Fundamente im südlichen Bereich der Halde erinnern noch daran.
Wenn man auf der südlich von Brambauer gelegenen Halde plötzlich auf weidende Kühe treffen würde, wäre man auch nicht verwundert. Die weiten Wiesen, unterbrochen von kleinen Wäldchen und einzelnen Obst- oder Kastanienbäumen, erinnern eher an Almen als an die Begrünung einer ehemaligen Bergehalde. Und daran ändert auch die Windkraftanlage nichts, die hier seit wenigen Jahren steht.
Die Aussicht nach Norden wird versperrt vom zweiten und bewaldeten Haldengipfel, ansonsten bietet sich in alle anderen Richtungen eine weite Sicht – nicht zuletzt auf die benachbarte Halde Groppenbruch. Wer oberhalb der Elsa-Brändström-Straße über den immer schmaler werdenden Berg Richtung Brambauer wandert, kann verstehen, warum hier einst der Versuch gestartet wurde, Wein anzupflanzen, denn hier erinnern die Hänge an die Steillagen von Rhein und Mosel.

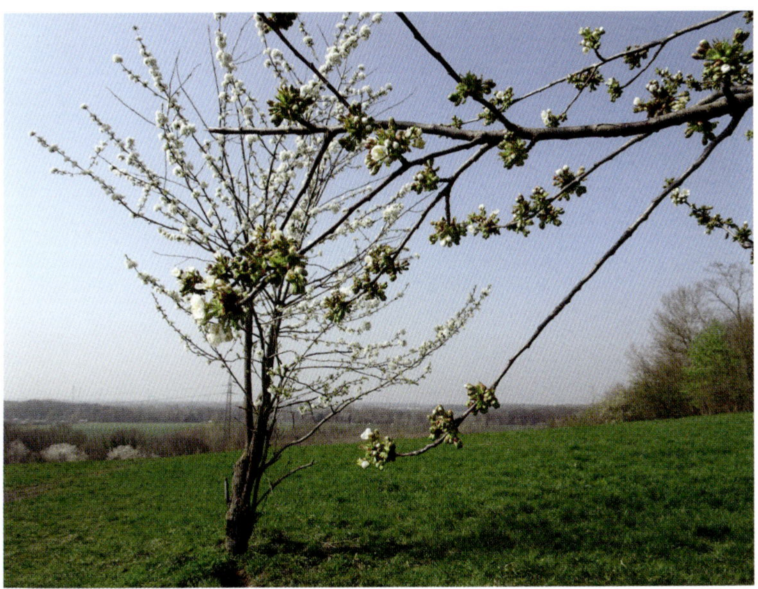

Weiter Blick in die Natur

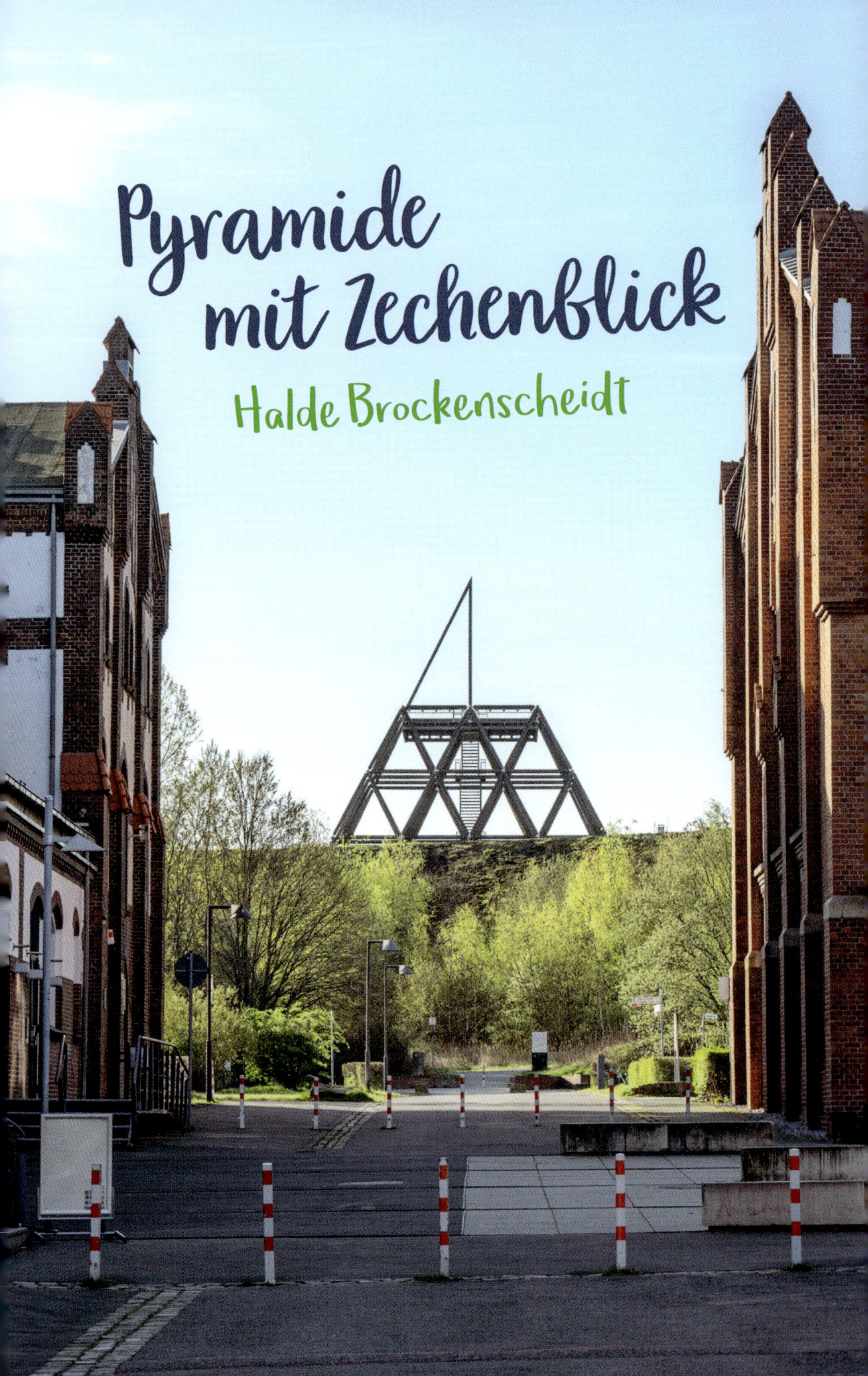
Pyramide mit Zechenblick
Halde Brockenscheidt

Steht man zwischen den schön restaurierten Jugendstilgebäuden der Zeche Waltrop I und II, schweift der Blick sofort hinauf zu der Landmarke auf der Halde, der Pyramide aus Spurlatten des Künstlers Jan Bormann. Die Halde beeindruckt mit ihrer guten und erholsamen Energie und der unmittelbaren Nähe zu einem der schönsten erhaltenen Zechen-Ensembles, das in die Zeit des Steinkohleabbaus genauso entführt wie in ein modernes Shoppingerlebnis.

Parkplatz: 45731 Waltrop, Hiberniastraße 5, Gewerbepark Zeche Waltrop
ÖPNV: Haltestelle Sydowstraße (Linie 284)
Höhe über NN: 88 Meter
Höhe der Aufschüttung: 21 Meter
Fläche: 6 Hektar
Material: Bergehalde der Zeche Waltrop
Art der Halde: Tafelberg
Gestaltung: Spurwerkturm, Kreuzweg

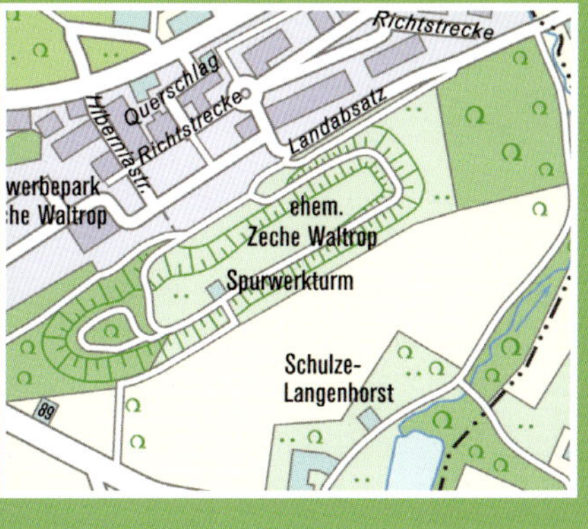

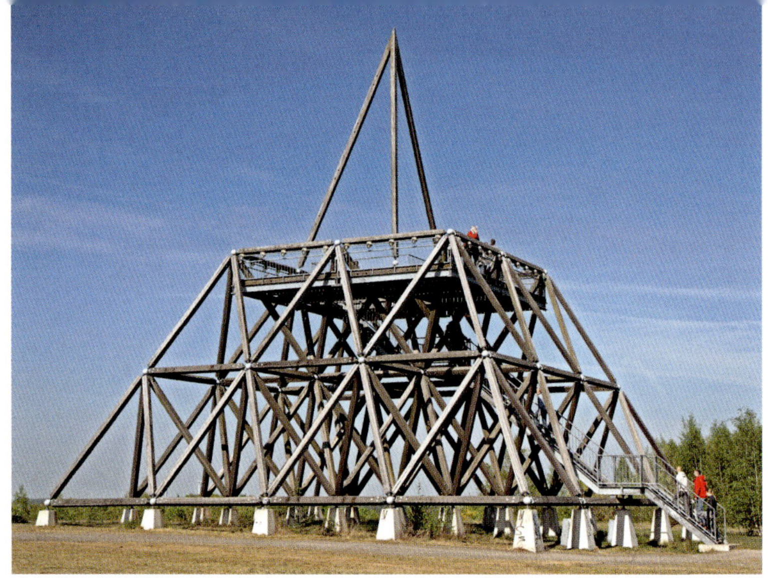

Zehn Meter hoch liegt die Aussichtsplattform;
der Spurwerkturm ist 20 Meter hoch.

Geschichte: Die Halde Brockenscheidt ist nach einer kleinen Bauernschaft gleichen Namens benannt und entstand aus dem Bergematerial der Zeche Waltrop, die 1903 mitten im grünen Umland der damals noch kleinen Stadt errichtet wurde. Mit nur 15 Metern Höhe und einer Ausdehnung von lediglich 6,5 Hektar ist Brockenscheidt eine der kleineren Halden im Pott.

Die alte Zeche Waltrop ist eine der schönsten erhaltenen Schachtanlagen des Ruhrgebiets. Zu Beginn des 20. Jahrhunderts stand hier ein riesiges Areal mit Fördertürmen, Gleisanlagen, Werksgebäuden und -hallen. Heute dienen die sanierten Jugendstil-Industriegebäude als Gewerbepark für moderne Unternehmen aus Dienstleistung und Handel.

Freizeit: Einer der drei Wege, die auf das Plateau der kleinen Halde hinaufführen, ist mit Kreuzweg-Stationen des Künstlers Paul Reding gestaltet. Auf dem Haldentop steht der zwölf Meter hohe Aussichtsturm und gibt den Blick frei auf die unten gelegene Zeche und ins überwiegend landwirtschaftlich geprägte Umland, zum Colani-Ei in Lünen-Brambauer und weit ins östliche Ruhrgebiet.

Die Kombination aus Zeche, Halde, Kunst und Natur ist hier besonders gut zu erleben.

Die elf erhalten gebliebenen Hallen wie Schalterhaus, Lohnhalle, Lokschuppen, Maschinenhalle und Verwaltungsgebäude stehen unter Denkmalschutz. Überall sind Informationstafeln angebracht und ein Spaziergang durch die ehemalige Zeche gibt Einblicke in die damaligen Abläufe rund um eine Steinkohlezeche im Ruhrgebiet. Wie mag es hier wohl ausgesehen haben, als noch die Fördertürme, die Schlote und die vielen Gleisanlagen in Betrieb waren und sich die Halde Brockenscheid nicht grün, sondern schwarz in die Landschaft erstreckte?

Kunst: Auf dem höchsten Punkt der Halde Brockenscheidt errichtete der aus Castrop-Rauxel stammende Künstler Jan Bormann im Jahr 2000 ein Holzgitterbauwerk in Form einer Pyramide. Der 20 Meter hohe Spurwerkturm erhielt seinen Namen, weil er aus 1000 Metern Spurlatten gebaut ist, mit denen in der ehemaligen Zeche die Förderkörbe, die in den Schächten in die Erde hinabfuhren, in der Spur gehalten wurden.

Die zehn Meter hohe und 25 Quadratmeter große Aussichtsplattform wird abends mit alten Strebleuchten erhellt, was die asymmetrische Spitze betont. Es scheint, als fehlten der Pyramide einige Teile, aber das ist vom Künstler so gewollt: So soll auf Fotos sofort erkennbar werden, wo sich der Fotografierende befunden hat. Die Idee zur Schienentreppe an der Südseite der Halde stammt ebenso vom Künstler und wurde mit Eisenbahnschienen aus der Zeche realisiert.

Der Weg auf den eher niedrigen Tafelberg wird stimmungsvoll begleitet von einem Kreuzweg des Künstlers Paul Reding und endet in einem Birkenwäldchen, wo man sich in meditativer und ruhiger Umgebung diesen Kunstwerken widmen kann.

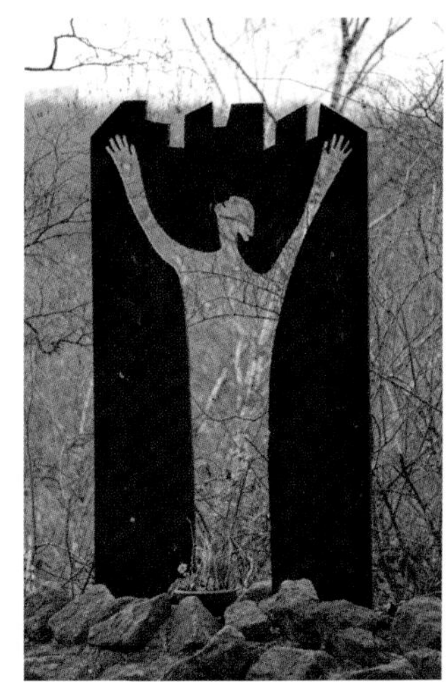

Am Kreuzweg

Sport- und Familienattraktion

Halde Victoria 3/4

Adresse:	44532 Lünen-Gahmen, Karl-Kiehm-Weg
ÖPNV:	Haltestelle Käthe-Kollwitz-Gesamtschule (Linie 107)
Höhe über NN:	80 Meter
Höhe der Aufschüttung:	30 Meter
Fläche:	17 Hektar
Material:	Bergehalde der Zeche Preußen
Art der Halde:	Tafelberg
Gestaltung:	Pumptrack, Downhill-Trail, Liegewiese, Aktivhang

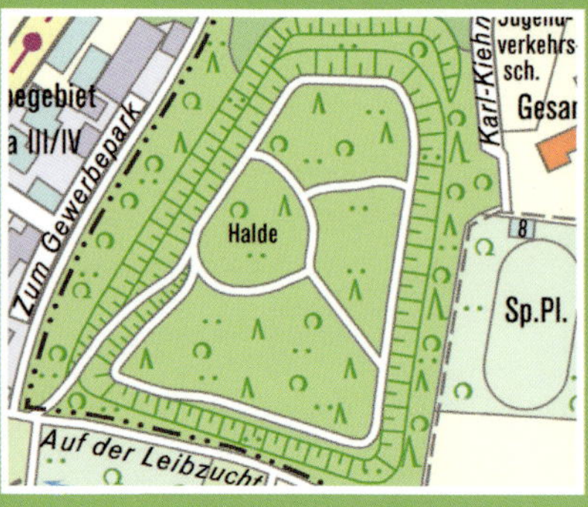

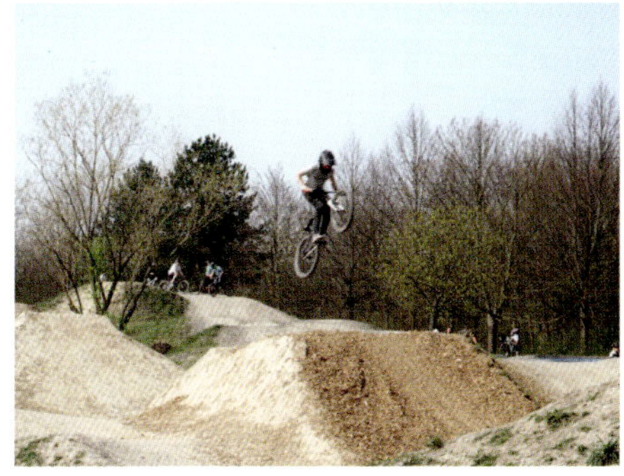

Bis vor kurzem war die Halde noch fast vergessen, heute ist sie für Sportlerinnen und Sportler jeder Altersgruppe ein Erlebnis und ein echter Tipp: Der Bikepark bietet tatsächlich Raum zum Üben für Anfänger genauso wie für echte Könner. Das Ganze in liebevoll gepflegter Umgebung und erst 2020 fertiggestellt: Ein gelungenes Beispiel dafür, wie sich die moderne Haldenlandschaft immer noch weiterentwickelt und verändert.

Die Halde Victoria 3/4 diente der bereits in den 1920er-Jahren stillgelegten Zeche Preußen als Abraumhalde. Lange Zeit führte sie ein halbvergessenes Dasein, wurde höchstens zum Ausführen von Hunden und Pferden genutzt. Zwar ging der Berg schon 1998 in den Besitz des RVR über, aber erst seit Mitte des letzten Jahrzehnts tat sich was auf dem schwarzen Berg: Inzwischen führt er ein neues Leben als attraktives Naherholungs- und Bewegungsumfeld im Lünener Süden.

Wer auf der Halde einfach Erholung sucht, ist hier durchaus richtig. Gepflegte Ruheplätze mit Bänken und Waldsofas laden dazu ein, in aller Ruhe die Aussicht zu genießen. Auf dem ausgedehnten komplett platten Haldentop lässt sich bequem spazieren gehen – und hinauf kommt man auch ganz locker auf der asphaltierten Trasse.

Die Meisten kommen aber her, um genau das Gegenteil zu erleben: Der neu gestaltete Bikepark bietet mit Pumptrack, Dirtline und Downhill-Trail Action vom Feinsten. Und zwar für alle: Während selbst Kleinkinder mit ihren Rollern auf dem Pumptrack unterwegs sind, können die Größeren und Mutigeren auf den unterschiedlichen Parcours mit ihren Rädern ihre Sprünge zeigen. Aber auch für Menschen ohne Fahrrad gibt es sportliche Betätigungsfelder: Der steile Aktivhang lässt sich kletternd und springend und rennend erobern.

Und auch an die Reiter ist gedacht: Die untere Ebene wird für sie gepflegt und freigehalten.

Die 100-Jährige am Seepark Lünen

Preußenhalde

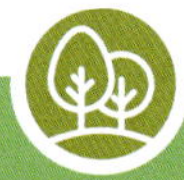

Adresse:	**44532 Lünen-Horstmar, Scharnhorststraße**
ÖPNV:	**Bahnhof Lünen-Preußen**
Höhe über NN:	**55 Meter**
Höhe der Aufschüttung:	**17 Meter**
Fläche:	**12 Hektar**
Material:	**Bergehalde des Bergwerks Preußen**
Art der Halde:	**Tafelberg**
Besonderheit:	**am „Seepark Lünen“ gelegen**

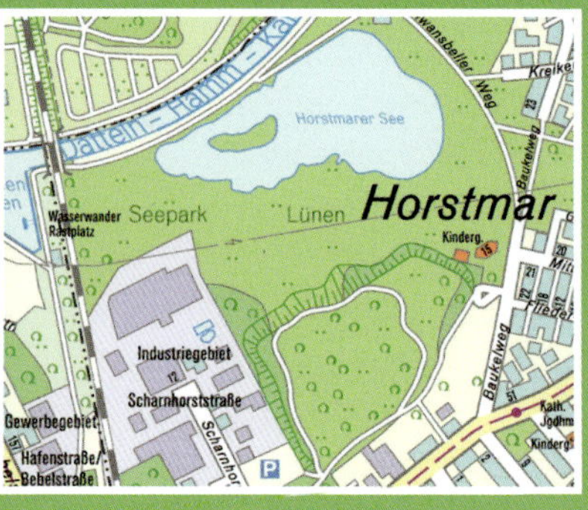

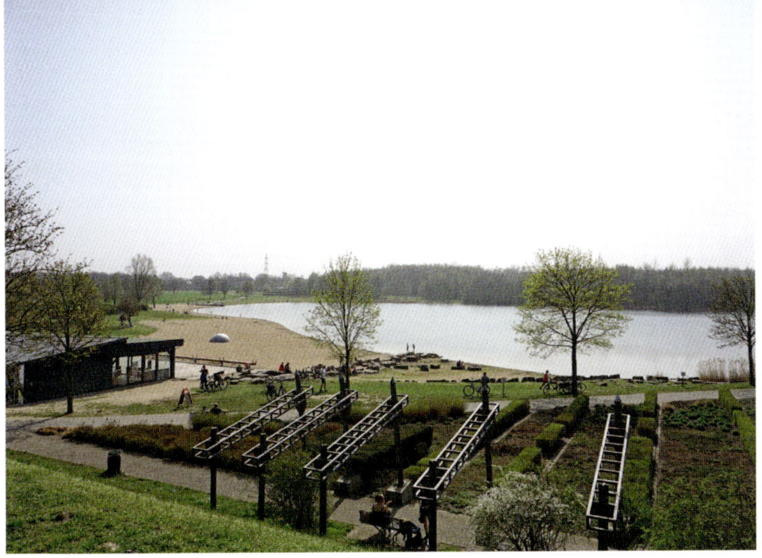

Hinter dem See kann man die Preußenhalde erkennen.

Es ist bereits rund 100 Jahre her, seit das letzte Mal Abraum auf die Preußenhalde geschüttet wurde. Bis 1925 wurde die Halde in Horstmar vom Bergwerk Preußen genutzt. Aufmerksam wurde man auf die Fläche erst Jahrzehnte später wieder, als 1996 das Gebiet der ehemaligen Zeche Preußen für die Landesgartenschau neugestaltet wurde.

Im Rahmen der Landesgartenschau 1996 entstand auf dem alten Gelände zwischen der Halde, dem Datteln-Hamm-Kanal und Schloss Schwansbell der „Seepark Lünen", der auch ein Vierteljahrhundert später an Attraktivität nichts eingebüßt hat und ebenso bei der kommenden Internationalen Gartenausstellung wieder eine Rolle spielen wird. Und auch die benachbarte Halde wurde mit einem neuen Weg zugänglich gemacht, der einmal um den künstlichen Berg herumführt. Daneben und kreuz und quer gibt es ein dichtes Netz an inoffiziellen Pfaden, das schlicht überall hinführt. Dass das Gelände sehr wellig ist, immer wieder Senken und Böschungen bietet, Wälder und Brachen, macht die Halde sehr spannend – das ganze Areal wirkt wie ein einziger Abenteuerspielplatz.

Weil die Vegetation schon so lange Zeit zum Wachsen hatte, gibt es an keiner Stelle Aussicht, noch nicht einmal zum Horstmarer See, dessen südliche Begrenzung die Halde ist. Wer aber die Halde besucht, sollte den Seepark nicht auslassen – und umgekehrt.

Alte Deponie, neue Energie

Halde/Deponie Grevel

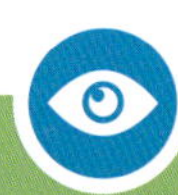

Parkplatz:	44329 Dortmund, Rote Fuhr und Hostedderstraße
ÖPNV:	Endstation Grevel (Linie U42)
Höhe über NN:	122 Meter
Höhe der Aufschüttung:	60 Meter
Fläche:	36 Hektar
Material:	Mülldeponie der Entsorgung Dortmund GmbH
Art der Halde:	Landschaftsbauwerk

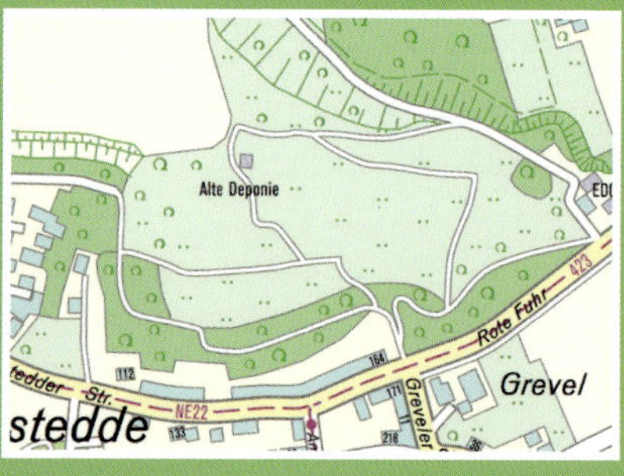

In Dortmunds Nordosten liegt eine mehr als 100 Hektar große Haldenlandschaft, gewachsen aus Müllkippen und von den Einheimischen liebevoll „Greveler Schweiz" genannt. Nur ganz im Westen stammt der Sockel aus dem Material aus der Zeche Gneisenau. Der renaturierte und zugängliche Teil im Süden ist die Deponie Grevel, sie wird auch Greveler Alm genannt.

Bevor dieses Landschaftsbauwerk entstand, war es seit den 1960er-Jahren eine Halde für Hausmüll und Bauschutt, davor nur kurze Zeit eine Bergehalde. Erst Mitte der 1990er-Jahre wurde die Deponie saniert. Seitdem werden die Ausgasungen des organischen Abfalls in ein Kraftwerk ausgeleitet. So entsteht nicht nur naturnaher Erholungs- und Lebensraum für Mensch und Tier, sondern auch Energie in Form von Strom. Dazu passt die große Photovoltaik-Anlage, die sich seit 2016 auf dem Haldengelände befindet und ökologischen Strom für etwa 1000 Haushalte produziert.

Unterhalb des leicht kegelförmigen Gipfels führt ein Rundweg um die Halde. Von oben hat man einen guten Panoramablick. Die Halde eignet sich zum Wandern und Radfahren und bietet ein viereinhalb Kilometer langes Wegenetz. An mehreren Stellen finden sich Sitzgelegenheiten, die zu einer Rast einladen.

An den beiden Aussichtspunkten reicht der beeindruckende Blick an klaren Tagen vom südlichen Münsterland bis ins vordere Sauerland, auch die Halde Großes Holz in Bergkamen kann bewundert werden und natürlich das berühmte Lanstroper Ei. Der ehemalige Wasserturm, der auf Grund seiner speziellen Bauart zum Baudenkmal und zur Landmarke wurde, steht in unmittelbarer Nähe. Noch näher liegt der Luftschacht Rote Fuhr.

Im unteren Bereich der Halde wurden unzählige Sträucher und Bäume gepflanzt, auf dem Haldenplateau finden sich Wiesen- und Kräuterflächen mit Steinschüttungen, in denen sich Reptilien wie Eidechsen und sogar Nattern wohlfühlen.

War die Halde lange Zeit ein schwieriges Thema für die Anrainer, ist sie jetzt ein Naherholungsgebiet für die Menschen aus der Umgebung.

Halde mit Fragezeichen

Deponie Schleswig

Parkplatz:	44309 Dortmund-Brackel, Aplerbecker Straße
ÖPNV:	Haltestelle Fuchshöhle (Linie 439)
Höhe über NN:	147 Meter
Höhe der Aufschüttung:	45 Meter
Fläche:	35 Hektar
Material:	Schlacke und Schutt auf Bergematerial
Art der Halde:	Deponie
Besonderheit:	nur auf Anmeldung zugänglich

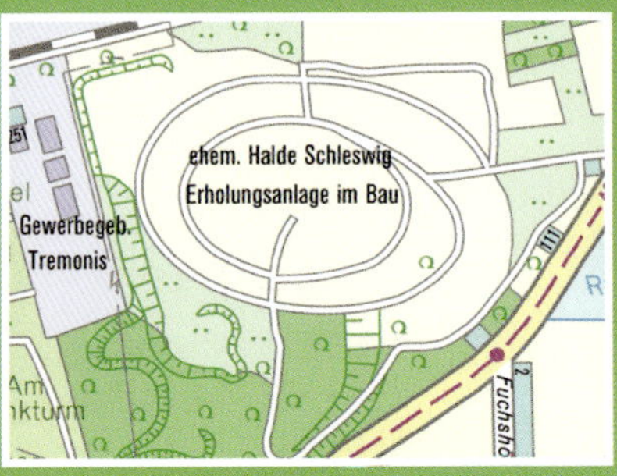

Von der auch „Asselner Alm" genannten Halde im Dortmunder Osten hat man die ganze Stadt im Blick, inklusive Flughafen. Nach Osten geht der Blick über Unna und weit hinein in die Soester Börde und auf den Haarstrang. Wer allerdings hier hinauf will, braucht einen Termin, denn, obwohl inzwischen fertig renaturiert, ist die Halde eingezäunt und noch nicht frei zugänglich. Eigentümerin ist und bleibt Thyssen-Krupp Steel. Das Unternehmen wird allerdings nicht die Verkehrssicherungspflicht übernehmen und hofft darauf, dass der RVR die Halde und die Wege in seine Obhut nehmen wird, also für die Beseitigung von Schäden, die Entsorgung von Abfällen und die Haftung bei Unfällen zuständig sein wird. Ob und wann es dazu kommt, war bei Drucklegung dieses Führers noch nicht geklärt.
Einstweilen sind Besuche für Gruppen von zehn bis maximal 20 Personen in Absprache und nach Anmeldung unter folgender E-Mail-Adresse möglich: deponie_schleswig@thyssenkrupp.com. Der Besuch findet in Begleitung eines Mitarbeiters statt und dauert ungefähr eine Stunde. Dabei dürfen Hunde mitgebracht werden, Grillen, Alkohol und Picknick sind zurzeit noch verboten.
Die Halde steht auf dem Gebiet der Zeche Schleswig, die schon 1926 stillgelegt wurde. Auf das Bergematerial wurden im nördlichen Teil der Halde hüttenspezifische Abfälle gelagert. Der südliche Teil der alten Bergehalde hat sich bereits zu einem neuen Lebensraum für Pflanzen und Tiere entwickelt. Die Bevölkerung der angrenzenden Wohngebiete hofft darauf, dass die Halde auch bald ein Naherholungsraum für sie werden kann.

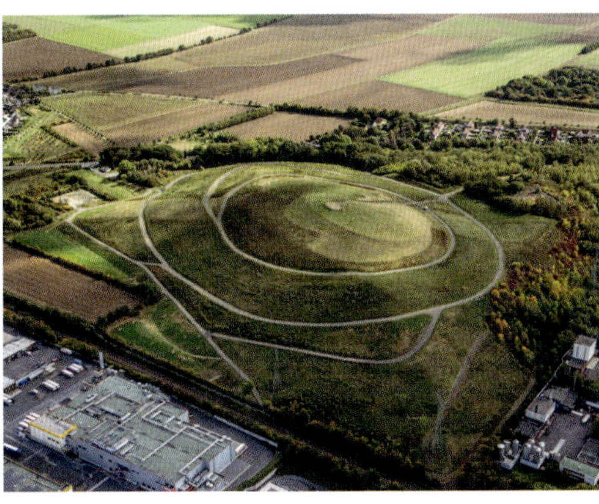

Deponie Schleswig von oben

Lichtschwert und blaue Impulse

Halde Großes Holz

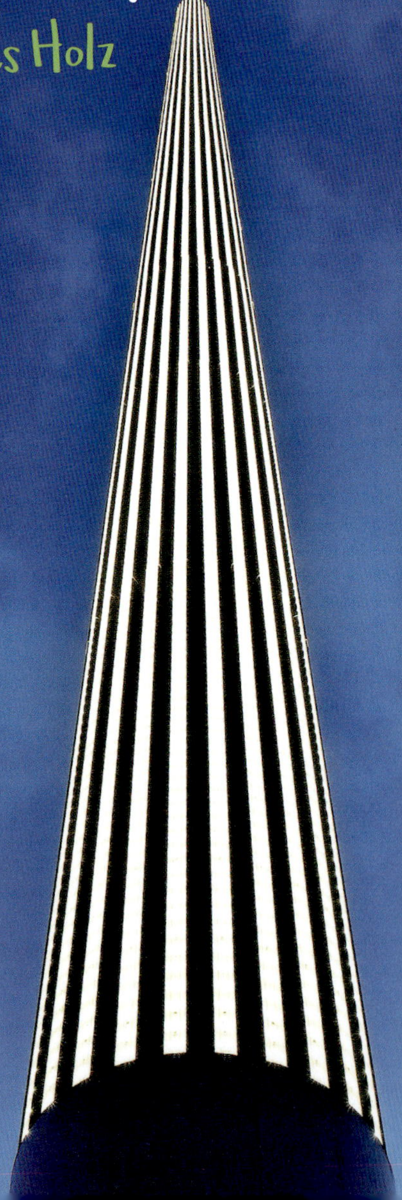

Auf der Halde Großes Holz dreht sich alles um die Farbe Blau. Sie war die erste in einer Reihe bewusst geplanter Berglandschaften im Revier, die ein Naherholungsgebiet für die Menschen und Lebensraum für Tiere und Pflanzen sein sollten. Und so ist sie heute ein beeindruckendes Haldenmassiv mit vielen künstlerischen Impulsen, dem Korridorpark und der inspirierenden Farbe des Wassers und des Himmels. Die Halde wird ein wichtiger Teil des für die Internationale Gartenausstellung 2027 in Bergkamen und Lünen geplanten Zukunftsgartens „Landschaft in Bewegung“.

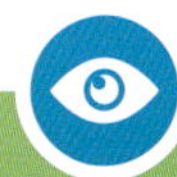

Parkplatz:	59192 Bergkamen, Erich-Ollenhauer-Straße oder Parkplatz Waldstraße
ÖPNV:	Haltestelle Erich-Ollenhauer-Straße (Linie R12)
Höhe über NN:	148 Meter
Höhe der Aufschüttung:	92 Meter
Fläche:	140 Hektar
Material:	Bergehalde der Bergwerke Haus Aden und Ost
Art der Halde:	Landschaftsbauwerk
Gestaltung:	Gestaltung: Korridorpark, Lichtinstallation „Impuls“, Blaue Leuchttürme, Baum- und Gräserplateau
Besonderheit:	erste als Landschaftsbauwerk gestaltete Halde, flächenmäßig zweitgrößte Halde

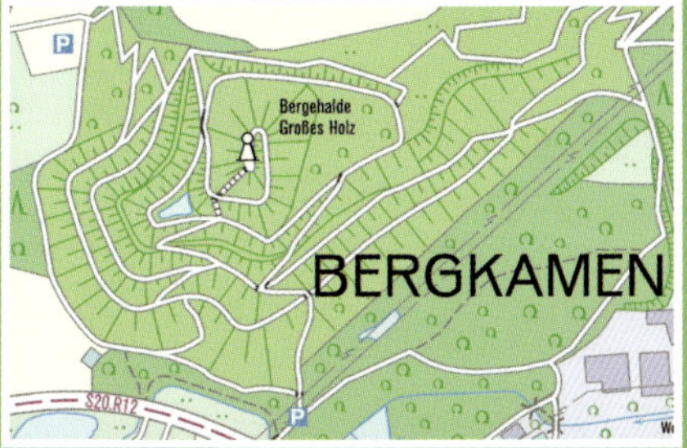

Geschichte: Der Name Großes Holz leitet sich von den ausgedehnten Buchenwäldern ab, die der Bergehalde für die Bergwerke Haus Aden und Zeche Monopol in den 1970er-Jahren weichen mussten. Reste dieses Waldes umgeben heute noch den nordöstlich der Halde gelegenen Beversee.

Bereits 1974 verfolgte die Ruhrkohle AG ein neues Konzept: Man wollte Halden nicht mehr in Form von Spitzkegeln oder teilweise begrünten Tafelbergen aufschütten, sondern zu Berg- und Landschaftsbauwerken modellieren. Lebensraum für Tiere und Pflanzen und vor allem Erholungs- und Freizeitflächen für die Bevölkerung zu schaffen war das Ziel. Ein Konzept, das in den folgenden Jahren das Ruhrgebiet und seine Landschaft maßgeblich verändern sollte. Hier gehen die Verantwortlichen aber noch einen Schritt weiter: Sie wollen klar machen, dass Halden zwar der Natur wieder Raum geben können, aber Natur aus zweiter Hand sind. Geometrische Formen von Wegen und Wällen und Beeten lassen daran keinen Zweifel aufkommen.

Freizeit: Die Halde Großes Holz ist mit 140 Hektar Ausdehnung die zweitgrößte Halde des Ruhrgebiets. Der nordwestliche Teil der Halde wird teilweise noch betrieblich genutzt und ist deshalb für Besucher gesperrt. Genügend Platz, um sich ausgiebig zu bewegen, bleibt trotzdem. Und auch für Tiere wie die schützenswerte Kreuzkröte, den

Tipp

Dämmerwanderung

Die Halde bietet sich an für eine Wanderung in der Dämmerung, so manche Nachtschwärmer treffen sich hier, um die Aussichtsplattform zu erklimmen und einen beeindruckenden Ausblick auf das erleuchtete und nächtliche Ruhrgebiet zu bekommen. Der Blick zur Stadt Dortmund mit Flughafen und zu den erleuchteten umgebenden Industrieanlagen bieten eine Ruhrpott-Romantik, die schon viele Pärchen um diese Zeit auf die Halde gelockt haben. Für den Abstieg ist trotz Haldenbeleuchtung eine Taschenlampe empfehlenswert.

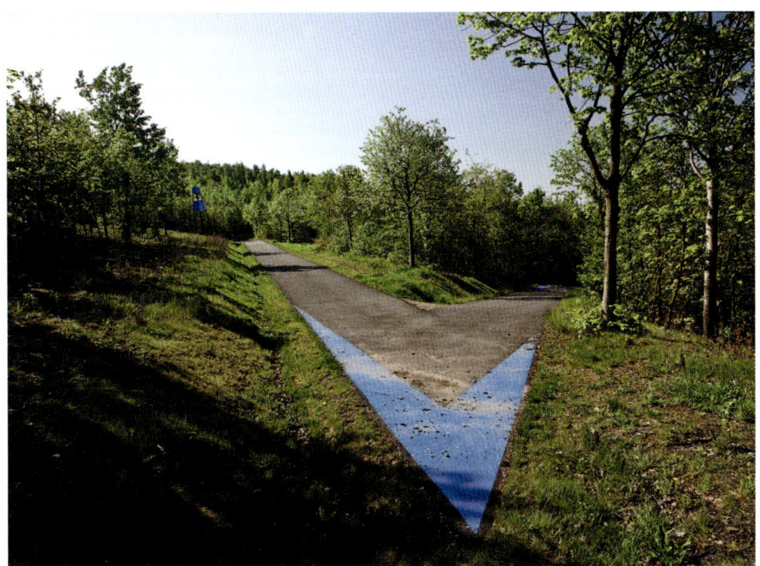

Am Korridorpark

Kiebitz und den Flussregenpfeifer bieten die weiten Flächen einen wichtigen Lebensraum.

Der südliche Teil der Halde ist längst bewaldet. Es gibt ausgedehnte Wanderwege und viel Grün und Natur, um Ruhe und Erholung zu finden. Wie am Baum- und Gräserplateau, wo mit den verschiedenen Laub- und Farbaspekten aus der Natur gespielt wurde. Wer möchte, kann sich auf die Suche nach heimischen Heilkräutern machen: Kamille, Beinwell, Johanniskraut oder Gundermann sind hier zu finden. Ein weiteres Naturschauspiel der Haldenlandschaft ist der „versunkene Hain“ der sich aus Oberflächenwasser gebildet hat. Entlang der Wege gibt es Sitzbänke und genügend Möglichkeiten, um auszuspannen und ein Picknick zu machen.

Die Halde ist auf Grund ihrer unterschiedlichen Wander- und Radwege, die sowohl anspruchsvoll als auch gemäßigt angelegt wurden, ein beliebtes Freizeitgebiet für alle Jahreszeiten und alle Bedürfnisse: Wandern, Joggen, Walken, Laufen, Radfahren. Der drei Kilometer lange Korridorpark stellt die Verbindung zu den regionalen Radwegen, zur Römerroute und zum Emscher-Park-Radweg her.

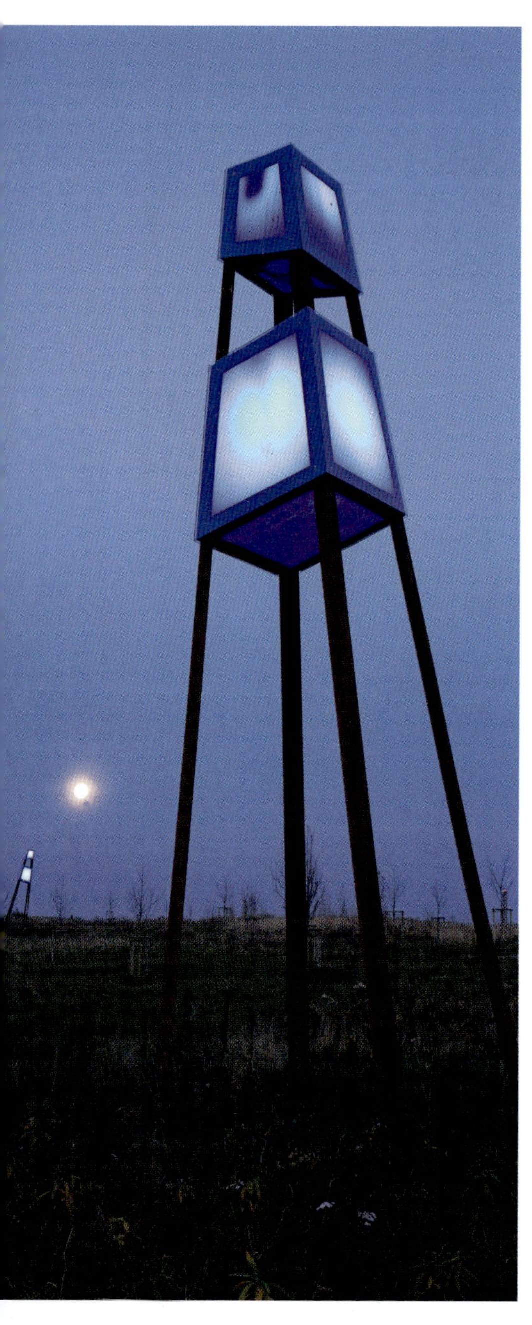

Mit knapp 150 Metern ist der höchste Punkt der Halde die Adener Höhe. Sie wurde 2014 neugestaltet und ihre Plattform wird aus zwei elliptischen Formen gebildet. Von dort bietet sich ein beeindruckender Ausblick in die Umgebung: im Norden zum Datteln-Hamm-Kanal mit der Marina Rünthe. Östlich befindet sich der Beversee, südöstlich die Bayer Pharma AG und das ehemalige Bergwerk Monopol und im Westen liegt das Gelände der ehemaligen Zeche Haus Aden.

Kunst: Weit mehr als eine reine Landmarke ist das Kunstwerk „Impuls" der Künstlerbrüder Maik und Dirk Löbbert. Die Licht-Stele wurde im Dezember 2010 auf der ovalen Plattform der Adener Höhe installiert und leuchtet mit der Kraft von 14.400 LED-Leuchten in den Himmel über dem Ruhrgebiet. Pulsierend und wie ein riesiges Lichtschwert sendet es so die Botschaft in die Nacht:

Blau ist die Farbe der Halde Großes Holz.

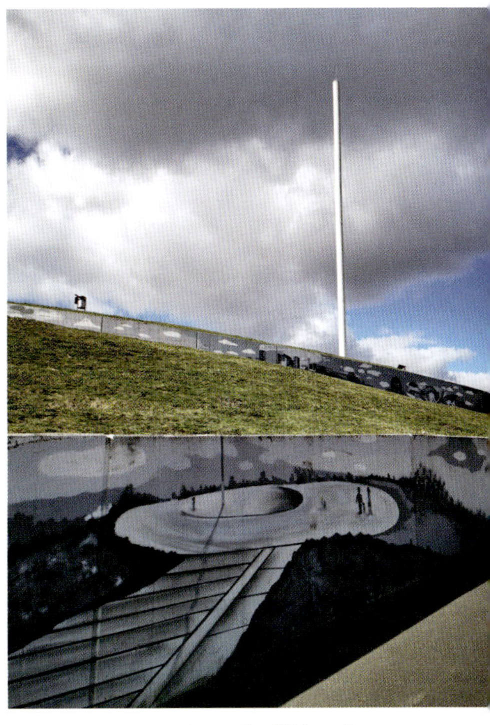

Graffiti und Landmarke „Impuls“

„Zuversichtlich weiterentwickeln und neue Wege gehen.“ Aber auch ein „Ehrenmal für die Bergleute Bergkamens und aller Welt“ soll das Lichtwerk laut Aussage der Künstlerbrüder sein. Die anderen künstlerischen Gestaltungselemente der Halde knüpfen an das „Blaue Band“ in der Stadt Bergkamen an, und so zieren neun bläulich schimmernde Leuchtkörper aus Stahl und Plexiglas den Korridorpark, der sich in einem drei Kilometer langen Asphaltweg als Ost-West-Achse über die Halde schlängelt und alle öffentlichen Bereiche miteinander verbindet.

Auf der Aussichtsplattform „Bastion“ unterhalb des Gipfels sind Drahtkörbe mit großen blauen Glassteinen gefüllt und die Aussicht reicht an klaren Tagen bis ins Münsterland. Die aufwändig gestaltete Bepflanzung mit Ochsenzunge, Lavendel, Lupine, Natternkopf, Salbei und Sommerflieder bietet nicht nur Schmetterlingen und Bienen Nahrung, sondern den Besuchern in der warmen Jahreszeit eine zusätzliche blau-visuelle Naturerfahrung.

Eine eigene Webcam hat die Halde auch: Auf 120 Metern Höhe bietet diese Ein- und Ausblicke auf die Halde unter: www.halde-grosses-holz.de

Bis spätestens zur IGA wird auf der Halde eine 20.000 Quadratmeter große „Naturarena“ fertiggestellt. Sie soll Schauplatz großer Kulturveranstaltungen oder von Freiluft-Märkten sein. Die riesige Fläche soll die Größe der Halde erfahrbar machen, abgeschirmt wird sie durch große geometrische Wälle.

Haldenlandschaft am Kanal

Halde Großes Holz, Halde Haus Aden I und II, Halde Monopol

Zwischen dem Datteln-Hamm-Kanal und Oberaden, dem Vorort von Bergkamen, liegt mit fast 200 Hektar Fläche die zweitgrößte Haldenlandschaft des Ruhrgebiets. Und ihre größte Zukunft hat sie noch vor sich: Zur Internationalen Gartenausstellung im Jahr 2027 wird sie eine besondere Attraktion im östlichen Ruhrgebiet werden – ohne Zaun und frei zugänglich für alle.

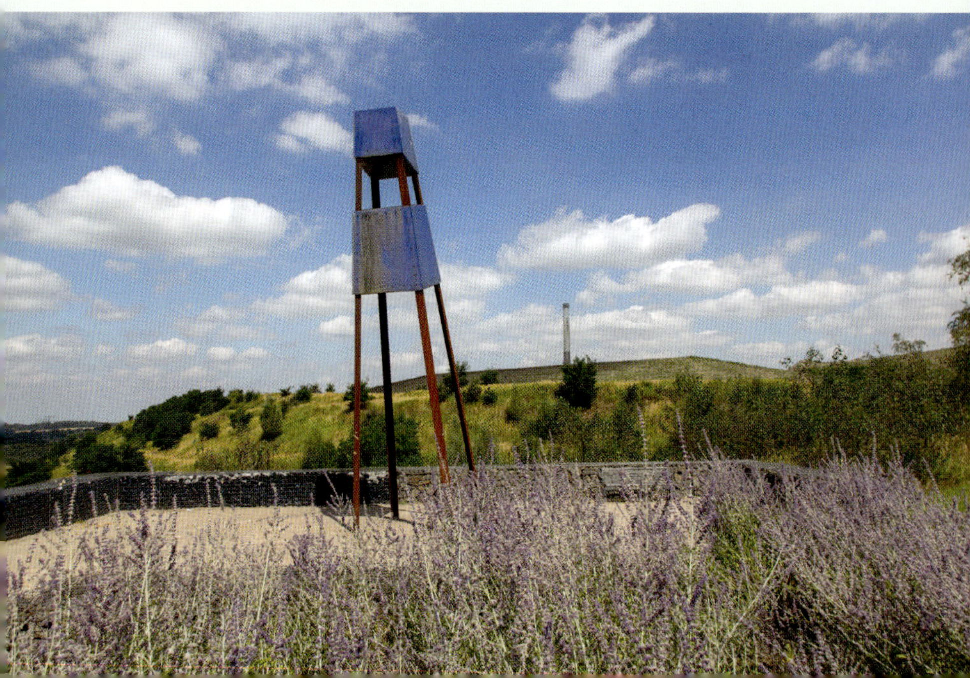

Kanalband: Haus Aden I und Haus Aden II

Der westliche Teil der direkt am Datteln-Hamm-Kanal gelegenen Halden ist noch in Arbeit. Was hier allerdings in den nächsten Jahren vor sich geht, dient bereits vollständig der Realisierung der Pläne für die Internationale Gartenausstellung: Die „Haldenlandschaft am Kanal" wird zusammen mit der Halde Großes Holz und den Lünener Halden Victoria I/II ein wichtiger Schauplatz werden. „Landschaft in Bewegung" heißt das zweideutige Motto, denn nicht nur die künstliche und doch dem Menschen und der Natur dienende Veränderung der Natur wird damit thematisiert, sondern natürlich auch das sportliche Angebot, das hier zu finden sein wird: Klettern, Radfahren, Wandern, Skifahren ... Die Planungen sind schon konkret und äußerst vielversprechend.

Der östliche Teil der Halde ist bereits zugänglich, ihn erreicht man direkt vom Kanalufer aus, wenn man von der Marina Rünthe oder durch das Naturschutzgebiet Beversee kommt. Von oben hat man einen guten Blick auf den Verlauf des Kanals in Richtung Hamm, zum Kraftwerk Bergkamen und auf die Gebäude an der Marina Rünthe.

Die Halde Monopol

Südöstlich der Halde Großes Holz liegt die älteste Abraumhalde der sogenannten Bergkamener Alpen, die Halde Monopol. Sie bildet drei Hügel und grenzt an das ehemalige Zechengelände, das heutige Bayerwerk an. Der höchste Punkt liegt auf 97 Metern über Normalnull und auf einer Höhe von 35 Metern zur Umgebung.

Das unebene Gelände erstreckt sich über eine Größe von etwa zehn Hektar. Die Natur hat sich hier ihren Platz zurückerobert, und so sind einige Pfade zugewachsen und die Aussichten in die Umgebung nur eingeschränkt. Es führt allerdings ein Rad- und Wanderweg über die Halde, und wenn die Umgestaltungen zur Gartenausstellung abgeschlossen sein werden, dann führt der IGA-Radweg Bergkamen-Lünen um sie herum.

Die „Bastion" auf der Halde Großes Holz

Vorzeigeprojekt für Jung und Alt

Halde Franz

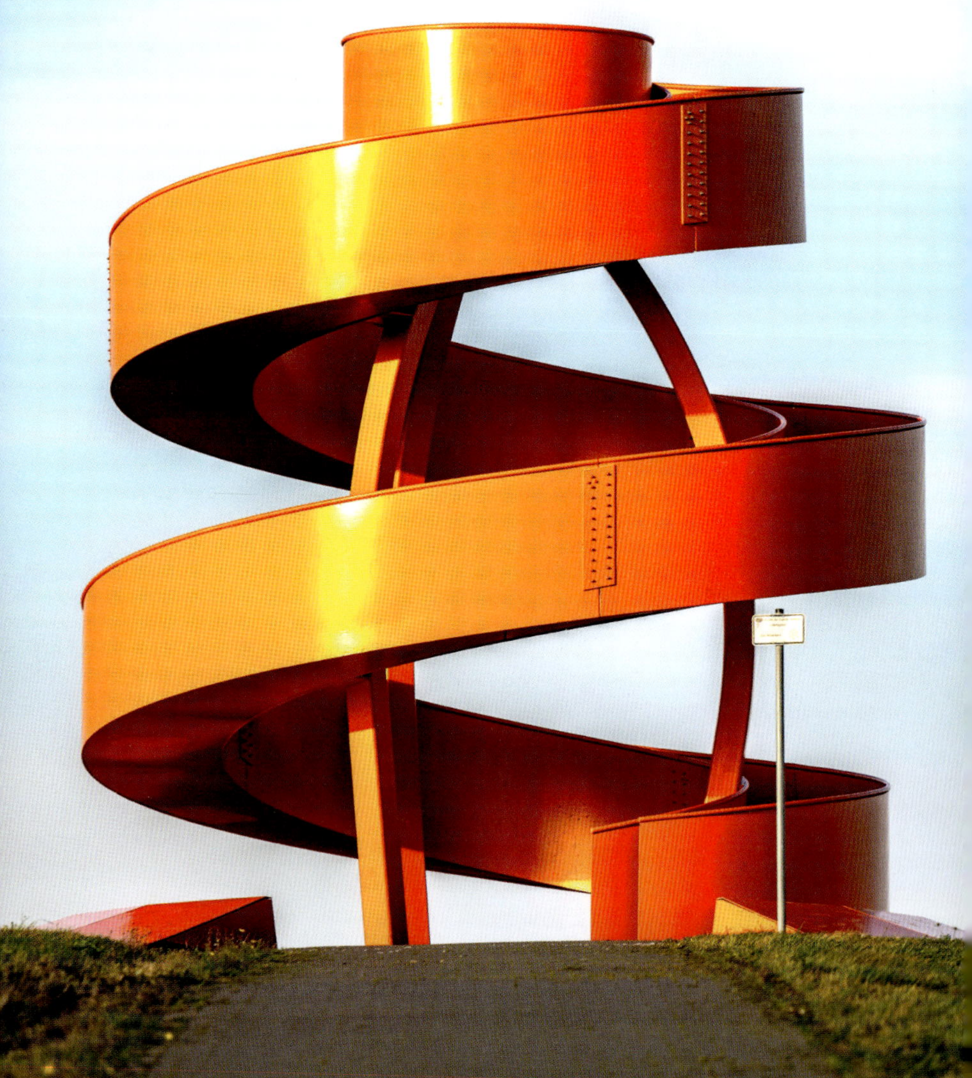

Nachdem der Zechenbetrieb auf Schacht Franz, ehemalige Zeche de Wendel, 1994 sein Ende fand, stand man nach dem Abbruch der obertägigen Anlagen 2003 vor einer riesigen Brachfläche mitten in Hamm. Motiviert von dem Slogan „Im Westen was Neues" zögerte man nicht lang und begann mit der Planung eines Freizeitgeländes für die Bevölkerung. Heute verbindet der Park die Halde Radbod im Norden mit den Halden Kissinger Höhe und Humbert im Süden. Dazwischen gibt es viel zu entdecken und noch mehr Möglichkeiten, auf unterschiedlichste Weise aktiv zu werden.

Parkplatz:	59077 Hamm, Schachtstraße 30, Parkplatz Lippepark
ÖPNV:	Haltestelle Isenbecker Hof (Linie 1), Haltestelle Mozartstraße (Linie 7)
Höhe über NN:	73 Meter
Höhe der Aufschüttung:	14 Meter
Fläche:	16 Hektar
Material:	Bergehalde aus dem Bergwerk Ost
Art der Halde:	Landschaftsbauwerk
Gestaltung:	oranger, spiralförmiger Aussichtsturm
Besonderheit:	Haldenlandschaft rund um den Lippepark mit gemeinsamen Landmarken auf den Halden Franz, Radbod, Humbert und Kissinger Höhe

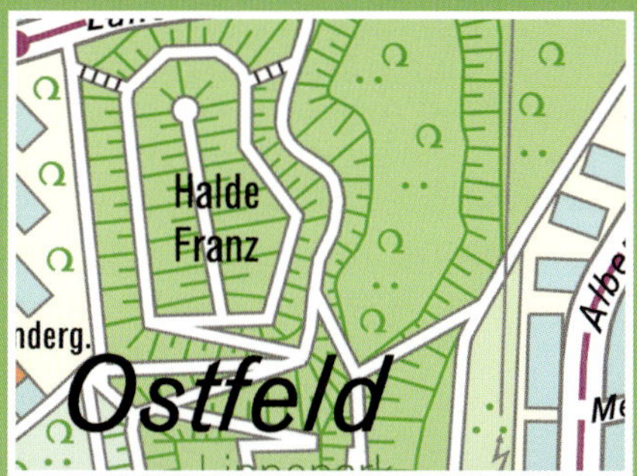

Geschichte: Der Schacht Franz wurde 1923 von der Zeche de Wendel bei Herringen errichtet. Das Gelände reichte von der Dortmunder Straße bis an den Datteln-Hamm-Kanal. 2002 wurde der Schacht verfüllt und die Bauwerke abgetragen. Zu der Anlage gehörte auch eine kleine Bergehalde. Die Brache wurde 2009 unter Einbeziehung der Bevölkerung zu dem beliebten Naherholungsgebiet Lippepark umgestaltet. Vor allem Familien, Kinder und Jugendliche haben außergewöhnliche Sport- und Erholungsflächen bekommen.

Freizeit: Der nördliche Teil des Parks wurde so angelegt, dass sich drei Hügel formen. Der nördlichste davon ist die ehemalige kleine Bergehalde Franz, die anderen wurden später aufgeschüttet und sind durch ein Tal voneinander getrennt. Es führen verschiedene Wege über die einzelnen Hügel, vom orangen Aussichtsbalkon und den Schaukeln der südlichen Erhebung zu der kreisrunden idyllischen Teichanlage „Himmelsspiegel" und weiter zur Halde Franz, auf der 2016 das erste der zehn Meter hohen orangen Haldenzeichen installiert wurde, die inzwischen die vier Halden rund um den Lippepark schmücken – untereinander durch Sichtachsen verbunden.
Der Lippepark in Hamm ist ein gelungenes Beispiel dafür, wie sich eine Industriebrache in ein Naherholungsgebiet für Alt und Jung verwandeln kann. Vorbildlich wurden hier Flächen für Kinder, Jugendliche und Erwachsene realisiert, die sich ausgiebig bewegen und die Natur genießen können: drei Spielplätze, ein Funsport-Areal, ein Street- und Pool-Skate-Parcours, eine Boulderwand, Mountainbike-Parcours, Grillplätze, riesige Schaukeln mit Aussicht, eine Spielwiese, ein Sportplatz und viel Raum, um die Seele baumeln zu lassen.

Kunst: Orange ist die Farbe des Lippeparks und der ihn umgebenden Halden: freischwebende Aussichtsbalkone, überdimensionale Schaukeln und die über Sichtachsen verbundenden Landmarken sind in dieser Farbe gestaltet. Und das hat einen Grund: Die Sohle des Schachtes Franz war in „kress" markiert, wie die Bergmänner sagen, und das Orange war wichtig, um sich untertage zu orientieren. Die „Berghaus"-Architekten aus Hamm nahmen die Farbe in ihr Konzept auf, und so dominiert sie heute den Park. Die Haldenzeichen sollen als Kunstwerke den Strukturwandel sichtbar machen und als Aussichtstürme den Blick in die Industrieumgebung und zu den anderen Halden freigeben. Schönes Detail: Sie sind barrierefrei zu erklimmen.

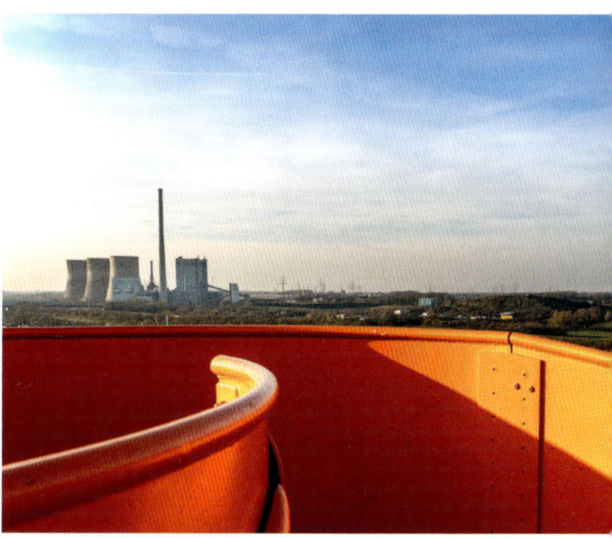

Orange, von den Bergmännern „kress" genannt, ist die bestimmende Farbe im Lippepark.

Die Zechenarbeiter haben die Vielfalt der Religionen nach Hamm mitgebracht, und so war es den Verantwortlichen wichtig, die Toleranz und den Respekt füreinander im „Ort der Interreligiösen Begegnung" auszudrücken und in den Lippepark einzubauen. Religiöse Symbole und Texte in stählernen Brammen gestaltet verbinden die unterschiedlichen Glaubensbekenntnisse mit dem Bergbau.

An der Protegohaube, dort wo der Schacht Franz einmal 1000 Meter in die Erde gegraben war, befindet sich der „Ort der Bergbaugeschichte". Auf Schautafeln wird die Geschichte der Zechen, der Siedlungen, der Arbeiter und ihrer Familie nachgezeichnet. An der Seilfahrt auf der alten Zechenbahn führt ein Kunstpfad auf einem asphaltierten und beleuchteten Weg und informiert und inspiriert mit Kunstobjekten und ehemaligen Geräten aus dem Bergbau. Für Kinder gibt es in diesem Bereich einen eigenen Themenspielplatz.

Tipp

Informationen rund um den Lippepark und die dazugehörigen Halden bietet die Website www.herringen.info

Die Nördlichste im Hammer Westen

Halde Radbod

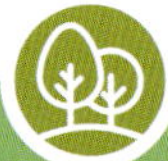

Parkplatz:	59075 Hamm-Bockum-Hövel, An den Fördertürmen
ÖPNV:	Haltestelle Zeche Radbod (Linie S10)
Höhe über NN:	91 Meter
Höhe der Aufschüttung:	44 Meter
Fläche:	37 Hektar
Material:	Bergehalde der Zeche Radbod in Bockum-Hövel
Art der Halde:	Tafelberg
Gestaltung:	oranger, spiralförmiger Aussichtsturm
Besonderheit:	Haldenlandschaft rund um den Lippepark mit gemeinsamen Landmarken auf den Halden Franz, Radbod, Humbert und Kissinger Höhe

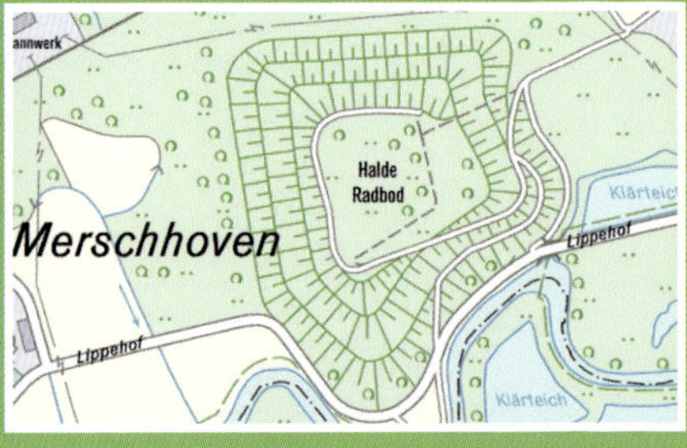

Wenn man von der Zeche Radbod kommt, erinnert der Tafelberg mit seinen unbewaldeten Stufen mit ein bisschen Fantasie fast an eine mexikanische Stufenpyramide. Unterhalb der Halde fließen Datteln-Hamm- und Lippekanal und die Arme der Alten Lippe. Und oben steht die orange Landmarke, das Wiedererkennungszeichen für die Halden im Hammer Westen.

Die Halde Radbod ist die nördlichste der vier Halden im Gebiet der früheren Bergbauflächen in den zu Hamm gehörenden Ortsteilen Herringen, Bockum-Hövel und Pelkum. Nördlich von Lippe und Datteln-Hamm-Kanal gelegen, schließt sie den Lippepark in dieser Himmelsrichtung ab – mit diesem verbunden durch eine neue Brücke. Die Halde ist als Tafelberg angelegt und durch markante Terrassen gekennzeichnet, im Süden folgt ihre Form den mäandernden Alt-Armen der Lippe.

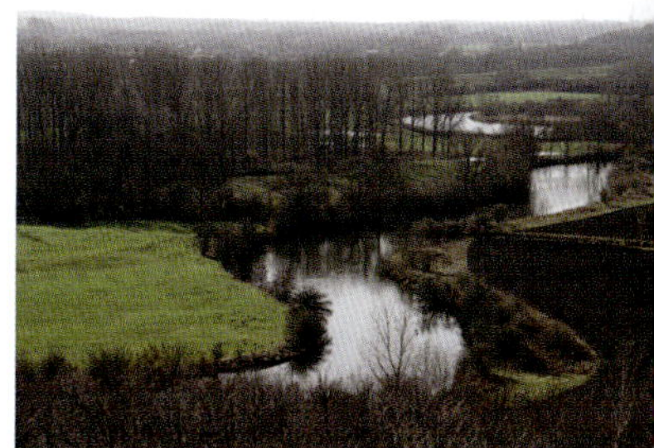

Blick von der Halde auf den Alten Lippearm

Gekrönt wird die Halde von dem spiralförmigen Aussichtsturm, der etwas unterhalb des höchsten Punktes der Halde steht. Er ist nach Süden ausgerichtet, so dass die drei anderen orangen Haldentürme im Lippepark, auf der Kissinger Höhe und auf der Halde Humbert im Süden gut zu sehen sind. Aber auch der Blick auf den Flusslauf der Alten Lippe und hinüber zu den drei Fördertürmen der ehemaligen Zeche Radbod und bis zur Altstadt von Hamm im Osten lohnt den Aufstieg. Die Halde eignet sich zum Wandern ebenso wie für Radausflüge. Naturbelassen und grün bietet sie ausreichend Platz für ein ausgiebiges Picknick auf ihrem Gipfelplateau. Dort finden sich Wildkräuter, Sanddorn- und Hagebuttenbüsche. Gegen Norden ist die Halde dicht bewachsen und bietet im Sommer Schatten und Platz zum Austoben und Erholen. Zu Fuß kann man den Besuch der Halde wunderbar mit einer Wanderung durch die angrenzenden Lippe-Auen ergänzen. Mit dem Fahrrad kommt man auf der Römer-Lippe-Route über den Damm zwischen Datteln-Hamm-Kanal und der Lippe. Oder von der östlich der Halde gelegenen Rennrad- und Rollsport-Trainingsstrecke. Und natürlich lädt der Kernbereich des Lippeparks zum Besuch.

Schiff mit Bug nach Herringen

Halde Humbert

Parkplatz:	59077 Hamm, Zum Bergwerk, Parkplatz Kissinger Höhe oder Zechenweg 15, Parkplatz am Krematorium und am Interkulturellen Garten
ÖPNV:	Haltestelle Zeche Heinrich Robert (Linie 3)
Höhe über NN:	107 Meter
Höhe der Aufschüttung:	52 Meter
Fläche:	38 Hektar
Material:	Bergehalde des Bergwerks Ost Dortmund GmbH
Art der Halde:	Landschaftsbauwerk
Gestaltung:	oranger, spiralförmiger Aussichtsturm

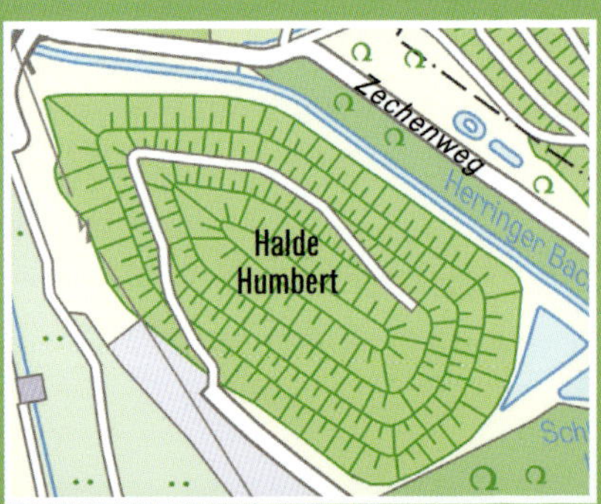

Die Halde Humbert wurde als vorerst letzte der Halden des Lippeparks Hamm an das Naherholungsgebiet angeschlossen und für Besucher geöffnet. 2018 wurde das orange Haldenzeichen auf ihrem Gipfel installiert und erst 2021 kam sie in den Besitz des RVR. Um das Konzept der Halde[5] abzuschließen, fehlt jetzt nur noch die Halde Sundern …

Die Halde Humbert hat ihren Namen von dem Schacht Humbert, der unter ihr begraben ist – eine Protegohaube kennzeichnet noch heute den Standort des ehemaligen Luftschachtes des Bergwerks Ost. Bereits 1920 wurde mit der Aufhaldung begonnen, die heutige Form als Landschaftsbauwerk erhielt die Halde Humbert durch die Aufschüttung zwischen den Jahren 2000 bis 2005. Ihre Form erinnert an ein Schiff oder ein Bügeleisen, wobei die „Spitze" nach Herringen zeigt.

Die Wege wurden schneckenförmig und eher steil angelegt, sie enden auf beiden Seiten der Halde und eignen sich für Wanderer, Walker, Jogger und Radfahrer.

Die Halde ist noch wenig bewachsen und bietet so zu jeder Jahreszeit eine gute Rundumsicht. Auf dem weiten Haldenplateau steht seit 2018 das vierte der orangen, spiralförmigen Haldenzeichen. Die Aussicht reicht von der Moschee an der Dortmunder Straße über den Lippepark zur Halde Radbod, nach Bergkamen zur Halde Großes Holz und natürlich zur Schwesternhalde Kissinger Höhe. Dazwischen liegt der Herringer Bach, dessen Renaturierung bereits geplant ist, auch ein Brückenschlag zwischen den Halden wird erwogen.

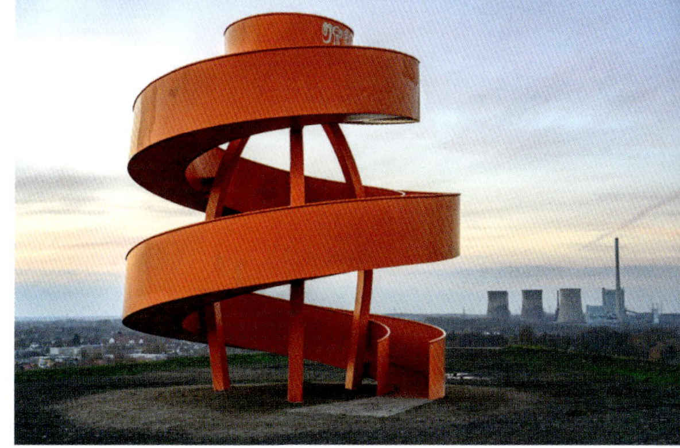

Eine von bisher vier Landmarken auf den Halden im Hammer Westen

Barfuß auf drei Gipfel

Kissinger Höhe

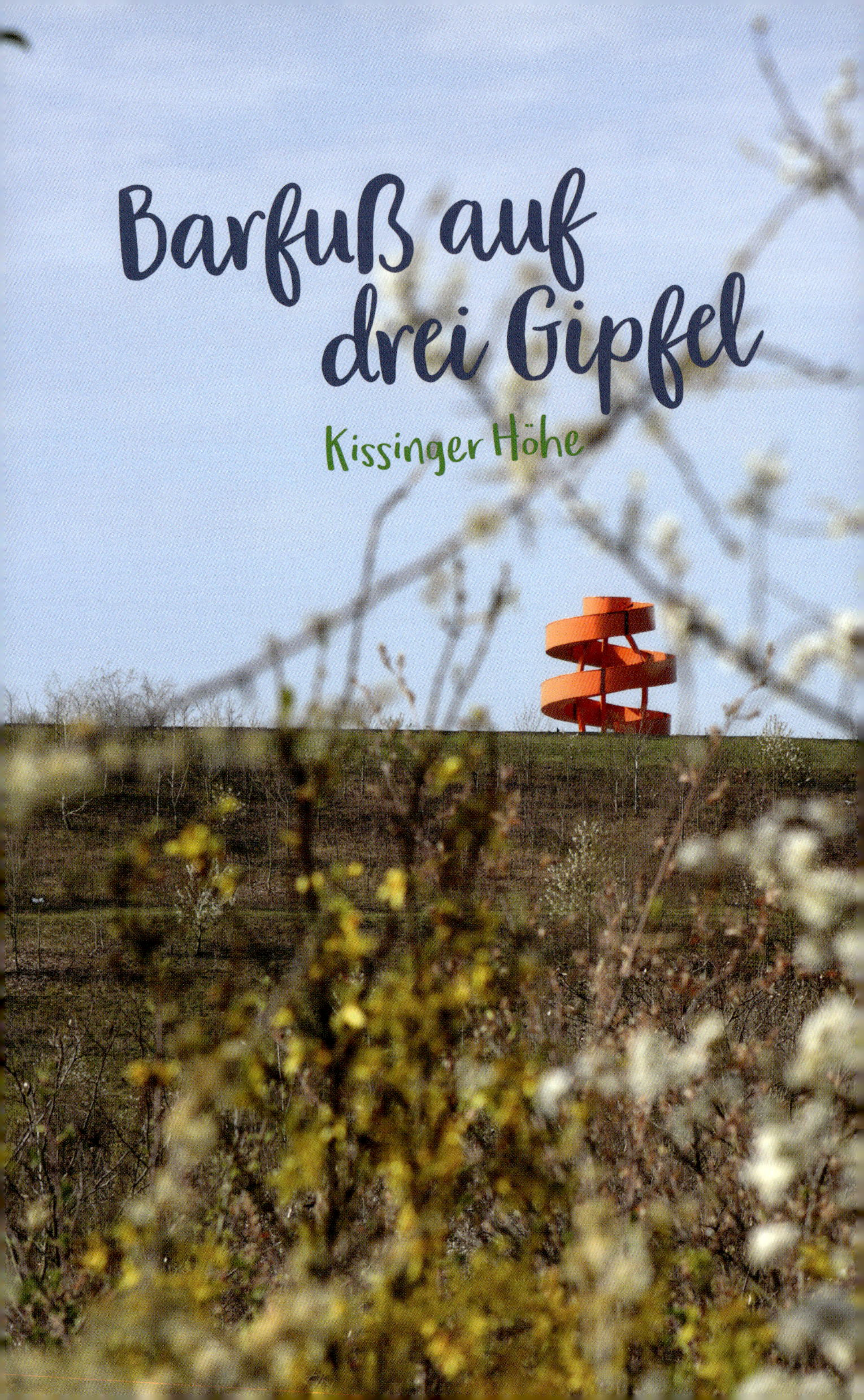

Die Kissinger Höhe bietet drei begrünte Gipfel und viele Möglichkeiten zum Wandern, Walken und Laufen. Sogar ein Barfußweg ist hier zu finden! Am Fuß der Halde liegt ein Interkultureller Garten und von der orangen Landmarke bietet sich ein beeindruckender Ausblick in die Umgebung und zu den anderen Halden und den orangen Haldenzeichen im Lippepark.

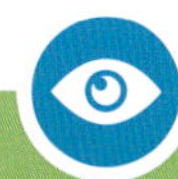

Parkplatz:	59077 Hamm, Zum Bergwerk, Parkplatz Kissinger Höhe oder Zechenweg 15, Parkplatz am Krematorium und am Interkulturellen Garten
ÖPNV:	Haltestelle Zeche Heinrich Robert (Linie 3)
Höhe über NN:	113 Meter
Höhe der Aufschüttung:	57 Meter
Fläche:	39 Hektar
Material:	Bergehalde des Bergwerks Ost
Art der Halde:	Landschaftsbauwerk
Gestaltung:	oranger, spiralförmiger Aussichtsturm Bergbaulehrpfad
Besonderheit:	Haldenlandschaft rund um den Lippepark mit gemeinsamen Landmarken auf den Halden Franz, Radbod, Humbert und Kissinger Höhe. Fahrradfahren verboten

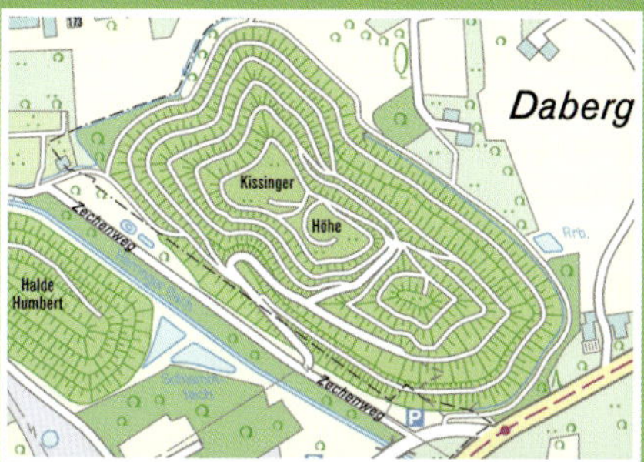

Geschichte: Die Kissinger Höhe liegt südwestlich der Innenstadt Hamms zwischen Pelkum und Daberg. Sie ist zwischen den Jahren 1974 und 1998 als Schüttung aus dem Bergwerk Ost entstanden. Schon während der Nutzung war klar, dass aus der Kissinger Höhe einmal ein Landschaftsbauwerk entstehen soll. Und dies wurde dann 1998 realisiert, indem man die Halde zu einem Berg mit drei Gipfeln formte. Rund eine halbe Million Bäume und Sträucher wurden gepflanzt, die Halde begrünt, unterschiedliche Wege angelegt. An ihrem Haldenfuß kam der Interkulturelle Garten als zusätzliches Angebot des Lippeparks hinzu.

Freizeit: Die Nutzung der Halde wurde vor allem als Lauf- und Nordic-Walking-Revier angelegt. Erweitert wird das Angebot durch einen barfußtauglichen Weg auf der zweiten Ebene und einen Bergbaulehrpfad, der sich mit ehemaligen Geräten wie Teufkübel, Seilscheiben und Grubenausbauprofil präsentiert. Informationstafeln erklären die Geräte und wer möchte, kann sich auf einen Seitenkipplader oder in die Grubenbahn setzen.
Rund um die längliche Halde ziehen sich auf unterschiedlichen Ebenen Wander- und Laufwege. Dafür wurden unterschiedliche Stecken mit verschiedenen Steigungen und einer Gesamtlänge von 17 Kilometern angelegt. So bietet diese Halde viel Platz, um die Natur zu Fuß und mit allen Sinnen zu erfahren. Fahrradfahren ist hingegen verboten.
Auf dem höchsten Punkt der drei Haldengipfel steht die orange Landmarke mit Ausblick auf die drei anderen Haldenzeichen auf den

Tipp

Führung

Der „Verein zur Förderung der Kissinger Höhe“ bietet verschiedene Veranstaltungen und Führungen an.
Informationen unter: www.kissingerhoehe.jimdofree.com

Halden Humbert und Radbod sowie im Lippepark. Auch die Halde Sundern und die Schachtanlage Heinrich Robert sind gut zu sehen, genauso wie die Paulus- und die Lutherkirche in Hamm.
Am nördlichen Fuß der Halde gelegen erstreckt sich der „Interkulturelle Garten". Hier finden sich neben verschiedenen Sträuchern und Pflanzen aus unterschiedlichen europäischen Regionen auch mehrere Barfußparcours – ebenso wie einige Denkanstöße, die das Zusammenleben der unterschiedlichen Religionen und Kulturen thematisieren.

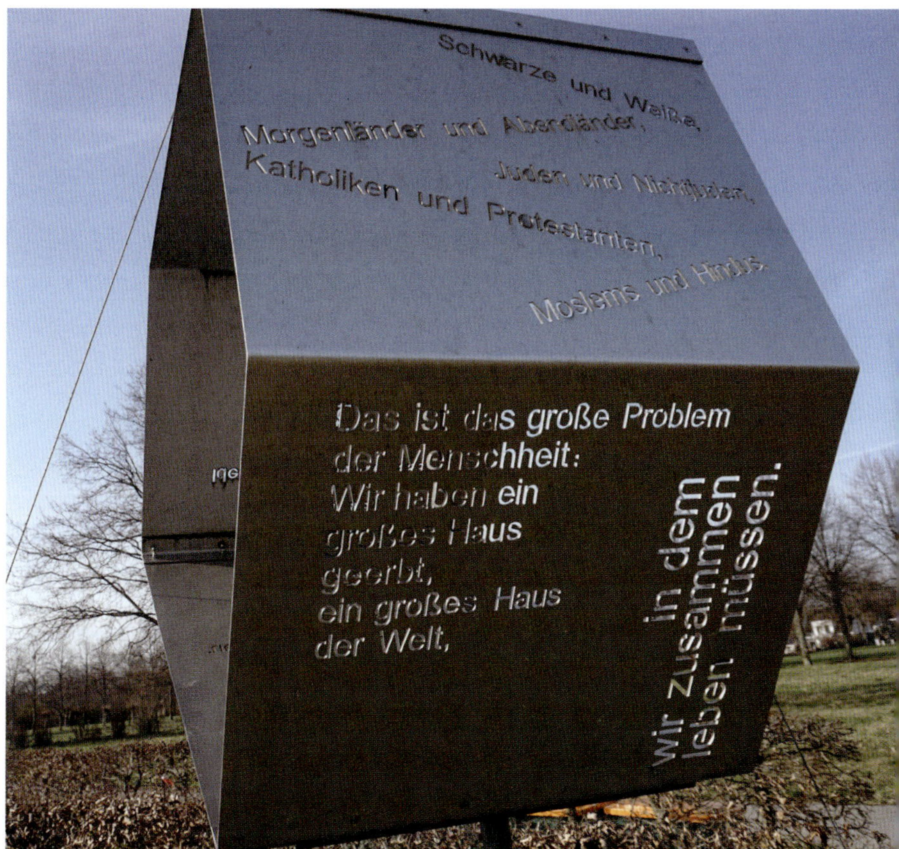

Friedenssymbol im Barfußgarten

Noch nichts entschieden

Halde Sundern

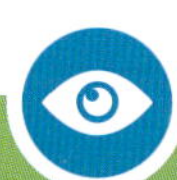

Parkplatz:	59077 Hamm-Pelkum, Deutzholz
Höhe über NN:	106 Meter
Höhe der Aufschüttung:	47 Meter
Fläche:	38 Hektar
Material:	Bergematerial aus dem Bergwerk Ost
Art der Halde:	Landschaftsbauwerk
Besonderheit:	nicht zugänglich, soll sich zur Haldenlandschaft rund um den Lippepark zugesellen, mit gemeinsamen Landmarken auf den Halden Franz, Radbod, Humbert und Kissinger Höhe

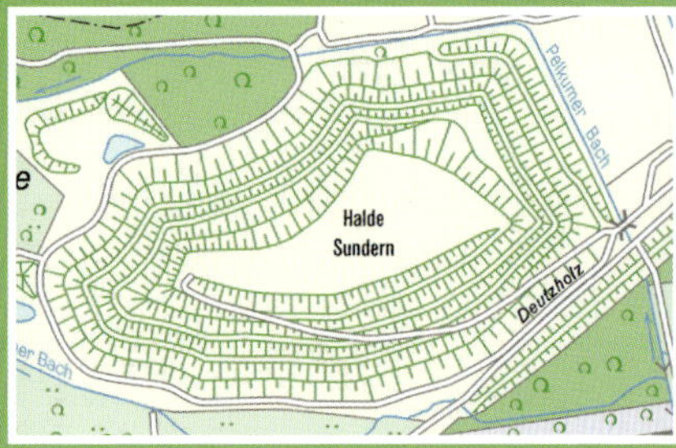

Die Halde Sundern liegt in einem landwirtschaftlich geprägten Umland in Hamm-Pelkum. Bis 1990 war die Ackerlandschaft, der sogenannte Sundern, noch von einer größeren zusammenhängenden Waldfläche und vom Pelkumer Bach durchzogen. Obwohl bereits renaturiert, ist ihre Zukunft noch offen – und die Halde geschlossen.
Ab 1996 wurde das Projekt Landschaftsbauwerk „Sundernrücken" mit der Aufschüttung aus dem Bergwerk Ost begonnen. Damit ist sie die jüngste der drei Abraumhalden aus diesem Bergwerk. Die Halden Kissinger Höhe und Humbert liegen östlich der zum Bergwerk Ost gehörenden Zeche Heinrich Robert.
Im Energieatlas NRW ist die Halde als Potenzialfläche für Photovoltaik-Anlagen ausgewiesen. In einer RVR-internen Analyse im Februar 2021 wurden dazu eine mögliche Gesamtfläche von etwa 32 Hektar ermittelt. Diese Flächenermittlung muss noch hinsichtlich Sonnenstand und Hangneigung ergänzt werden.
Es ist nach wie vor das Ziel, die Halde für Naherholung freizugeben. Die größte Halde aus der Hammer Haldenfamilie wird sich also aller Voraussicht nach noch in die Haldenlandschaft Halde[5] einreihen, ebenfalls gekrönt von dem orangen Haldenzeichen. Sie soll Rückzugsräume für Freizeit und Natur bieten und könnte laut RVR Potenzial haben, um sie für Umweltbildung zu nutzen.
Wann es soweit sein wird, ist allerdings noch nicht mit Sicherheit zu sagen.

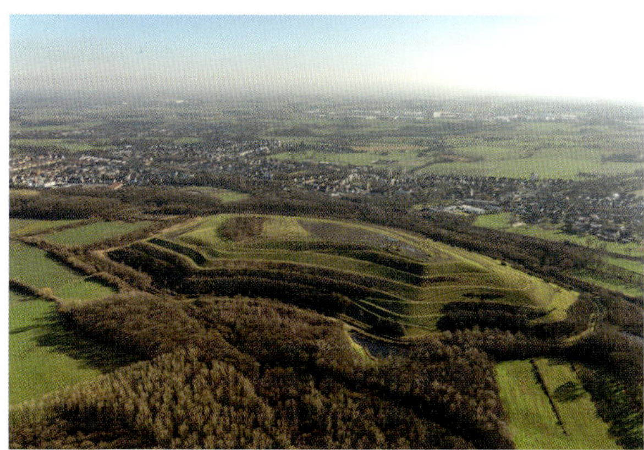

Halde Sundern von oben

Drei, die zusammengehören

Halde Sachsen

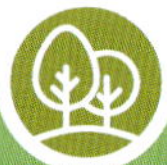

Adresse:	**59073 Hamm-Heessen, Anhalter Straße**
ÖPNV:	**Haltestelle Am Hämmschen (Linie 12)**
Höhe über NN:	**101 Meter**
Höhe der Aufschüttung:	**27 Meter**
Fläche:	**17 Hektar**
Material:	**Berge der Zeche Sachsen, Schutt**
Art der Halde:	**Landschaftsbauwerk**
Gestaltung:	**Windzeiger, Obelisken, Sachsenkreuz mit Motivtafeln**
Besonderheit:	**drei Halden in einem Landschaftsbauwerk**

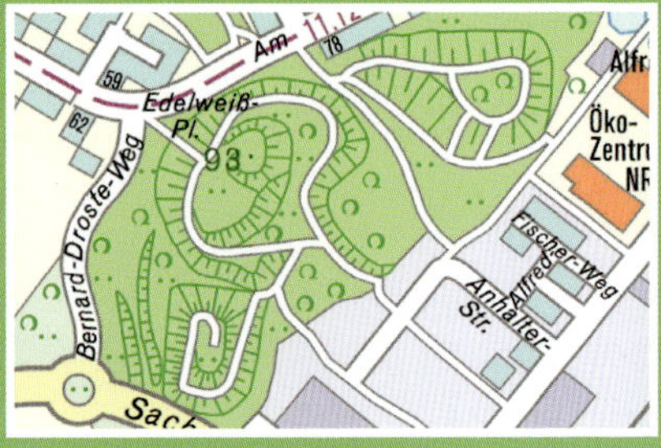

Von 1912 bis 1976 wurde in der Zeche Sachsen im heute zu Hamm gehörenden Heessen Kohle gefördert. Gleich nach Schließung der Zeche ließ man die meisten Gebäude abreißen und die Schächte auffüllen. Seitdem hatte auch die Natur Zeit, sich auf den drei Hügeln, die gemeinsam den Namen „Halde Sachsen" tragen, wieder auszubreiten. Vor allem dank ihrer schier unerschöpflichen Kraft ist die kleine Landschaft heute inmitten des Flachlandes ein beliebtes Naherholungsgebiet.

Der mit 27 Metern Erhebung über dem Umgebungsniveau höchste Gipfel, die „Alte Halde" oder auch „Waschberg" genannt, ist relativ steil und dicht bewaldet. Er ist über eine Treppe aus Natursteinen erreichbar. Es stimmt schon, was manche sagen: Der Aufstieg über die viel zu hohen Stufen macht ein bisschen Mühe, aber wenn wir die schönsten Haldentreppen im Ruhrgebiet wählen sollten – diese gehörte dazu. Wer die steilen Stufen nicht nehmen möchte, kann direkt daneben über den kleinen Trampelpfad gehen. Das wellige Gelände der Halde nutzen Mountainbiker für ihre wilden Fahrten, ein kleines, aber feines MTB-Areal.

Zwischen dem Waschberg und der „Windzeigerhalde" gelangt man zur Treppe, die hinauf auf die mittlere, knapp zehn Meter niedrigere Halde führt. Auch von ihrem Gipfel hat man keine Aussicht mehr, und zurzeit ist auch das Windsegel, nach dem die Halde benannt ist, nicht zu bewundern, denn das Kunstwerk von Jens J. Meyer ist schon vor längerer Zeit Vandalismus zum Opfer gefallen. Inzwischen wird über eine Alternative nachgedacht, beispielsweise ein mit den Hammer Haldenzeichen vergleichbarer Aufbau.

Der niedrigste der drei Hügel bietet die beste Aussicht und wird deswegen auch „Panoramahalde" genannt. Von hier aus hat man Blick auf Hamm und Heessen. Der Heimatverein Heessen hat mit viel Liebe Obelisken aufgestellt, mit deren Hilfe man die Hammer Landmarken bestimmen kann. Hier stehen sieben Motivtafeln und ein Kreuz des Künstlers Paul Reding. Auf dem 2010 vom „Sachsenkreuzverein" errichteten Kreuz ist eine große weiße Taube angebracht, „als Zeichen bergmännischer Solidarität, der Versöhnung und des Friedens" – so lautet eine Inschrift auf dem Sockel. (Foto siehe S. 14/15)

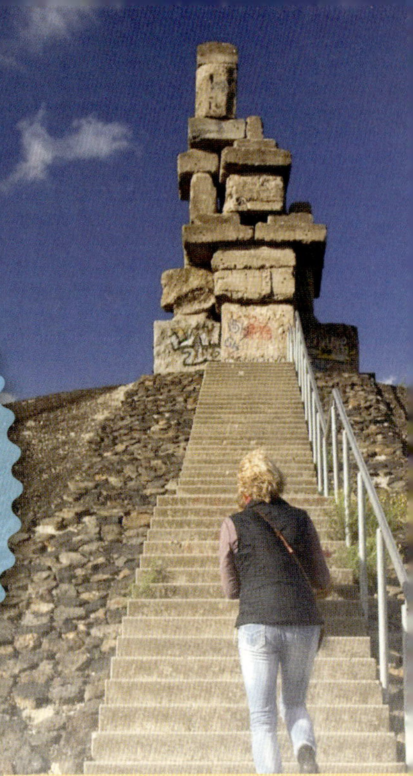

Über alle Berge

Entdecken Sie die Gipfel des Reviers zu Fuß!

Europas größte Haldenlandschaft liegt mitten im Ruhrgebiet. Viele der „kleinen Berge“ sind zu einem beliebten Ausflugsziel geworden. Die Wanderführerinnen Nikola Hollmann und Andrea Slavik zeigen nicht nur, wo es traumhafte Aussichten gibt, sondern auch, welche Wege dorthin sich lohnen. Ihre detailliert beschriebenen Wandertouren führen durch urbane Quartiere ebenso wie durch grüne Wälder und Landschaften und machen Lust aufs Aufbrechen.

inkl. GPX-Daten

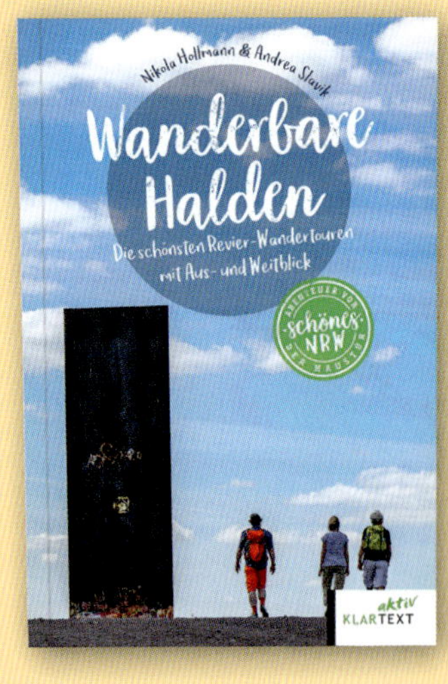

Klappenbroschur
176 Seiten, zahlr. farb. Abb.
ISBN 978-3-8375-2381-2
18,95 €